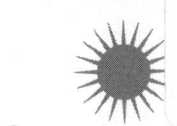

W0078807

GANZHEITLICH HEILEN

Buch

Wahre Schönheit entsteht nicht durch Make-up, Diäten oder Schönheitsoperationen. Menschen, die wie von innen her strahlen, nähren ihre Schönheit aus einer tieferen Quelle. Sie folgen ihren Visionen und besitzen einen Leitstern am Lebenshimmel. Innere Schönheit entsteht, wenn wir unsere Gedanken reinigen, die Fähigkeit entwickeln, uns selbst und andere zu lieben und verzeihen zu lernen. Wir beginnen schön zu *sein* und zu leuchten, statt nur schön auszusehen, wenn wir unsere Beziehungen klären, uns mit unserer Sexualität aussöhnen und geistig wertvolle Nahrung zu uns nehmen. Sabine Korte beschreibt ihre eigenen Erfahrungen auf dem Weg zu einer inneren Schönheit, die das Alter nicht fürchten muss.

Autorin

Sabine Korte, Jahrgang 1958, ist Schriftstellerin, Sachbuchautorin und Journalistin. Außerdem hält sie Seminare und Vorträge zum Thema »Innere Schönheit«. Zu ihren wichtigsten Veröffentlichungen gehören die Romane »Pumps und Pampers«, »Zimtküsse«, »Das Atelier der Engel«, »Reisende in Sachen Liebe« sowie die Sachbücher »Magisch Reisen – Irland« und »Der Christus-Meister«.

Bei Goldmann sind von Sabine Korte außerdem lieferbar:

Pumps und Pampers (55173)
Das Atelier der Engel (43562)
(zusammen mit Matthias Weigold):
Magisch Reisen – Irland (12292)

Sabine Korte

Happy Birthday, Aphrodite!

Zu den Quellen von Selbstwertgefühl,
Ausstrahlung und wahrer Schönheit

GANZHEITLICH HEILEN

GOLDMANN

Umwelthinweis:
Alle bedruckten Materialien dieses Taschenbuches
sind chlorfrei und umweltschonend.

Originalausgabe Juni 2001
© 2001 Wilhelm Goldmann Verlag, München,
in der Verlagsgruppe Random House GmbH
Umschlaggestaltung: Design Team München
Umschlagmotiv: Design Team München
Porträtfoto der Autorin auf dem Umschlag: Antje Häussler
Satz: Uhl + Massopust, Aalen
Druck: Elsnerdruck, Berlin
Redaktion: Daniela Weise
WL · Herstellung: WM
Made in Germany
ISBN 3-442-14209-1
www.goldmann-verlag.de

2. Auflage

Für
CAMILLA UND LOVIS
meine wunderbaren Töchter

Inhalt

Vorwort

Schönheit von innen

Schon als Kind liebte ich Schönheit. Ich erinnere mich sehr genau daran, dass ich bereits mit acht Jahren darauf bestand, zu einem neuen, himmelblauen Wintermantel auch Hut und Handschuhe zu bekommen. Kein Kind trug 1966 Hut und Handschuhe, aber ich genoss es, mich sonntags fein zu machen.

Ich war für alle Formen von Schönheit empfänglich, nicht nur für meine eigene. Ich liebte den riesengroßen alten Kirschbaum in unserem Garten. Ich bewunderte meine indische Tante mit ihren hüftlangen schwarzen Haaren. Die golden ziselierte Mokkatasse im Esszimmerschrank meiner Großmutter entzückte mich ebenso wie die perlmuttschimmernden Muscheln, die ich in den Ferien am Strand gesammelt hatte.

Mit der Hellsichtigkeit der Kinder wusste ich, dass Schönheit eine innere Qualität besitzt. Ich ahnte, dass es nicht ausreichen würde, Hüte aufzusetzen und Handschuhe überzustreifen. Auch die Seele musste schön sein.

Dieses Kinderwissen hat mich nie ganz verlassen. Als Teenager und junge Frau war Schönheit jedoch ein stressbeladenes Thema für mich. Ich musste gut aussehen, um den Jungen zu gefallen. Ich setzte mein Aussehen ein, um dieses oder jenes zu erreichen. Ich sah auf Menschen herab, die nicht so gut aussahen wie ich und beneidete andere, die schöner waren. Meine äußere Schönheit war mir wichtig, meine innere Schönheit lag mir fern. Vielleicht vergaß ich sie zuweilen auch ganz. In dieser Zeit besaß mein Leben keine Weichheit, weder für andere noch für mich.

Sie trat erst wieder in mein Leben, als ich meine Kinder gebar und Mutter wurde. Dies veränderte meinen Körper, mein Aussehen, aber auch meine Einstellung. Ich hatte nicht mehr so viel Zeit, in den Spiegel zu sehen, ich musste mich um tausenderlei Dinge kümmern. Mein Leben war voll mit Arbeit und Pflichten, aber auch mit Liebe und Lachen. Die innere Schönheit rückte wieder näher, aber sie hinterließ noch keine Spuren in meinem Äußeren. Äußerlich betrachtet war ich nach zwei Kindern nicht mehr so jung, nicht mehr so schlank, nicht mehr so schick wie einst.

Dies änderte sich im Alter von fünfunddreißig Jahren, als ich auf meinen Lehrer und geistigen Mentor Pedro de Souza traf. Wir begegneten uns in einem kleinen Strandhotel in Goa in Indien, wo er Vorträge für eine Gruppe von Yoga-Schülern hielt. Zwei Wochen lang lernte ich ihn in Goa kennen, drei Monate später zog ich in seine Nähe, in ein kleines Dorf namens Unterreichenbach im hessischen Vogelsberg. Viele in meiner Umgebung dachten, ich sei einem »Guru« verfallen, und einige Menschen wendeten sich daraufhin von mir ab. Wie hätte ich ihnen erklären können, dass ich noch nie einen Menschen getroffen hatte, der mich so inspirierte und der mir so viel beibrachte wie dieser ungewöhnliche Mann? Der im Übrigen alles Mögliche tat, um nicht mit einem Guru verwechselt zu werden…

Während der drei Jahre, die ich bei Pedro de Souza verbrachte, lernte ich alle Geheimnisse der inneren Schönheit kennen. Ich begann weniger und weniger in den Spiegel zu sehen. Ich schminkte mich kaum noch. Ich wandte meinem Inneren mehr Aufmerksamkeit zu als meinem Äußeren. Und doch kamen immer öfter Menschen auf mich zu und sagten: »Du leuchtest von innen.« Oder: »Es ist etwas um dich herum, wie ein Strahlen.« Ich bekam immer mehr Lob, Anerkennung und Komplimente für mein Äußeres, obwohl ich viel weniger als früher dafür tat.

Was war mit mir geschehen? Meine innere Veränderung hinterließ deutlich sichtbare Spuren in meinem Äußeren. Diese Tatsache begeisterte mich. Es ist überwältigend, wenn man den viel zitierten Satz »wahre Schönheit kommt von innen« am eigenen Leib erlebt.

Ich hatte den Schlüssel zu meiner inneren Schönheit entdeckt. Ich hatte meine Gedanken verändert, gelernt, mir selbst und anderen Liebe und Anerkennung zu schenken, ich hatte viele meiner inneren Bilder und Glaubenssätze aufgedeckt und zum Guten gewendet. Meine Schönheit nährte sich jetzt aus einer inneren Quelle. Ich spürte, dass ich in dieser Weise immer schön sein könnte, ganz unabhängig von meinem Alter.

Dieses geistige Handwerkszeug vermittle ich Ihnen im ersten Teil dieses Buches. Es wird Ihnen ebenso wie mir ermöglichen, Ihre innere Schönheit zum Ausdruck zu bringen und erstrahlen zu lassen.

Obwohl mir die Arbeit im geistigen Bereich viele Früchte beschert hatte, wurde mir bald klar, dass Geist und Körper ein Team sind und zusammenarbeiten. Ich musste auch im körperlichen Bereich etwas tun, wenn ich schlank, schön, stark und vital bleiben wollte. Über viele Jahre hinweg entwickelte ich hierfür mein eigenes System. Ich praktizierte Yoga und Stretching, ich begann zu joggen und änderte meine Ernährung. Auch Tantra und Ganzheitliche Massage wurden Teil meines Lebens. Ich übernahm nur, was mir sinnvoll, praktisch und machbar erschien. Als Mutter von zwei Kin-

11

dern, Buchautorin, Journalistin und Seminarleiterin musste ich meine kostbare Zeit gut einteilen.

Ich begann damit, Frauen um mich herum in all das, was ich gelernt hatte, einzuweihen. Oft waren es nur zwei, drei Frauen, die in mein leer geräumtes Wohnzimmer kamen. Dies waren die Anfänge meines »Happy-Birthday-Aphrodite«-Programms.

Im zweiten Teil dieses Buches finden Sie Anregungen, wie Sie Ihren Körper zu Ihrem Freund machen und wie Sie Ihre Sexualität und Ihre Sinnlichkeit zum Erblühen bringen können. Wo immer ich mit Frauen zusammenkam, war Partnerschaft und Beziehung zu Männern ein großes, nicht gerade unproblematisches Thema. Deshalb habe ich diesem Lebensbereich ein eigenes Kapitel eingeräumt.

Beim Lesen dieses Buches wird Ihnen vielleicht auffallen, dass es sich nicht um einen Ratgeber im üblichen Sinn handelt. Obwohl auch ich Handlungsanweisungen gebe, möchte ich niemanden mit einem Haufen Ratschläge allein lassen. Alles, was ich vorschlage, lebe ich selbst, und so sind die meisten meiner Vorschläge eingebettet in Geschichten von mir, aber auch von Freundinnen, Familienmitgliedern, Seminarteilnehmern und anderen Menschen, die meinen Weg gekreuzt haben. Es gibt kein Vierzehn-Tage-Programm, das uns ermöglichen würde, sofort innere Schönheit und Selbstwertgefühl auszustrahlen. Denn dies ist eine Lebenseinstellung, die man sich nach und nach zu Eigen macht.

Innere Schönheit beruht auf der Bereitschaft, seine Gedanken zu verändern, zu verzeihen, wirklich lieben zu lernen – sich selbst ebenso wie auch andere. Innere Schönheit speist sich aus einer Vision, die wir von uns selbst haben. Aus dem Wissen, dass in uns eine Frau wohnt, die weicher, strahlender, liebevoller, schöner, mutiger, großherziger und stärker ist, als wir es uns momentan noch getrauen zu leben. Innere Schön-

12

heit entsteht, wenn wir wirklich bereit sind, unser Leben zu verändern, unser »inneres« Haus zu säubern, und dem Universum erklären, dass wir bereit sind, unser gesamtes Potenzial zu leben.

Manche Leserinnen mögen erstaunt sein, wenn sie in einem Schönheitsbuch über Gott oder Jesus lesen. Meine Spiritualität ist der Motor, der meinem Leben Sinn und Richtung verleiht. Ohne diese Dimension erschiene mir das Dasein öde und leer. Ich vertrete keine religiöse Richtung und versuche nicht, meine Leser zu missionieren. Ich teile lediglich die Erfahrungen und Einsichten auf meinem Weg mit anderen, in der Hoffnung, dass wir alle davon profitieren. Mein spiritueller Weg hat mich nicht nach Osten, sondern nach Westen und damit zurück zu Jesus geführt, dessen Klarheit, Weisheit und Mut ich bewundere.

Sie müssen jedoch nicht an Gott glauben, um von meinem Schönheitsprogramm zu profitieren und sich inspirieren zu lassen. Ich halte ohnehin nicht besonders viel von diesem »Einfach-nur-Glauben«. Man muss vielmehr Erfahrungen sammeln und sich auf die Suche nach Beweisen für die göttliche Existenz begeben, und zwar immer wieder. Erst wenn man in einer Welt voller wundersamer Beweise für das Wirken der göttlichen Schöpferkraft lebt, dann hört man auf zu glauben und fängt an zu wissen. Wissen ist das, was ich anstrebe. Wissen ersetzt Glauben.

An meinem Wissen möchte ich Sie teilhaben lassen. Sie müssen mir nicht glauben. Ich bitte Sie nur, die eine oder andere Methode, die Sie anspricht, selbst auszuprobieren und eigene Erfahrungen zu sammeln. Nichts geht über die eigene Erfahrung. Aber ich bin auch eine Erzählerin und kenne die Kraft von Geschichten. Nichts liebe ich mehr, als Geschichten von anderen Menschen zu hören. Sie machen mich neugierig und muntern mich auf. Manchmal trösten oder inspirieren sie

13

mich. Und oft geben sie mir Kraft und neuen Mut, um mich weiterzuentwickeln und das Universum als einen Ort der Wunder, der Liebe und der Schönheit zu begreifen. Deshalb ist auch dieses Buch voller Geschichten.

Ich widme es Aphrodite, der Göttin der Schönheit, der Liebe und der Sinnlichkeit, die mir von allen griechischen Göttinnen am nächsten steht.

TEIL I
Das geistige Handwerkszeug

Visionen leben

Auf der Suche

Vor etwa sieben Jahren befand ich mich in einer Phase tiefster Veränderung und Neuorientierung. Ich war aus München, der Stadt, die seit fünfzehn Jahren meine Heimat war, fortgezogen und meinem Lehrer und geistigen Mentor Pedro de Souza in ein Dorf im hessischen Vogelsberg gefolgt.

Hier lebte ich mit meinen damals noch kleinen Kindern in einem Haus auf dem Land, schrieb Bücher und arbeitete an meiner inneren Entwicklung. Im ersten Jahr war ich sehr unglücklich in dem 300-Einwohner-Dorf. Ich fühlte mich einsam und unverstanden und wurde durch die innere Arbeit von zahlreichen Krisen geschüttelt. An einem Nachmittag, an dem ich besonders verzweifelt war und mit der Entscheidung rang, nach München zurückzukehren, kam eine Freundin zu Besuch. Sie wohnte im Nachbardorf, wo sie, ebenfalls inspiriert von Pedro de Souza, gemeinsam mit ihrem Mann ein Zentrum für Yoga und Ayurveda aufgebaut hatte. »Hast du denn gar keine Vision?«, fragte sie mich. Ich schüttelte den Kopf. Nein, ich hatte keine Vision. Mein Leben schien wie auf den Kopf gestellt.

»Ich habe unzählige Probleme und Schwierigkeiten nur durchgestanden, weil ich die Vision von unserem Zentrum hatte«, gestand mir die Freundin aus dem Nachbar-

17

dorf. Kaum war sie gegangen, verfiel ich erneut in Grübeleien.

Mein Traum, eine berühmte Romanschriftstellerin zu werden, war gerade dabei zu zerrinnen. Jahrelang hatte ich geglaubt, eines Tages würde ich mit meiner Familie und einem großen Hund in einem Haus in Irland leben und Bücher schreiben. Tatsächlich hatten sich diese Vorstellungen auch bereits verwirklicht – wenn auch nur für begrenzte Zeit. Ich hatte mehrfach mit meinem Mann und meinen Kindern lange Monate in Irland verbracht. Einmal wohnten wir im Gartenhaus eines uralten irischen Herrenhauses, umgeben von Schafkoppeln, so weit von der Straße entfernt, dass wir nachts nur die Fasane schreien hörten. Meinen zweiten Roman schrieb ich bei einem weiteren Irland-Aufenthalt im Seitenflügel eines alten Schlosses, das in einem verwunschenen Rosenpark direkt am Meer lag. Meine inneren Bilder und Träume hatten also Kraft. Aber meine Romane waren keine Bestseller geworden, ich war nicht berühmt und konnte vom Bücherschreiben kaum meine Existenz bestreiten.

Als ich Pedro de Souza kennen lernte, war mein zweiter Roman, auf den ich große Hoffnungen setzte, kurz vor dem Erscheinen. Ich traf de Souza in seiner Heimat Goa in Indien. Nach einem langen, dunklen und arbeitsreichen Winter hatte ich mich mit einem Yoga-Seminar am Palmenstrand von Colva in Goa belohnt. Es war eine verzauberte Zeit. Während zu Hause eisige Temperaturen herrschten, saß ich in einem tropischen Garten, sog den Duft von Jasmin und Bougainvillea ein, ließ mir vom Meereswind die sonnenverbrannte Haut kühlen, aß Babybananen und zuckersüße Ananas und lauschte den Worten von Pedro de Souza, der jeden Tag am Spätnachmittag zu der Gruppe kam und über spirituelle und philosophische Themen sprach. Ich verliebte mich sofort in ihn. Nein, nicht auf eine sexuelle Art, sondern so, wie man sich in Menschen verliebt, die etwas Besonderes ausstrahlen. Er benahm sich nicht wie andere Menschen. Man konnte keine normale Konversation mit ihm führen. Zuweilen schien es mir, als sei er von einem anderen Stern gefallen, wo es andere Umgangsformen und andere Gesetze gab. Er war in jeder Beziehung ungewöhnlich, aber eine Wesensart von ihm beeindruckte mich besonders: Wann immer Menschen mit ihm sprachen, kehrten sie beschwingt und mit strahlenden Gesichtern zurück. Ich konnte mir dieses Phänomen erst erklären, als ich de Souza besser kennen gelernt hatte. Er weckte in allen Menschen, die er traf, die allerbesten Eigenschaften. Es war, als zeige er ihnen ein Bild von sich, das er selbst mühelos sehen konnte, während seine Gesprächspartner es nur ahnten. Dieses Bild war immer ein leuchtenderes, schöneres, liebevolleres, kraftvolleres Bild, als diese Menschen sich selbst getrauten zu sehen, geschweige denn zu leben. Die Welt hatte sie klein gehalten, doch er machte sie groß, ohne Ausnahme. Und wenn sie von einem Gespräch mit ihm zurückkehrten, waren sie in höchstem Maße motiviert, das Idealbild zu verwirklichen, das er in ihnen entdeckt hatte.

Ich kannte de Souza erst drei Monate, als ich aus München in jene ländliche Gegend im Vogelsberg zog, in welcher er in diesen Jahren während der Sommermonate wohnte. Die Begegnung mit ihm war einer jener Umkehrpunkte, die im Leben von jedem von uns auftauchen. Eine innere Stimme gebot mir, die Gelegenheit beim Schopf zu packen, in seine Nähe zu ziehen und so viel wie möglich von ihm zu lernen.

Jetzt war es also so weit. Ich lebte ganz in seiner Nähe, bereit, das Höchste und Beste in mir zu wecken. Doch zunächst passierte nichts, außer dass alle meine alten Visionen, Bilder und Träume zerstört wurden. Bisher hatte ich geglaubt, eine Künstlerin zu sein. Mein Talent, zu schreiben und Geschichten zu erzählen, welche die Menschen lesen wollten, schien mir genug. Doch jetzt hielt ich alles, was ich zuvor geschrieben hatte, für wertlos. Ich war dabei, mich zu verwandeln: Das Alte hatte ich hinter mir gelassen, doch das Neue war noch nicht geboren. Ich wusste nicht mehr, wer ich war, und noch weniger, wer ich sein wollte. Die Frage nach meiner Vision stürzte mich in zusätzliche Verwirrung. Ich brauchte Zeit.

Ich ahnte damals nicht, dass ich sieben Jahre später als eine Art »Lebenslehrerin« arbeiten würde und dass es ein großer Bestandteil meiner Arbeit sein würde, Menschen zu motivieren und zu inspirieren, ihre eigenen Visionen zu finden und zu leben.

Talente verdoppeln

Eine Vision ist eine Mischung aus Wünschen, Zielen, inneren Bildern und Träumen. Doch genau genommen fasst eine Vision Wünsche, Träume, Ziele und innere Bilder zu einem übergeordneten Bild zusammen, das uns als ein Leitstern am Lebenshimmel dienen kann.

Wir alle sind Teil einer schöpferischen Intelligenz, die ich als Gott bezeichne. Auch wenn Gott uns manchmal sehr weit weg erscheint, ist diese schöpferische Intelligenz doch überall. Inwieweit wir sie begreifen, spüren, erfassen und mit ihr kommunizieren oder sogar zusammenarbeiten, hängt jedoch von uns selbst und der Entwicklung unseres Bewusstseins ab. Ein Stein, eine Pflanze und ein Tier werden ebenso von Gott durchdrungen wie wir. Aber das menschliche Instrumentarium, diese schöpferische Intelligenz zu erfassen, ist schon wesentlich höher und feiner ausgebildet. Wir haben mehr Möglichkeiten, sind beweglicher, können uns rascher entwickeln. Unserer Entwicklung oder Erhöhung des Bewusstseins sind nach oben hin keine Grenzen gesetzt. Wir können die göttliche Intelligenz und ihre Wirkungsweise immer tiefer studieren, aber es gibt keine Abschlussprüfung. Gott ist unendlich, also niemals vollkommen zu begreifen.

Warum sollen wir uns dann die Mühe machen, uns immer weiter zu entwickeln? Ich glaube, es liegt in unserer Natur, so wie Samen sich zu Pflanzen entwickeln und Pflanzen zur Sonne streben. Gott besser zu erfassen, sich ihm und seiner unendlichen Liebe und Weisheit zu nähern, empfinde ich als einen starken Anreiz. Aber es gibt auch viele andere Impulse.

Wenn wir auf einer niedrigen Bewusstseinsebene bleiben, haben wir sehr wenig Einfluss auf unser Leben. Wir verstehen nicht, wie wir unsere Lebensrealität verändern können, und werden sehr viel herumgeschubst. Erbanlagen, Instinkte und die Gesetze der Natur wirken noch sehr stark in uns. Wir geben diesen Kräften nach und werden von ihnen gelebt. Wir wissen noch nicht, dass wir Wahlmöglichkeiten haben und dass wir schöpferisch sein dürfen – dieses entdecken wir erst, wenn wir unser Bewusstsein entwickeln.

Natürlich besitzen auch hoch entwickelte Lebewesen einen Bauplan. Auch in ihnen wirken Gene, Erbanlagen und Instinkte. Aber die Instinkte zum Beispiel werden immer mehr verfeinert und immer stärker kontrolliert. Nehmen wir zum Beispiel die Eifersucht: Auf der alleruntersten Ebene bringt man einen Nebenbuhler aus Eifersucht um. Das Gefühl überwältigt einen. Nach und nach lernt man, mit diesem Gefühl umzugehen, vielleicht schlägt man sich noch, vielleicht streitet man aber auch nur noch verbal. Auf der nächsthöheren Ebene versucht man, die Gefühlserfahrung »Eifersucht« persönlich zu begreifen, vielleicht schreibt man Tagebuch oder einen Artikel oder ein Buch über das Thema »Eifersucht«. Die Auseinandersetzung mit diesem Gefühl ist jetzt bereits viel feiner und differenzierter, man greift nicht mehr an, sondern versucht das Problem dort aufzulösen, wo die Quelle ist – bei sich selbst.

Je höher wir uns entwickeln, desto mehr sind wir in der Lage, Meister über unsere Gedanken und Gefühle zu werden, was einen entscheidenden Einfluss auf die Qualität unseres Lebens hat. Denn jetzt werden wir zu »Mit-Schöpfern« unseres Lebens.

Dieses Mitschöpfen zu studieren und seine Gesetze immer besser kennen zu lernen, gehört für mich zu den aufregendsten und abenteuerlichsten Erfahrungen meines Lebens.

Wie erschaffen wir? Wir erschaffen durch Gedanken, innere Bilder, durch Überzeugungen, Worte und Handlungen ein Ereignisfeld, das wir »Wirklichkeit« nennen. Doch meistens bleibt uns dies verborgen – denn wir achten nicht auf unsere Gedanken und Worte. Wir wollen uns nicht damit auseinander setzen, was wir insgeheim über uns selbst glauben. Wir ahnen nicht, dass unsere positive oder negative Haltung oder Einstellung gegenüber einer Person oder Sache die Wirklichkeit beeinflusst – ebenfalls positiv oder negativ.

Ich habe Jahre gebraucht, um zu begreifen, dass mein Innerstes, also meine Gedanken, Einstellungen, Gefühle und Ängste, tatsächlich meine Lebensrealität erschaffen – und staune bis heute über die Wechselwirkung von innen und außen. Natürlich gibt es einen bestimmten Rahmen, in den wir hineingeboren werden. In welchem Land, unter welchem politischen System, ob als Mann oder als Frau und mit welchen Eltern wir geboren werden – darauf haben wir keinen Einfluss. Aber was wir aus der jeweiligen Lebenskonstellation machen, ist unsere Sache.

Erinnern Sie sich, vielleicht noch aus Ihrer Kinderzeit, an jenes Gleichnis von Jesus, in dem er von der Vermehrung der Talente spricht? Talent ist eigentlich ein altes Wort für Münze. Die Geschichte geht so: Ein Gutsherr musste für lange Zeit

22

verreisen, und deshalb gab er jedem seiner Knechte zum Abschied ein paar Talente. Einer erhielt fünf Talente, einer drei und der letzte bekam ein Talent. Als der Gutsherr nun viele Jahre fort war, begannen die Knechte mit ihren Talenten zu handeln und sie einzusetzen. Nur der dritte Knecht, der nur ein Talent bekommen hatte, vergrub seine Münze in der Erde. Eines Tages war der Gutsherr jedoch wieder da und forderte sein Geld zurück. Die beiden einsatzbereiten und risikofreudigen Knechte hatten ihr Geld verdoppelt. Der Gutsherr freute sich darüber und ließ sie ihr Geld behalten. Nur der dritte Knecht, der sein einziges Talent vorsichtshalber versteckt hatte und es nun wieder ausgrub und dem Gutsherrn überreichte, wurde gescholten. Der Gutsherr nahm ihm die Münze fort und gab sie dem reicheren der beiden. »Wer da hat, dem wird gegeben, und er wird die Fülle haben, wer nicht hat, dem wird das wenige auch noch genommen«, lautet lapidar das Ende der Geschichte.

Als ich dieses Gleichnis meiner vierzehnjährigen Tochter Camilla erzählte, war sie Feuer und Flamme. »Gott will also, dass ich alle meine Talente entwickle und benutze – und sie sozusagen verdoppele?«, fragte sie hoffnungsvoll. Ich konnte spüren, dass sie begeistert war und innerlich bereits zusammenzählte, wie viele Stärken sie besaß und was sie daraus machen wollte. »Natürlich«, erwiderte ich und verzichtete darauf, ihr den Umkehrschluss zu erläutern. Obwohl auch dieser eine sehr eindringliche Botschaft enthält: Wenn wir unsere Talente, also unsere Begabungen, Anlagen, unsere besten und stärksten Eigenschaften nicht anwenden und nutzbringend einbringen, um unser eigenes Leben und das Leben unserer Mitmenschen zu verbessern, dann verlieren wir sie. Vielleicht verkümmern sie wie ein nicht benutzter Muskel.

Wenn wir eine Vision von uns entwickeln, passiert das Gegenteil. Wir lassen unsere Muskeln spielen. Wir trainieren sie.

23

Vielleicht haben wir die Talente und Anlagen, die wir für die Idealvorstellung von uns haben, noch nicht voll entwickelt. Aber wir befinden uns auf dem direkten Weg dahin.

Wenn wir eine Vision haben, lenken wir unsere Energien, Gedanken, Vorstellungen und Talente in eine bestimmte Richtung. Wir entwickeln ein Szenario, in dem all unsere Talente zur Geltung kommen, egal ob wir musizieren, schreiben, organisieren, mit Menschen umgehen, heilen etc. Dieses Szenario muss nicht realistisch sein, im Gegenteil. Eine Vision nährt sich davon, dass man stets auf sie zugeht, dass man immer auf dem Weg zu ihr ist.

Zwei Fragen für Ihre Notizen:
• Was sind meine Talente?
• Welchen davon gebe ich keinen Raum in meinem Leben?

Die Kraft der inneren Bilder

In jenen Tagen, als ich im Vogelsberg lebte, war ich noch weit von irgendeiner Vision entfernt. Aber ich bekam das Basiswissen und das Handwerkszeug vermittelt, das mir helfen würde, neue Wirklichkeiten in meinem Leben und in meinen Beziehungen zu erschaffen. Ich hatte Zeit, über mein Leben nachzudenken, und erkannte, welche inneren Bilder ich überhaupt besaß und wie stark sie sich im Laufe meines Lebens ausgewirkt hatten.

Als ich etwa fünf war, wollte ich genauso sein wie meine Mutter. Ich wollte Kinder haben wie sie, ich wollte eine Frisierkommode mit Fächern für Parfümflaschen und Schmuck und Schminke besitzen, und ich wollte, genau wie sie, einen geblümten Frisierumhang mit Rüschen haben. Manchmal setzte ich mich vor den Spiegel des Schminktisches, der zwei

24

verstellbare Seitenflügel besaß, sodass ich mich von allen Seiten betrachten konnte, legte den geblümten Frisierumhang um und probierte den Modeschmuck meiner Mutter aus. Ich versank dabei in eine Art Trance, eine Mischung aus kindlichem Spiel und der Träumerei, eine erwachsene Frau zu sein, die all diese herrlichen Dinge ganz selbstverständlich benutzen durfte.

Ich bekam zwei Töchter, genau in dem Abstand, in dem meine Mutter meine Schwester und mich geboren hat. Ebenso wie im Leben meiner Mutter ist meine Familie, mein wunderbarer Ehemann Matthias und meine geliebten Kinder, Camilla und Lovis, einer der tragenden und wichtigsten Pfeiler in meinem Dasein. Schon als kleines Mädchen verstand und schätzte ich den Wert einer Familie, und war überzeugt, dass ich genau wie meine Mutter Kinder haben würde. Als junge Frau wurde ich genau im gleichen Alter, in dem meine Mutter ihr erstes Kind bekam, schwanger, ohne es bewusst geplant zu haben. Es schien, als verwirkliche eine magische Kraft mühelos und von selbst das, was ich bereits als Fünfjährige, ohne im Geringsten daran zu zweifeln, gedacht, erträumt und geplant hatte.

Mit zwölf Jahren nahm ich mir vor, einen älteren Mann zu heiraten. Ich vermisste den Umgang mit meinem eigenen Vater, einem erfolgreichen Geschäftsmann, der selten zu Hause war. So entwickelte ich halb kindliche, halb mädchenhafte Phantasien von meinem späteren Ehemann: Er sollte väterlich, ruhig und geduldig sein. Ich selbst hingegen wollte etwas Verspieltes, Mädchenhaftes behalten. Abends sollten wir vor dem Kamin sitzen, einander zuhören und Geschichten erzählen.

Ich heiratete in erster Ehe einen weit älteren Mann, der überaus väterlich und geduldig war. Wir besaßen einen riesigen Kamin im Wohnzimmer, der allerdings selten brannte,

25

weil er schlecht zog. Ich fühlte mich zu meinem Mann hingezogen, weil er sich für psychologische Bücher und Studien interessierte und mir lange Geschichten darüber erzählte. Unsere Ehe hielt allerdings nur drei Jahre. Mein Mann erfüllte zwar meine Mädchenträume, aber unsere Persönlichkeiten waren grundverschieden und fanden keine harmonische Ergänzung. Unsere Ehe ging in die Brüche, weil ich unzufrieden und unglücklich war. Doch auch hier hatte die Kraft meiner inneren Bilder gewirkt.

Mit dreizehn Jahren wollte ich Ärztin werden und als Entwicklungshelferin in Afrika arbeiten. Ich bin nicht Ärztin geworden. Vor einigen Jahren fuhr ich jedoch mit einer kleinen Reise-Expedition nach Afrika in die Sahelzone. Ich hatte eine befreundete Augenärztin gebeten, mir Augentropfen zu verschaffen, weil ich von einem speziellen Augenleiden der Wüstenkinder wusste. Es handelt sich um eine Entzündung, die im Anfangsstadium durch ein paar einfache Augentropfen ausgeheilt werden kann, unbehandelt jedoch zur Erblindung führt. Ich versorgte, wo immer es mir möglich war, die Mütter der Kinder mit Tropfen. Auf einem Foto, das ein Reisebegleiter schoss, bin ich umringt von Frauen und Kindern, welche die Augentropfen stets von mir persönlich eingeträufelt haben wollten, weil sie mich für eine Ärztin hielten.

Bis heute empfinde ich Bedauern, dass mein Leben nicht ausreicht, noch mehr Berufungen und Leidenschaften nachzugehen, als ich es ohnehin schon tue. Ich bewundere die Organisation »Ärzte ohne Grenzen« und verfolge mit höchstem Interesse Geschichten über Ärzte, die in der so genannten Dritten Welt arbeiten. Auch bin ich über alle Gebiete der Alternativmedizin bestens informiert, und wenn irgendjemand in meiner Familie krank wird, kommt er zuerst zu mir. Ich fühle mich als »Heilerin« und verfüge über genügend Wissen und einfache Mittel, die so schnell lindern und wirken, dass

26

meine Familie nur im Ausnahmefall einen Arzt aufsuchen muss.

Die Sogwirkung dieses inneren Bildes hat mich zwar nicht zur Ärztin gemacht, doch nach wie vor gilt mein lebhaftestes Interesse der Heilung von Körper und Seele.

Mit fünfzehn Jahren entwickelte ich die Vorstellung, Reise-Redakteurin bei einer Frauenzeitschrift zu werden. Tatsächlich war ich zehn Jahre lang Journalistin, bevor ich damit begann, Bücher zu schreiben. Nach meinem Abschluss an der Universität ergatterte ich meinen ersten Redakteurposten bei einer Frauenzeitschrift. Ich war ungeheuer stolz und hoffte, eines Tages ins Reiseressort überwechseln zu können. Das Leben als Angestellte gefiel mir jedoch überhaupt nicht. Ich fühlte mich eingeengt und fremdbestimmt. Nach der Geburt meiner ersten Tochter verließ ich die Redaktion (ich hatte nur neun Monate dort gearbeitet) und wurde freie Journalistin. Viele Jahre lang reiste ich mit meiner kleinen Tochter und meinem zweiten Mann Matthias, der ebenfalls Journalist ist, quer durch die Welt und schrieb Reisereportagen. Auch hier war also mein inneres Bild zur Realität erwacht.

Mit sechzehn oder siebzehn Jahren träumte ich davon, Schriftstellerin zu werden und mit meiner Familie und einem großen Hund in Irland in einem Haus am Meer zu leben. Auch dieser Traum realisierte sich, wie ich bereits berichtet habe, wenn auch nur für einen begrenzten Zeitraum. Selbst der Hund wurde Wirklichkeit, denn bei einem unserer Irlandaufenthalte lief uns ein Golden Retriever zu, den wir bis zu unserer Abreise bei uns behielten.

Ich war verblüfft, als ich feststellte, wie viele meiner halb kindlichen oder pubertären Träume und Phantasien tatsächlich auf die eine oder andere Weise Realität geworden waren. Die meisten dieser Bilder waren mir nicht mehr bewusst – erst

27

in jenen Vogelsberger Tagen, als ich Zeit hatte, mich mit meiner Vergangenheit und meinem Inneren eingehend zu beschäftigen, drifteten sie nach und nach wie Luftblasen an die Oberfläche meines Bewusstseins.

Ich wurde gewahr, dass alle Leute um mich herum ihr Leben gemäß ihren inneren Traumbildern und Phantasien modellierten. Die meisten von ihnen hatten wahrscheinlich, genau wie ich, keine Erinnerung mehr daran, welche Bilder aus ihrer Kinder- und Jugendzeit in ihnen wirkten.

Mir wurde jedoch klar, dass ich alles, was sich in meinem Leben bislang automatisch und unbewusst entwickelt hatte, auch bewusst erschaffen konnte. Ich musste nur damit beginnen, innere Bilder zu erschaffen, die jene Lebensrealität widerspiegelten, die ich für mich erschaffen wollte.

An diesem Punkt meiner Überlegungen wurde ich sehr aufgeregt und begann sofort damit, eine Liste zu entwerfen: Wer wollte ich sein? Wie wollte ich leben?

Ich entschied mich dafür, eine zutiefst liebevolle und strahlend schöne Frau zu sein. Ich wollte eine gute Mutter, eine aufregende Geliebte, eine wunderbare Ehefrau, eine loyale und stets hilfsbereite Schwester und Freundin sein. Ich beabsichtigte, als Schriftstellerin die Herzen meiner Leser zu berühren, ich wollte inspirieren und motivieren, aufbauen und trösten. Aber ich wollte auch Erfolg haben, mein Leben sollte glamouröser, internationaler und abenteuerlicher sein, als es zu diesem Zeitpunkt in dem kleinen Vogelsberger Dorf der Fall war.

Im Laufe der Monate kamen noch viele positive Eigenschaften und Bilder hinzu. Je öfter ich darüber schrieb und darüber nachdachte, desto farbenprächtiger und auch klarer wurden die Bilder, die ich später meine Visionen nannte. Als ich nach drei Jahren den Vogelsberg verließ, wusste ich, was für eine Frau ich sein wollte, was mir im Leben am wichtigsten war und welche Lebensziele ich mir gesteckt hatte. Meine Reise konnte beginnen – ich hatte einen Leitstern am Himmel.

Ein paar Fragen für Ihre Notizen:
- Erinnern Sie sich an die inneren Bilder und Träume aus Ihrer Kindheit und Jugend? Welche davon haben sich realisiert?
- Welche haben sich nicht realisiert? Und: möchten Sie diese noch leben?

Das innere Bild der Mutter

Als ich damit begann, Visionen für mein Leben zu entwickeln, wurde mir klar, welchen Stellenwert meine Familie einnahm. Auch wenn ich beruflich große Pläne hatte, meine Familie, vor allem meine Kinder, sollten an erster Stelle kommen. Ich wollte eine gute Mutter sein und sah mich als Mittelpunkt einer fröhlichen Familie.

Mehrmals in meinem Leben bin ich in eine Situation geraten, in der ich mich zwischen beruflichem Fortkommen und meinen Kindern entscheiden musste, und jedes Mal habe ich mich für meine Kinder entschieden.

Eine Weile lang schrieben mein Mann und ich Drehbücher für eine Fernsehshow. Das war aufregend und brachte gutes Geld, aber schon nach kürzester Zeit hasste ich diesen Job. Niemand im Team besaß eine Familie, geschweige denn ein kleines Kind. Vor zehn oder elf Uhr morgens, wenn ich Zeit hatte, weil Camilla im Kindergarten war, begann niemand mit der Arbeit, dafür ging es abends oft bis Mitternacht. Ich war unglücklich und zerrissen. Ich wollte meine Tochter am Nachmittag um mich haben, sie abends ins Bett bringen und ihr eine Gute-Nacht-Geschichte vorlesen. Unsere Beziehung, die Zärtlichkeit zwischen uns, alles, was ich von ihr lernte und sie von mir, erschienen mir unendlich viel wichtiger als irgendeine Fernsehshow. Sie war das Leben, der Mensch, der mich jetzt am meisten brauchte, nicht eine anonyme Menge von Fernsehzuschauern. Nach der ersten Staffel Sendungen schmiss ich den Job. Dennoch gab ich nie auf zu schreiben, das Schreiben war zu wichtig für mich.

Als ich nach der Geburt meiner zweiten Tochter nicht mehr in der Lage war, als Reporterin herumzureisen und Geschichten zu recherchieren, begann ich damit, Bücher zu schreiben. Das war für mich ein großer Fortschritt in meiner künstlerischen Entwicklung, und es erlaubte mir, zu Hause zu arbeiten und meine Arbeitszeit frei einzuteilen. Finanziell ging es uns in dieser Zeit allerdings sehr schlecht. Wir verbrachten mehr Zeit mit der Familie, als in unserer arbeitsorientierten Gesellschaft vorgesehen ist, und unsere Honorare reichten immer gerade für ein Leben ohne große Rücklagen. Bis zum Kindergartenalter schlugen wir uns mit Haushaltshilfen und Kindermädchen durch – aber meine Töchter wurden nie länger als drei bis vier Stunden am Vormittag von einer fremden Kraft betreut, und dies schien mir stets ein fairer Kompromiss zwischen ihrem und meinem Seelenheil.

Während der drei Jahre, die ich im Vogelsberg verbrachte, kümmerte ich mich viel intensiver als zuvor um meine Familie. Mein Mann war in München geblieben und ernährte mit einem Job als Textchef eines großen Frauenmagazins die Familie. Er kam nur am Wochenende nach Hause. Während der Woche war ich allein mit den Kindern. Mein zweiter Roman hatte gute Kritiken bekommen und sich nicht schlecht verkauft. Doch ich schrieb für einen großen Verlag, musste gegen amerikanische Bestsellerautoren antreten, und im Vergleich zu ihnen nahmen sich meine Verkaufszahlen nicht gerade gewichtig aus. Mein dritter Roman zog sich hin. Die

Stunden, die ich am Schreibtisch verbrachte, schrumpften immer mehr zusammen. Oft hatte ich das Gefühl, ein Niemand zu sein. Ich zählte nichts in der Welt – obwohl ich der Mittelpunkt der Welt meiner Kinder war. Alle paar Wochen verschlang ich eine Klatschzeitung, sah mir Fotos von Frauen in schönen Kleidern auf Partys an und kämpfte dann für den Rest des Nachmittags mit aufkeimenden Neidgefühlen. Der gesellschaftliche Höhepunkt meines Tages war normalerweise ein Einkauf im Lebensmittelgeschäft des nahe gelegenen Kleinstädtchens. Aber es gab auch immer wieder gute, glückliche Zeiten, wenn die Kinder und ich durch den Wald streiften und Brombeeren pflückten oder im Herbst die letzten Kartoffeln von den Feldern sammelten und über einem Feuer brieten. Wie oft brachten sie mich mit ihren Fragen, ihrer Einstellung und ihrer freien Art zum Lachen – und dann hielt ich mich für die beneidenswerteste und reichste Frau der Welt.

Rückblickend erst begreife ich, wie wichtig diese Zeit für mich und meine Kinder war. Obwohl ich auch vorher schon eine gute Mutter war, wurde mir jetzt viel mehr abverlangt. Ich konnte nicht mehr ausweichen, konnte nicht mehr viele unterschiedliche Rollen leben, wie das durch die Teamarbeit mit meinem Mann in der Großstadt noch möglich gewesen war. Jetzt musste ich mich ganz auf meine Mutterrolle konzentrieren. Ich wurde damit konfrontiert, fast drei Jahre lang kein Echo und keine Anerkennung mehr zu bekommen, weder für das, was ich schrieb, noch für meine Person. Meine Kinder allerdings beschenkten mich freigebig mit ihrer Liebe. Sie waren meine Lebenslehrer, die mir zeigten, was wirklich zählt.

In dieser Zeit untersuchte ich auch das innere Bild meiner eigenen Mutter, das in mir und in meinem Leben wirkte.

Bestimmte Eigenschaften meiner Mutter hatte ich übernommen. Meine Mutter war eine Löwenmutter. Meine Schwester und ich wussten immer, dass wir auf sie zählen konnten. Als ich sechs Jahre alt war, zogen wir in eine neue Gegend. Dort gab es eine Straßenbande von Kindern, die uns ärgerte, weil wir fremd waren. Sie versperrten meiner Schwester und mir mit ihren Fahrrädern den Weg und ließen uns nicht weiterfahren. Ich weiß nicht, wie meine Mutter davon Wind bekam, jedenfalls war sie plötzlich da. Der Anführer der Bande war ein baumlanger sechzehnjähriger Kerl. Meine Mutter, die nur 1,52 m groß ist, baute sich vor ihm auf, stellte sich auf die Zehenspitzen und gab ihm eine Ohrfeige, erst rechts, dann links. Der Anführer, der meine Mutter leicht hätte niederschlagen können, war so verblüfft, dass er drei Schritte rückwärts ging, sich dann umdrehte und weglief. Die anderen Kinder waren ebenso beeindruckt wie meine Schwester und ich. Wir wurden nie wieder von dieser Bande behelligt.

Die positiven Eigenschaften meiner Mutter, Wärme, Hilfsbereitschaft und Loyalität, haben mein Bild von mir als Frau und Mutter entscheidend geprägt. Ich betrachtete sie wie ein Erbe, das meine Mutter mir noch zu Lebzeiten vermacht hat. Allerdings musste ich mich auch mit den negativen Eigenschaften meiner Mutter auseinander setzen, die ich möglicherweise ebenfalls unbewusst übernommen hatte.

Ich entwickelte eine große Achtsamkeit gegenüber diesen Eigenschaften. Wo immer ich den Verdacht hegte, dass sie ebenfalls in meine Mutterrolle eingeflossen waren, begann ich mit der inneren Arbeit. Diese Art innere Arbeit besteht einfach darin, gewahr zu werden, wenn wir einem bestimmten negativen Verhaltensmuster folgen. Es gibt die unterschiedlichsten Techniken, solche Muster aufzulösen, und im Laufe dieses Buches werde ich all jene vorstellen, die sich für mich als wirksam erwiesen haben.

Das innere Bild der Mutter hat großen Einfluss auf unser Leben – egal ob wir dagegen »anleben« oder ob wir es übernehmen. Die Eigenschaften und Fähigkeiten unserer Mutter, ihr eigenes Selbstbild, ihr Gefühl für ihren Wert in der Gesellschaft und in der Familie prägen unser Bild von uns als Frau nachhaltig.

Wenn man sich mit Visionen neue, positive Leitsterne am Lebenshimmel erschaffen will, ist es notwendig zu erkennen, welche alten Bilder bereits in uns wirken.

In der frühesten Kindheit verbringen wir normalerweise die meiste Zeit mit unserer Mutter. Als wir sehr klein waren, war sie unsere Quelle für Nahrung, Wärme und Zuwendung, aber sie hatte auch die größte Macht über uns. Da wir schutzlos und auf sie angewiesen waren, beobachteten wir sie sehr genau. Je nachdem, wie wir uns verhielten, erhielten wir von ihr Nahrung, Zuwendung und Liebe oder wir mussten Einsamkeit, böse Worte und einen Mangel an seelischer, manchmal auch körperlicher Nahrung ertragen.

Für kleine Kinder ist es daher lebensnotwendig, sich ihrer Umgebung anzupassen. Sie lernen, ebenso wie die Jungen in der Tierwelt, durch Abgucken und Nachmachen. Als erwachsene Frauen streiten wir dies vehement ab, aber als kleines Mädchen ist unsere Mutter unser Vorbild. Wir wollen genauso sein wie sie. Wir gucken von ihr ab und machen sie nach. Erst mit der Pubertät beginnen wir, unsere Mütter mit anderen Augen zu sehen, und entscheiden uns nicht selten gegen sie. Bis wir uns dazu entscheiden, ist das Bild unserer Mutter jedoch längst tief in unserem Unbewussten eingeprägt. Wir sind sozusagen geimpft.

Es gibt zwei Möglichkeiten, mit dem Erbe der Mutter umzugehen: Wir nehmen es an oder wir leben, in einer ewigen Opposition oder Rebellion gefangen, das Gegenteil. Wenn man unbewusst in der Rebellion lebt, kann man sich nicht neu erschaffen. Solange wir nicht wissen, warum wir etwas tun, warum wir diese oder jene Lebensweise oder Lebenseinstellung stark ablehnen, sind wir gefangen. Kräfte, die wir noch nicht verstanden, noch nicht aufgedeckt haben, spielen mit uns und beeinflussen uns. Wir reagieren reflexhaft und haben keine Wahlmöglichkeit. Der erste Schritt ist deshalb immer Erkenntnis. Wir müssen herausfinden, was das Erbe unserer Mutter ist und wie wir damit umgehen wollen.

Ich halte es für weise, das gute Erbe der Mutter anzunehmen und über das nicht erwünschte Erbe hinauszuwachsen.

Als ich mich entschloss, das gute Erbe meiner Mutter in allen Lebensbereichen anzunehmen, passierten ungewöhnliche Dinge in meinem Leben. Meine Mutter war eine außerordentlich gute und patente Hausfrau. Sie konnte kochen, backen und einmachen und bepflanzte selbst unseren Garten. Meine Schwester kochte mit Feuereifer ihre Rezepte nach, mich aber brachte dies in eine Abwehrhaltung. Ich war die Jüngere und die Rebellin. Ich wollte anders sein. Ich wollte nie in einem schmucken Haus im Grünen leben und nie eine Hausfrau werden. Ich wollte in der Welt herumreisen und Abenteuer erleben. Wie alle meine inneren Bilder gerann auch dieses zur Realität – ich schrieb, reiste und erlebte Abenteuer. Ich setzte mich aus dem Kreis meiner Familie nach München ab, gut 650 Kilometer entfernt von der Kleinstadt, in der ich aufgewachsen war, und lebte in wechselnden Altbauwohnungen. Als ich zu meinem Lehrer in den Vogelsberg zog, landete ich zum ersten Mal in meinem Leben in einem Einfamilienhaus im Grünen. Ich war jetzt in erster Linie Hausfrau und Mutter und nicht abenteuernde Schriftstellerin mit zwei Kindern. Meine Welt stand Kopf.

Seitenlang lamentierte ich in meinem Tagebuch. Dies waren nicht meine Visionen. Dies war alles, was ich nie hatte leben wollen. Und doch war ich freiwillig hierher gekommen.

Ich wollte lernen. Das Erste, was ich lernte, war, meine inneren Bilder und ihre Wirkungsweise zu untersuchen. Was waren meine Muster? Warum und gegen was rebellierte ich?

Ich rebellierte unter anderem gegen bestimmte Aspekte des Frau- und Mutterseins, die mir spießig erschienen und mich einzuengen drohten. Obwohl ich meine Kinder liebte, hatte ich mich mit der Mutter in meinem Inneren noch nicht wirklich angefreundet. Wir standen miteinander auf Kriegsfuß. Im Laufe der Zeit, mehr notgedrungen als freiwillig, begannen meine innere Mutter und ich zu kooperieren. Mein Lehrer Pedro de Souza ist unter anderem ein anerkannter Ernährungswissenschaftler und beschäftigt sich sehr eingehend mit gesunder und vitalstoffreicher Ernährung. Daher begann ich mehr zu kochen und sein Wissen in meine Küche mit einzubeziehen. Ich lernte auch zu bügeln und zu stopfen, und zum ersten Mal in meinem Leben gingen die Pflanzen in meiner Wohnung und auf dem Balkon nicht ein. Nach meinen drei Jahren im Vogelsberg hatte ich mich mit meinem inneren Mutterbild versöhnt.

In dieser Zeit zollte ich meiner Mutter zum ersten Mal in meinem Leben tiefe Anerkennung für alles, was sie für mich getan und mir übergeben hatte. Ich verstand, dass die weiblichen Qualitäten von emotionaler Zuwendung, Fürsorge, Pflege und Heilung all dessen, was um mich herum ist, von tiefer Bedeutung für das Wohlergehen einer gesamten Gesellschaft sind.

Wenn diese Qualitäten fehlen, ist die Welt kalt. Mütter sind dafür verachtet und lächerlich gemacht worden, dass sie an so unerhebliche Dinge wie warme Socken, Geburtstagsgeschenke, eine vitaminreiche Mahlzeit, orthopädische Einlagen, Kindergartenfeste, Kuchen zum Kaffee und neue Christbaumkugeln denken. Aber dies sind keineswegs nur alltägliche, minderwertige Dinge in der ach so wichtigen Geschäftswelt. Dies ist gelebte Liebe. Ob wir uns als Kinder geliebt, versorgt und anerkannt fühlen, ob wir gesund ernährt oder mit Fertigpizzas abgespeist wurden, ob wir ein gemütliches Zuhause hatten, in dem Feste gefeiert wurden oder nicht – all das hat Einfluss auf unsere Psyche und unseren Körper für den Rest unseres Lebens. Mütter, die zu Hause waren und ihre Kinder betreuten, wurden von der Psychologie für jeden nur erdenklichen Schaden bei den Kindern verantwortlich gemacht. Niemand scheint bemerken zu wollen, wie viel größer der Schaden ist, den Kinder nehmen, wenn mütterliche Qualitäten in unserem Umfeld fehlen, weil Frauen aufhören, diese Qualitäten zu entwickeln.

Ich verurteile keine Frau, die sich vom Mutter-Sein abwendet. Es ist ein Job ohne Anerkennung. Die heutige Gesellschaft versucht, uns danach zu beurteilen, welche Kleidung wir tragen, wie dünn wir sind und ob wir das richtige Auto fahren. Man fragt uns, was wir tun, und wenn wir, statt in wichtigen Besprechungen zu sitzen, unser Kind zum Schwimmkurs gefahren haben, wird die Welt sich gähnend von uns abwenden. Das liegt nicht daran, dass wir das Falsche tun, sondern dass die Kultur, in der wir leben, die falschen Werte hat. Wärme, Liebe, Zuwendung und gute Beziehungen sind das, worum es wirklich geht.

Es ist das Einzige, das uns auf Dauer glücklich macht. Eine Kultur, die dies nicht versteht, ist krank, und deshalb ist auch die Mutter in unserem Inneren – die dies sehr wohl weiß – erkrankt.

Ich entschloss mich, mein inneres Bild der Mutter zu heilen und die geheilte Mutter meinen Visionen hinzuzufügen. Ich erlaubte mir, auch diesen Teil meiner Weiblichkeit zu leben, und zwar mit großer Freude. Anders als bei den Generationen von Frauen vor mir ist mein Mutter-Sein freiwillig. Ich bin nicht dazu gezwungen worden, und es ist auch nicht die einzige Rolle, die ich spiele. Für meine Familie zu sorgen ist eine Aufgabe, die ich mit viel Freude und mit großer Liebe versehe. Ich bin dadurch weicher, weiblicher, vollständiger und auf geheimnisvolle Art auch machtvoller geworden, als ich je zuvor gewesen bin.

Viele Frauen fragen mich, wie sie ihre innere Mutter heilen können, wenn sie keine Kinder haben. Jede Frau ist ein Kanal für weibliche, mütterliche Energie. Die Welt braucht diese Energie, wo man auch hinschaut – egal ob wir uns um alte Leute, Pflanzen, Tiere, einen depressiven Kollegen oder den Regenwald am Amazonas kümmern. Wenn ich ein Kind sehe, das hingefallen ist und weint, gehe ich zu ihm und tröste es, bis die Mutter auftaucht. Ich bin für diese kurze Zeit seine Mutter. Tatsächlich ist die mütterlich-weibliche Energie in ihrer göttlichen Form eine überpersönliche Kraft, eine Liebe, die uns nur als Kanal benutzt. Jede Frau ist so ein Kanal – allerdings muss sie sich dieser Tatsache bewusst sein.

Manche Frauen haben Angst, ihre Wärme, Liebe und Fürsorglichkeit, ihr mütterliches Wesen könnten ausgebeutet werden. Aber zum Ausgebeutet-Werden gehören immer zwei: der, der ausbeutet, und der, der sich ausbeuten lässt. Wenn wir uns ausbeuten lassen, haben wir Zweifel an unserem inneren Wert. Wir glauben, wir müssten uns unseren Wert erst noch verdienen, indem wir anderen Gutes tun. Solange ich diesen Irrglauben nicht aufgelöst habe, bin ich tatsächlich in Gefahr, mich auslaugen zu lassen. Allerdings: Je unglücklicher ich darüber bin, desto eher bin ich geneigt, mir anzuschauen, warum ich mich wertlos fühle – und dies ist der Schritt, der uns zur Heilung führt.

Ein paar Fragen für Ihre Notizen:
• Welche Botschaften und Bilder hat Ihnen Ihre Mutter vermittelt?

• Was davon leben Sie heute – oder wogegen leben Sie an?
• Und was sagt Ihre »innere Mutter« dazu?

Von der Sogwirkung negativer Bilder

Die Sogwirkung negativer innerer Bilder ist genauso stark wie diejenige positiver innerer Bilder. Deshalb ist es notwendig, die eigenen Vorstellungen und Fantasien genau zu überprüfen.

In ihrer Autobiografie beschreibt die englische Sängerin und frühere Mick-Jagger-Freundin Marianne Faithfull eines ihrer inneren Bilder. Es entstand Mitte der Sechzigerjahre, während sie die Bücher des Drogenpoeten William Burroughs verschlang. Burroughs, der zu den Kultautoren des Swinging London zählte, hatte die Drogenabhängigkeit des Heroinsüchtigen zu einem Mythos erhoben. Der Dichter feierte den »Junkie«.

»Ich las zum ersten Mal ›The naked lunch‹« (eines der berühmtesten Bücher von Burroughs), schreibt Marianne Faithfull in ihrer Autobiografie.»Ich hatte eine leuchtende, blitzartige Erkenntnis. Mir wurde sonnenklar, was ich tun musste. Ich musste Junkie werden. Kein Schickimicki-Junkie, sondern Straßenjunkie. Dahin sollte mein Weg mich führen.«[1]

Einige Jahre später, nachdem Mick Jagger sie verlassen hatte, tauchte die Sängerin im Londoner Stadtteil Soho ab und begann tatsächlich als Heroinsüchtige auf der Straße zu leben. Ihr kleiner Sohn wurde indessen notdürftig von der Großmutter versorgt. Sie wurde Junkie und landete auf der Straße. »Es war der größte, steilste Sturz meines

---

[1] Marianne Faithfull, »Eine Autobiografie«, Frankfurt a. M. (Zweitausendeins) 1995, S. 166

38

Lebens«[1], schreibt Marianne über ihren Fall vom Weltstar zur obdachlosen Fixerin. Ihr inneres Bild vom Straßenjunkie war Wirklichkeit geworden.

Ebenso verhängnisvoll sind innere Bilder, in denen wir uns selbst als Opfer betrachten und auch als solche bezeichnen. Ein Opfer hat in unserer inneren Vorstellung keinerlei Kraft. Es ist seinem Schicksal hilflos ausgeliefert.

Man hat festgestellt, dass Kinder, die aus zerrütteten Familien kommen und missbraucht wurden, auch als Erwachsene häufiger Opfer krimineller Delikte sind. Die Erfahrung von Hilflosigkeit und Sich-als-Opfer-Fühlen hat sich in ihnen einprogrammiert. Deshalb ziehen sie die gleichen Umstände immer wieder an.

Der amerikanische Arzt Bernie Siegel, der durch seine Hilfsprogramme für Krebspatienten und seine Bücher berühmt geworden ist, rät Selbsthilfegruppen, die das Wort »Opfer« verwenden, ihren Namen zu ändern. Dr. Siegel hat die Erfahrung gemacht, dass Patienten, die ihren Krebs besiegen, Verantwortung für ihre Krankheit, ihre Gefühle und ihre Behandlung übernehmen. Sie hören auf, Opfer zu sein. Sie sind unbequem und aufsässig. Sie fragen viel. Sie verlassen den Arzt, der ihnen mit schlechten Prognosen und Statistiken über ihre Krankheit den Mut raubt. Sie sind zu beschäftigt mit Leben, um zu sterben.

Menschen, die aufhören, sich als Opfer zu betrachten, empfinden eine riesige Wut. Diese Wut (nicht Rache) ist sehr gesund und sinnvoll, denn sie ist der erste Schritt aus der Opferrolle und führt zurück zur eigenen Kraft. Erst mit dieser Kraft im Rücken kann man die Schritte vollziehen, die zu Heilung und Ganzheit führen.

---

[1] Marianne Faithfull, »Eine Autobiografie«, Frankfurt a. M. (Zweitausendeins) 1995, S. 255

Ein paar Fragen für Ihre Notizen:
- Besitze ich negative innere Bilder, die in mir wirken?
- Welche Freunde oder welche Gesellschaft beeinflusst mich auf eine negative Art und Weise?
- Wo und wann habe ich mich als Opfer gefühlt?

Alte Bilder, neue Bilder

Vor etwa zwölf Jahren verließ ich drei Freundinnen. Wir waren als Clique zehn Jahre lang auf das Engste befreundet gewesen. Ich hatte als einzige der drei Frauen geheiratet und ein Baby bekommen, mich jedoch bereits zwei Jahre später wieder von meinem ersten Mann getrennt, um mit Matthias, meinem jetzigen Ehemann, zusammenzukommen. Mein Leben nahm einen dramatisch anderen Kurs als das meiner Freundinnen, die Singles blieben oder Beziehungen hatten, und heute kinderlos, aber sehr erfolgreiche Karrierefrauen sind.

Mein Entschluss, mich von der Clique zu trennen, fiel mir nicht leicht, aber ich spürte, dass ich jemand ganz Neues werden musste und dass mir dies in der alten Umgebung nicht gelingen würde. Als ich mit Matthias, meiner großen Liebe, meinem Seelenpartner, zusammentraf, wusste ich: Ich will eine gute Ehefrau und eine gute Mutter sein. Ich will, dass diese Beziehung funktioniert und meine Träume wahr werden. Meine Clique, die fast die Funktion einer Familie hatte, kannte und schätzte nur mein altes Ich. Unter ihren Augen konnte ich keine Neue werden.

Nachdem die Trennung vollzogen war, schmerzte mich der Verlust noch lange Zeit. Manchmal träumte ich jede Nacht von einer meiner Freundinnen, und über viele Jahre lang fürchtete ich, ich würde nie wieder im Leben solche Freunde finden. Trotzdem hatte ich nicht das Gefühl, eine falsche Entscheidung gefällt zu haben. »Niemand flickt ein altes Kleid mit einem Lappen von neuem Tuch, denn der Lappen reißt doch wieder vom Kleid und der Riss wird ärger«, sagte Jesus, was so viel bedeutet wie: Erneuere dich von Grund auf. Damals wusste ich noch nichts von der Kraft und der Wahrheit dieser Worte. Aber ich ahnte, dass mir eine Art Tod bevorstand. Ich musste meine alten Kleider verbrennen und eine Zeit lang nackt dastehen, bevor ich etwas Neues zum Anziehen bekam. Ich musste sterben und mich selbst neu gebären, um die zu werden, die ich sein wollte.

Mein Vater hat die lebhaftesten Erinnerungen an mich als Teenager, denn das war die letzte Zeit, die ich zu Hause verbrachte, bevor ich zum Studium nach München ging. Als Teenager war ich äußerst wild und rebellisch; dazu gehörte unter anderem, dass ich Kette rauchte. Seither habe ich mein Leben allerdings unzählige Male verändert, am stärksten durch meine drei Lehrjahre bei Pedro de Souza, die ich in meinem Buch »Der Christus-Meister oder der Himmel in meinem Herzen« beschrieben habe.

Inzwischen habe ich seit gut sechzehn Jahren keine Zigarette mehr angefasst, ernähre meine Familie und mich so gesund wie möglich und werde von meinem Mann und meinen Töchtern scherzhaft als »Gesundheitsapostel« bezeichnet.

Für meinen Vater bin ich jedoch immer noch die alte »Hippiefrau«, die rebellische Tochter, die Kettenraucherin. Er ist verblüfft, ja sogar beleidigt, wenn ich Alkohol ablehne. Er erzählt in größeren Gesellschaften genüsslich, was für eine süchtige Raucherin ich einmal war, obwohl – Ironie der Situation – mein Vater, meine Mutter und meine Schwester immer noch rauchen, während ich als Einzige in der Familie vor beinahe zwei Jahrzehnten damit aufgehört habe. Ich habe aufgegeben, meinen Vater davon überzeugen zu wollen, dass es die Tochter, an die er sich erinnert, nicht mehr gibt.

41

Das Leben ist ein ewiger Wandel, nur wir halten die Zeit an, frieren die Bilder ein, konservieren die Erinnerung. Wenn sich ein Freund verändert, sind wir schockiert, wir wollen, dass er so bleibt, wie wir ihn kennen und lieben. Aber das ist nicht möglich. Wir sterben nicht nur an unserem Lebensende, wir sterben auch mitten im Leben viele Male, um neu geboren zu werden. »Metanoeite!«, sagt Matthäus in der griechischen und ursprünglicheren Übersetzung des Neuen Testaments. Das heißt: »Verwandelt euch!« Erneuert euch im Geist. Wir sind nicht für immer festgelegt. Alte Begrenzungen, Gewohnheiten, Ansichten, Gedanken und Einstellungen können geändert werden. Wir sind aufgerufen, unsere Visionen zu leben und das Beste in uns – und in anderen – hervorzubringen.

Weil ich mich so stark verändert habe, musste ich des Öfteren Menschen verlassen oder bin von ihnen verlassen worden. Wer mit meinen Wandlungen nicht mitgehen konnte oder wollte, blieb am Wegrand zurück, selbst Menschen, die ich sehr liebte. Das war oft schmerzlich für mich. Doch inzwischen schaue ich immer seltener zurück. Ich fühle mich angeschlossen an den Strom des Lebens. Nachdem ich meine drei besten Freundinnen »verloren hatte«, schenkte mir das Leben unzählige beste Freundinnen. Heute ist mein Leben überreich an guten Freundschaften und tiefen Beziehungen – als sollte ich eine Lektion begreifen: »Wenn du mitgehst, mit dem, was ist, wenn du dich veränderst, wenn es Zeit ist, wenn du sogar bereit bist zu sterben, um dein Leben zu erneuern, dann wirst du immer in der Fülle leben.«

Ein paar Fragen für Ihre Notizen:
• Was in meinem Leben ruft nach Veränderung?
• Gegen welche Verwandlung, welchen »Tod« sträube ich mich?

Nachahmen erlaubt

In frühester Kindheit lernen wir durch Abgucken und Nachmachen. Wir würden niemals sprechen oder laufen lernen, wenn wir die Personen in unserer Umgebung nicht nachahmen würden. Sobald wir erwachsen sind, scheint uns diese Methode nicht mehr angemessen. Jetzt wollen wir einzigartig und originell sein.

Tatsächlich ist gegen Nachmachen jedoch überhaupt nichts einzuwenden. Wenn man Eis laufen lernt, sieht man sich die Bewegungen der Eisläufer, die es bereits können, sehr genau an und versucht, diese nachzuahmen. In der Malerei, in der Architektur, in der Musik und der Literatur kopieren die Jungen die Alten – so lange, bis sich ihr eigener Stil herauskristallisiert.

Während meiner Jahre als Vertragsautorin für ein großes Frauenmagazin wurde eine meiner damaligen Chefredakteurinnen für mich zum Vorbild. Sie war eine charismatische Frau, geistreich, kreativ, witzig, elegant und zudem noch eine außerordentlich gute Schreiberin.

Wann immer ich mich in ihrer Gegenwart befand, war auch ich lebhafter, kreativer, geistreicher und witziger als sonst. Ich legte mehr Wert auf die Qualität meiner Reportagen und Interviews, um ihr mit meiner Arbeit zu imponieren. Ich kleidete mich eleganter. Ich schätzte meine Kreativität höher ein und bekam mehr Gefühl für meine Talente und Stärken. Auf gewisse Weise war ich in mein Vorbild verliebt und genoss jede Minute mit ihr.

Natürlich beeinflussen Vorbilder unsere inneren Bilder. In der Zeit, in der ich meine Chefredakteurin verehrte und ihr nacheiferte, wollte ich in ihre Fußstapfen treten und ebenfalls eines Tages Chefredakteurin sein. Doch unsere Wege trennten sich. Mit der Geburt meiner zweiten Tochter nahm mein Leben eine neue Richtung. Ich wurde Romanautorin.

Vorbilder funktionieren für eine ganz bestimmte Entwicklungsspanne in unserem Leben. Dann wachsen wir über sie hinaus und in unsere eigenen Aufgaben hinein. Vielleicht treten neue Vorbilder oder Lehrer auf, vielleicht werden wir auch selbst Vorbild für jemand anderen.

Ich lernte, nachdem ich einige Jahre als Schriftstellerin gearbeitet hatte, Pedro de Souza kennen. Die Zeit, die ich mit ihm verbrachte, änderte mein Leben, meine Ansichten und Werte noch einmal von Grund auf. Jetzt besaß ich ein Vorbild, das mich noch mehr forderte. Wenn ich ihm nacheifern wollte, musste ich in allen Bereichen meines Daseins liebevoller, weiser, klarer, mutiger und authentischer werden. Ich erkannte, dass dies eine Lebensaufgabe ist, und setzte alles daran, mit de Souza zusammen zu arbeiten und so viel wie möglich von ihm »abzugucken« und zu lernen.

Jeder, der für einen gewissen Zeitraum abgeschaut und nachgemacht hat, wird nach einer Weile sicherer und damit auch wagemutiger und authentischer. Er beginnt, seinen eigenen Stil zu entwickeln. Wenn man anfängt zu kochen, hält man sich streng an die Rezepte aus dem Kochbuch. Doch ein guter Koch beginnt schon bald damit, Rezepte zu variieren, neue Gewürze auszuprobieren und nach und nach seinen eigenen Stil zu entwickeln.

Es besteht also gar keine Gefahr, dass wir lediglich zu Kopien eines größeren Vorbilds werden. Wir lernen durch Nachahmung, aber sobald wir etwas können, erfüllt es uns mit der größten Freude, unsere Persönlichkeit in das, was wir erschaffen, mit einzubringen.

Idole unserer Zeit

Es besteht ein großer Unterschied zwischen einem Menschen, der uns zu persönlichem Wachstum anregt, und der blinden Verehrung, die jemand als Fan für einen Popstar oder Schauspieler hegt. Fans von Stars projizieren die unerfüllt gebliebenen Wünsche, Sehnsüchte und Träume ihres eigenen Lebens – Sex, Schönheit, Reichtum, Luxus – auf den Star. Der Star lebt stellvertretend für den Fan das wilde, reiche oder leidenschaftliche Leben, das dieser sich wünscht.

Ich bin zwar kein Fan, aber natürlich auch nicht immun gegen solcherlei Wünsche und Sehnsüchte. Als ich meine Abschlussprüfung an der Universität machte und nur noch ungeschminkt und in bequemer Haushose am Schreibtisch saß und für meine Prüfungen lernte, war ich süchtig nach der damaligen Seifenoper »Denver-Clan«. Ich verpasste keine Folge. Wenn schon in meinem eigenen Leben nichts passierte, wollte ich wenigstens passiv an der Welt teilhaben, in der gelebt, geliebt und gelitten wurde.

Für einen begrenzten Zeitrahmen mag ein solcher Ersatz sinnvoll sein. Wenn wir allerdings versuchen, die eigene Leere im Leben mit den Lebensgeschichten anderer Menschen zu füllen, dann sind Fernsehserien, Seifenopern, Klatschzeitungen wie Tabletten, mit denen wir unseren Schmerz betäuben. Den Schmerz, dass wir selbst nicht leben, nicht lieben, nicht lachen und keine eigenen tiefen Erfahrungen sammeln.

Ein Vorbild in unserer näheren Umgebung inspiriert uns, eigene Erfahrungen zu machen. Um so zu sein wie dieser Mensch, müssen wir unsere Fähigkeiten ausbauen. Wir müssen Mut, Talent, Stärke, Disziplin oder auch Humor, Weisheit, Geduld, Mitgefühl in einem Maße entwickeln, wie wir sie jetzt noch nicht besitzen. Da der andere es jedoch geschafft hat, hegen wir die berechtigte Hoffnung, dass wir auch dorthin kommen können.

Die Menschen, die unsere Kultur zum gegenwärtigen Zeitpunkt zu Rollenmodellen und Vorbildern erhebt, halte ich für fragwürdig. Die Messlatte unserer Werte beschränkt sich auf Geld, Aussehen und äußeren Erfolg.

Auch ich liebe Geld, gutes Aussehen und Erfolg. Es sind Werte, die ich anstrebe und verkörpere. Aber diese drei allein reichen nicht aus. In der Tiefe meines Herzens weiß ich, dass da mehr sein muss, damit ich mich in mich selbst verlieben kann. Ich verliebe mich in mich selbst, wenn ich zuhöre, wenn ich liebevoll bin, wenn ich jemandem Kraft und Mut einflöße, wenn ich gute Gedanken habe, wenn es mir gelungen ist, jemanden zu trösten, wenn ich Teil habe an der Heilung eines Menschen, wenn ich zärtlich, geduldig, großzügig, mitfühlend, offen, mutig, kreativ und authentisch bin. Ich verliebe mich in mich, wenn ich mich für etwas engagiere, das über meine eigenen Ziele und Bedürfnisse hinausgeht, und wenn ich etwas für die Welt, in der ich lebe, tue.

Ich bezweifle, dass Frauen, die ihren Körper andauernd Schönheitsoperationen unterziehen, sich wirklich selbst lieben. Ich vermute, dass allein die Werte Geld, Erfolg und gutes Aussehen nicht ausreichen werden, um uns zu einem glücklichen, erfüllten Leben zu verhelfen. Ich bin davon überzeugt, dass wir rebellischer sein müssen und uns unsere eigenen Vorbilder, Werte und Visionen schaffen müssen.

Ein paar Fragen für Ihre Notizen:
- Besitze ich inspirierende Vorbilder in meiner Umgebung, von denen ich etwas abgucken und lernen kann?
- Wer sind meine »Lehrer«?
- Welche Werte verkörpern meine Vorbilder?

- Welche Werte möchte ich verkörpern?
- Kann ich mich in mich selbst verlieben, wenn ich diese Werte besitze?

Gesellschaft ohne Visionen

Wir befinden uns in einer Zeit, die arm ist an Visionen. Wir haben keine Vorstellung, wie eine Gesellschaft aussehen könnte, in der die Menschen aktiv, ausgefüllt und friedlich miteinander leben.

Stattdessen werden in Hollywoodfilmen oder in Büchern Schreckens-Szenarien für unsere Zukunft entwickelt – je dunkler und bedrohlicher, umso kassenkräftiger. Ich gehe davon aus, dass die Ideengeber solcher Werke sich ihrer Verantwortung nicht bewusst sind und nicht ahnen, wie stark Bilder wirken. Sie denken nur an Ruhm, Macht und Geld. Sie glauben, es gehe nur um Unterhaltung, Spielerei. Aber dies ist durchaus nicht so. Was wir denken, wie wir denken, welche Bilder wir erzeugen, welche Realität wir uns vorstellen, all das hat tatsächlich Einfluss auf unsere Zukunft.

Wir interpretieren nicht nur eine Welt, die bereits vorhanden ist. Wir erschaffen sie in jeder Minute selbst, durch unsere Gedanken, Bilder und Vorstellungen.

Die Wissenschaft ist gerade erst dabei, den Einfluss von positiven Vorstellungen auf unseren Körper zu registrieren. Aber das ist zumindest ein wichtiger erster Schritt. Der amerikanische Wissenschaftler David McClelland ließ in einer Studie eine Gruppe von Studenten einen Dokumentarfilm über Mutter Teresa und ihren Dienst an Sterbenden in Kalkutta sehen. Eine andere Gruppe von Studenten bekam einen belanglosen Film zu sehen. In einer anschließenden Untersuchung wurde die Zahl von schützenden Antikörpern im Blut beider Gruppen gemessen. Bei den Studenten, die den Mutter-Teresa-Film gesehen hatten, wurde im Durchschnitt eine beträchtliche Erhöhung an schützenden Antikörpern im Blut nachgewiesen. Bei jenen, die den belanglosen Film gesehen hatten, wurde keinerlei Veränderung im Blutbild festgestellt.

Die Psychologin Jean Achterberg konnte beweisen, dass bei Krebspatienten, die mit positiven Visualisierungsübungen arbeiten, die Anzahl der weißen Blutkörperchen direkt nach der Visualisierung dramatisch ansteigt.

Dies alles sind nur erste, kleine, messbare Beweise für die Kraft von Gedanken und Vorstellungen, die jedoch viel umfassender ist, als wir es uns in unseren kühnsten Träumen vorstellen können. Denn hierbei handelt es sich um die Schöpferkraft schlechthin, die in jedem von uns wirkt.

Noch vor wenigen Jahrhunderten orientierten sich Komponisten wie Bach, Haydn und Mozart an einer höheren, göttlich-schöpferischen Ordnung, deren Harmonie so vollkommen war, dass sie glaubten, die Musik, die sie hervorbrachten, könne nur eine schwache Spiegelung jener höchsten Harmonie sein. Dennoch bescherten uns diese Komponisten Musikstücke, deren Schönheit und Harmonie bis heute unübertroffen sind.

Werte wie Integrität, Ehrlichkeit, Mut, Verantwortung haben heute kein besonderes Image mehr. Sie wirken verstaubt. Heute wird lieber investiert in Selbstverwirklichung, Profit, Freiheit und Ungebundenheit. Doch wenn diese Werte die einzigen Maximen unseres Handelns sind, entwickeln wir uns zu einer kindischen, ichbezogenen, gefühlsarmen Gesellschaft. Wir selbst schaffen den Himmel oder die Hölle auf Erden. Eine Vision nährt sich davon, dass wir eine Vorstellung von etwas Größerem, Besserem, Erhabenerem besitzen, zu dem wir uns hin entwickeln können.

Wir überlassen es Wirtschaftsleuten, das Gesicht unserer

Gesellschaft zu formen, aber Wirtschaftsleute denken nicht über das Wohlergehen der Menschheit nach. Sie denken an den Profit ihres Unternehmens.

In alten Kulturen ging man nicht zu den Kaufleuten, wenn es um das Wohl des ganzen Volkes ging. Man suchte instinktiv Rat bei den Alten und Weisen, bei solchen Menschen, die nahe daran waren, eine Grenze zu überschreiten, sodass egoistische Wünsche und Belange keine große Rolle mehr für sie spielten. Diese Stimmen sind in unserer Gesellschaft sehr leise geworden. Wir hören sie kaum noch.

Nicht zu Unrecht betrachten wir in Deutschland Visionen von unserem Staat mit einem gewissen Misstrauen. Die Vision der Nazis machte aus dem Volk der Dichter und Denker ein Volk von Verbrechern. Auch die RAF hatte eine Vision. Doch andere zahlten für diese Vision mit dem Leben.

Jede Vision, die das Recht auf Leben, das Recht auf Besitz und das Recht auf individuelle Freiheit nicht respektiert, muss abgelehnt werden. Dies sind die wichtigsten und höchsten Rechte in jeder Gemeinschaft. Wann immer ein Einzelner, eine Gruppe oder ein Staat diese Rechte verletzt, handelt er verbrecherisch – egal wie »großartig« seine Vision sein mag.

Träume, die wahr werden

Viele Frauen, die in meine Seminare kommen, haben Schwierigkeiten, eine Vision von sich zu finden. Sie wünschen sich einen besseren Job oder eine glücklichere Beziehung, aber sie sind nicht in der Lage, jene größere, schönere, strahlendere Frau in sich selbst zu finden, die mein Lehrer Pedro de Souza so mühelos in ihnen entdecken würde.

Immer wieder erhalte ich Eingaben und Antworten auf Fragen, die mich stark bewegen, aus einer höheren Quelle.

49

Manche Einsichten werden mir auf Spaziergängen zuteil, andere fließen mir beim Schreiben zu. Ich bin sicher, dass jeder Mensch Zugang zu tieferen Schichten seines Über- oder Unterbewusstseins hat, welches wiederum angeschlossen ist an ein Bewusstsein, das ich als allwissend bezeichnen möchte. Ich halte Antworten und Einsichten aus dieser Quelle für »höher«, weil mir immer wieder auffällt, dass sie liebevoller und weiser sind, als ich es bin.

Vor einiger Zeit dachte ich darüber nach, warum es in den vergangenen Jahrhunderten westlicher Kultur so wenig berühmte Malerinnen, Komponistinnen, Wissenschaftlerinnen oder Schriftstellerinnen gegeben hat. »Wie ist das möglich?«, fragte ich nach oben. Die Antwort kam prompt: »Weil sie es sich nicht vorstellen konnten.«

Diese Antwort traf mich wie ein Blitzschlag. Ich fühlte sofort, dass sie richtig war. Die Frauen vergangener Jahrhunderte hatten nicht einmal im Traum daran gedacht, dass sie ebenfalls Künstlerinnen, Architektinnen, Ärztinnen hätten sein können. Diese Berufe waren nicht für sie vorgesehen, es gab keine Ausbildung für sie, keine Vorbilder und deshalb auch keine Traumbilder. Erst seit fünfzig Jahren können Frauen davon träumen, alles zu werden. Und immer mehr Frauen verwirklichen ihre Traumbilder. Sie können sich jetzt vorstellen, Ärztinnen oder Wissenschaftlerinnen zu werden und in dem Maße, da sie es sich vorstellen können, werden sie es auch.

Grenzen überschreiten

Es gibt eine Studie, nach der Lottomillionäre, die aus unteren sozialen Verhältnissen stammen, ihren Gewinn binnen drei Jahren verschleudert haben und danach wieder genauso arm sind wie vorher. Sie sind es nicht gewohnt, reich zu sein. Sie haben keine Freunde, die reich sind, und vieles, was reichen Leuten Spaß macht und sie verbindet, ist für einen »armen« Lottomillionär verwirrend und befremdlich: Reisen, vornehme Hotels, Jachten oder Diskussionen über Landsitze, Aktienkurse und Golfplätze. Oft ist der Lottokönig durch den Lottogewinn so einsam und verwirrt, dass er unbewusst versucht, das viele Geld, das ihn aus seinem gewohnten Leben riss, so schnell wie möglich wieder loszuwerden.

Eine Seminarteilnehmerin von mir hielt es nicht aus, dass Männer sie plötzlich anschauten und sogar ansprachen. Renate war daran gewöhnt, nicht wahrgenommen zu werden. Auf Veranstaltungen stand sie in unförmigen Kleidungsstücken am Rand. Jetzt war sie plötzlich nicht mehr sicher vor den Blicken der Männer. Warum? Sie hatte abgenommen, ihre Haare verändert und zog sich anders an. Wenn sie einen Raum betrat, blickten die Männer ihr nach. Doch Renate fürchtete sich vor diesen Blicken, nach denen sie sich früher gesehnt hatte und um die sie andere Frauen beneidet hatte. Sie hatte ihren Gewohnheitsbereich verlassen – und das machte ihr Angst. Innerhalb kürzester Zeit nahm sie ihr altes Aussehen wieder an.

Mir wurde durch Renates Fall klar, dass es nicht ausreicht, einfach nur Visionen zu entwickeln. Wir müssen genug Selbstwertgefühl und Sicherheit entwickeln, um diese Vision auch leben zu können. Denn sobald wir Visionen haben und damit beginnen, sie umzusetzen, verlassen wir unseren Gewohnheitsbereich.

Als ich damit begann, nicht nur Bücher zu schreiben, sondern auch Vorträge und Seminare zu halten, was meiner Vision von mir als »Lebenslehrerin« zutiefst entsprach, musste ich von einem Tag auf den anderen lernen, vor Menschen zu stehen und zu reden.

Aber die Veränderungen kamen nicht schockartig, sondern

51

in einem gemächlichen Tempo. Zu meinem ersten Frauenseminar meldeten sich vier Teilnehmerinnen an. Anfangs war ich enttäuscht, doch später wurde mir bewusst, was für ein Segen es war, dass ich nicht überfordert wurde. Ich wurde nicht ins tiefe Wasser geworfen, sondern bekam die Möglichkeit, im seichten Wasser schwimmen zu lernen.

Meine ersten Vorträge hielt ich an der Seite von meinem Lehrer Pedro de Souza. Ich sprach die ersten zwanzig Minuten, dann hielt er seinen Vortrag, der etwa eine Stunde dauerte. Seine Anwesenheit gab mir die Sicherheit und Kraft, die ich brauchte, um mich an die neue Situation zu gewöhnen.

In meinen Seminaren übe ich mit den Teilnehmerinnen, Grenzen zu überschreiten. Wie nehmen uns vor, mindestens ein Mal in der Woche etwas zu tun, was wir noch nie getan haben, oder etwas auszuprobieren und zu wagen, was wir uns bisher nicht getraut haben. Wenn man etwas Neues ausprobiert, ist man sofort dem Alltagstrott und der Routine entrissen. Man ist unsicher und dadurch wacher. Das macht uns empfänglich für die neuen Eindrücke, die auf uns einströmen. Das Leben wird wieder farbiger, lebendiger, aufregender.

Eine Frage für Ihre Notizen:
• Wann haben Sie das letzte Mal etwas für Sie vollkommen Neues und Ungewöhnliches ausprobiert oder gewagt? Treffen Sie eine Verabredung mit sich, dies öfter zu tun.

Unterstützung finden

Ich selbst erhielt für meine Lebensziele und Visionen die allergrößte Unterstützung von Matthias, meinem Lebenspartner, und von Pedro de Souza, meinem Lehrer. Wann immer ich an mir zweifelte, entmutigt war, meine Projekte anzweifelte, bestärkten und ermutigten mich die beiden wichtigsten Männer in meinem Leben. Sie glaubten an mich. Wenn ich mit ihnen geredet hatte, fühlte ich mich wieder »groß«. Das Leben selbst sorgte schon dafür, dass ich nicht unrealistisch wurde.

Natürlich erwarten wir Unterstützung von unserem engsten Familienkreis, doch gerade hier ist sie eher selten zu bekommen. Jesus konnte in seiner eigenen Heimatstadt niemanden heilen. Die Einwohner von Nazareth sahen in ihm nur den Sohn des Zimmermanns, niemand glaubte an ihn.

Auch unseren Eltern fällt es manchmal schwer, an ihre Kinder zu glauben und sie bedingungslos zu unterstützen. Das verstehe ich erst besser, seit ich selbst Kinder habe. Vor einiger Zeit erzählte mir meine älteste Tochter Camilla, wie sie sich ihr zukünftiges Leben vorstelle. Sie wollte nicht in einer Stadtwohnung leben wie wir, sondern in einem Haus auf dem Land mit einem riesigen Garten. Ihre Kinder – sie wollte mindestens drei oder vier haben – sollten an Flüssen spielen und Baumhäuser bauen dürfen. Es sollte Hunde, Katzen, Meerschweinchen, Vögel und ein paar Pferde geben. Mein Mund wurde immer schmaler. »Und wer soll die alle versorgen, während du arbeitest?«, fragte ich spitz. Ich begann damit, ihr zu erklären, wie unrealistisch ihre Lebensvorstellung sei. Camilla wurde sauer. Irgendwann stand sie vom Tisch auf und stürmte in ihr Zimmer. Ich hatte ihre Träume zerstört.

Als ich über die Angelegenheit nachdachte, war ich bestürzt. Ich, die große Visions-Verkäuferin, hatte soeben eine Lebensvision meiner Tochter durch sachliche und realistische Einwände klein gemacht. Als ich darüber meditierte, stellte ich fest, dass ich wütend auf Camilla war. Ich war wütend, weil ich das Gefühl hatte, alles für meine Tochter zu tun. Dennoch schien unser Leben nicht im Geringsten ihren Wunschvorstellungen zu entsprechen. Wir wohnen mitten in München in einer großen Altbauwohnung gleich neben einem der schönsten Parks in Deutschland, dem Englischen Garten. Aber wir haben keinen eigenen Garten und die Kinder dürfen, bis auf zwei Wellensittiche, keine Haustiere halten. Camillas Traumleben kam mir vor wie eine einzige große Kritik an allem, was ich ihr bieten konnte. Meine Angst – Angst ist immer die Wurzel von Wut – sagte: »Siehst du, du tust nicht wirklich das Allerbeste für deine Kinder – das machst du dir nur vor. Du willst in der Großstadt leben, aber sie wären auf dem Land in einer Umgebung, so wie Camilla sie geschildert hat, am glücklichsten.«

Sobald ich mir alle diese Gefühle angeschaut hatte, konnte ich mir selbst und auch Camilla verzeihen. Alle Kinder würden gerne in einer »Bullerbü«-Umgebung leben, aber dies ist in der modernen Gesellschaft nicht immer möglich. Und nach meinen drei Jahren in dem kleinen Dorf im Vogelsberg schätzte ich auch die Vor- und Nachteile des Landlebens realistischer ein. Wir hatten beide Recht, und es gab für mich keinen Grund, mich mit Schuldgefühlen zu martern. Wenn Camilla jetzt von ihren Lebensträumen spricht, höre ich zu und erkenne ihre Vision ohne Einschränkung an.

Oft sage ich ihr: »Lebe deine Träume, du kannst es schaffen.« Wir alle wissen, dass das Leben selbst uns mit Hindernissen, Schwierigkeiten und Kompromissen fordern wird. Aber wenn man sich ohne große Ziele auf eine Reise begibt, kommt man auch nicht sehr weit.

Meinen Seminarteilnehmern rate ich immer, sich Verbündete im Leben zu suchen. Wenn wir eine Vision von uns entwickeln, brauchen wir genügend Unterstützung. Finden Sie Freunde oder Freundinnen, denen Sie vertrauen können. Umgeben Sie sich mit Menschen, die das Beste in Ihnen sehen und damit automatisch das Beste in Ihnen hervorrufen. Dies zwingt uns manchmal zu mehr Ehrlichkeit in unseren Beziehungen. Vielleicht brauchen wir gar nicht zehn Freunde, denen wir letztlich nicht vertrauen können. Oft sind zwei Freunde, die uns wirklich fördern und unterstützen, wichtiger. Teilen Sie Ihre Visionen niemals mit Menschen, die Ihnen kritisch gegenüberstehen. Visionen sind zarte Pflanzen, die man erst aus dem Topf nehmen und in die Landschaft setzen kann, wenn sie bereits tiefe Wurzeln und gut sichtbare Triebe entwickelt haben.

Ich selbst habe mir vorgenommen, für so viele Menschen wie möglich eine Verbündete zu sein. Mein fünfzehnjähriger Neffe möchte Pilot werden. Sobald er diese Nachricht im Familienkreis verkündete, hagelte es Einwände. »Bei deinen Mathe-Zensuren?« »Du bist ja schon als Mofa-Fahrer eine Gefährdung im Straßenverkehr!« Wenn jemand große Pläne hat, braucht er Selbstvertrauen und Mut und Menschen, die an ihn glauben. Ich glaube an meinen Neffen. Denn ich habe die Erfahrung gemacht, dass Menschen, die ein Ziel vor Augen haben, sich stark verändern und unglaubliche Leistungen vollbringen.

Kritik hilft Menschen so gut wie nie. Wir brauchen Liebe, Unterstützung, Lob und Ermutigung, um all die Hindernisse, Schwierigkeiten und Stolpersteine zu überwinden, die auf dem Weg zu unserem Ziel liegen.

Ein paar Fragen für Ihr Notizbuch:
• Wer in Ihrem Leben würde Ihre Vision unterstützen?
• Wer von Ihren Freunden oder Familienmitgliedern ist bereit, das Beste in Ihnen zu sehen? Wer gibt Ihnen das Gefühl, »groß« und nicht klein zu sein?

Theater spielen

Seit vielen Jahren übe ich mich darin, meine Visionen zu entwickeln und zu verwirklichen. Es gibt zwei Arten von Visionen: Die erste bezieht sich auf unsere Persönlichkeit. Zu was für einer Persönlichkeit will ich mich entwickeln? Welche Eigenschaften will ich verkörpern? Was für eine Art Mensch will ich sein?

Am Anfang schrieb ich einfach Listen, in denen ich aufzählte, wie ich sein wollte. Während jeder Mittagspause und vor jedem Einschlafen visualisierte ich im entspannten Zustand jene ideale Frau, die ich sein wollte.

In einem zweiten Schritt baute ich mir eine Vision von dem Leben zusammen, das ich führen wollte. Das Schloss meiner Vorstellungen barg die verschiedensten Räume. Auf diese Art und Weise konnte ich meine Vision, eine gute Mutter zu sein, mühelos verbinden mit meiner Vision, eine inspirierende Schriftstellerin und Lebenslehrerin zu sein. Ich schrieb häufig die Geschichte meines Lebens, so wie sie idealerweise verlaufen sollte. Die Szenarien wechselten, mal wohnte ich in einem Haus auf dem Land, mal in der Stadt, mal hielt ich Seminare in Indien, mal in Deutschland, aber das, was ich erreichen wollte, blieb im Kern gleich.

Meine inneren Bilder motivierten mich dazu, die Eigenschaften, die ich visualisierte, auch zu leben. Wenn man beständig das Bild einer guten Mutter in sich wachruft, wird man sich die Eigenschaften einer guten Mutter aneignen. Man beginnt automatisch, mehr Zeit mit seinen Kindern zu verbringen, ihnen besser zuzuhören, regelmäßig für sie zu kochen und ihnen kleine Wünsche zu erfüllen.

Ich habe festgestellt, dass der Weg des Erschaffens immer gleich verläuft. Sobald ich mir etwas vorgestellt habe, lebe ich es. Am Anfang fühlt es sich ein wenig wie »Theater spielen«

an. Ich habe sehr oft nicht das Gefühl, das, was ich anstrebe, bereits zu sein. Dennoch tue ich immer so, als wäre ich es schon.

Dies ist eine Art Zaubertrick. Wenn Sie eine schöne Frau sein wollen, dann spielen Sie, Sie wären bereits eine schöne Frau. Wenn Sie Sängerin sein wollen – singen Sie. Egal ob Sie es auf einem Kindergeburtstag, einer Hochzeitsfeier oder auf der Straße tun. Als ich an meinem ersten Roman schrieb, füllte ich alle Dokumente, in denen nach meiner Berufsbezeichnung gefragt wurde, mit »Schriftstellerin« aus. Natürlich fühlte ich mich überhaupt noch nicht als Schriftstellerin. Im Gegenteil. Mitten im Schreiben meines ersten Buches fragte ich mich, ob ich verrückt oder größenwahnsinnig geworden sei. Dann wieder beruhigte ich mich. Ich »spielte« ja nur, ich wäre Schriftstellerin. Und damit schrieb ich weiter. Heute – nach vier Romanen – muss ich nicht mehr spielen. Ich bin Schriftstellerin.

Wer oder was auch immer Sie sein wollen, Sie müssen es sich vorstellen können. Wenn Sie es sich nicht vorstellen können, schön zu sein, müssen Sie erst etwas für Ihr Selbstwertgefühl tun, möglicherweise aber auch alte, einengende Glaubenssätze auflösen.

Ein paar Fragen für Ihr Notizbuch:
- Welche weibliche Person hat mich als Kind positiv beeinflusst und inspiriert? An welche weibliche Buch- oder Filmheldin kann ich mich erinnern?
- Welche Eigenschaften besaßen diese Personen?
- Welche drei Eigenschaften muss eine Frau haben, um mich zu beeindrucken?

57

Sich überschaubare Ziele setzen

Wenn man eine Vision hat, ergeben sich daraus automatische Ziele. Die Vision, der Leitstern an unserem Lebenshimmel, ist manchmal zu strahlend, zu weit weg, zu überwältigend. Dann ist es an der Zeit, sich überschaubare Ziele zu setzen.

Als ich mir vornahm, eine wunderbare und aufregende Geliebte zu sein, führte mich mein Weg zuallererst in eine Buchhandlung. Ich besorgte mir Literatur, ich las viel, ich eignete mir theoretisches Wissen an. Mit viel Eifer, Experimentierfreude und Humor begann ich, einige Neuerungen in mein Liebesleben einzuführen. Danach besuchte ich sechs Jahre lang verschiedene Tantra-Kurse und Gruppen. Dies war ein sehr tiefer Erfahrungsprozess, über den ich im Laufe dieses Buches noch berichten werde. Da in Tantra-Kursen sehr viel massiert und berührt wird, entschloss ich mich, eine Ausbildung als Massagetherapeutin zu machen. Ich fand eine Schule, die nichts mit Tantra zu tun hat, aber eine sehr schöne ganzheitliche Massageform lehrt, welche Körper und Seele verwöhnt. Inzwischen habe ich »magische Hände«, wie mein liebster Mann und viele der Menschen, die ich massiert habe, mir immer wieder bestätigen.

Wenn Sie die Vision haben, eine erfolgreiche Sängerin zu sein, wird Ihr erster Schritt sein, einem Chor beizutreten oder privaten Gesangsunterricht zu nehmen. Als nächstes Ziel werden Sie wahrscheinlich eine Solopartie im Chor anstreben oder eine Band suchen, mit der Sie für einen öffentlichen Auftritt proben können. Vielleicht werden mit diesem Ziel neue Ziele aktuell. Sicherlich wollen Sie bei Ihrem Auftritt gut aussehen, und das bringt Sie vielleicht dazu, sich mehr um Ihre Ernährung zu kümmern und ein bis zwei Mal in der Woche Sport zu treiben.

Auf diese Art und Weise bringt uns eine Vision dazu, uns Ziele zu setzen, unsere Talente zu entfalten und uns immer mehr zu vervollkommnen. Wichtig ist der erste, kleine Schritt, der uns unserer Vision näher bringt. Alle anderen Schritte ergeben sich aus dem ersten.

Das Beste in sich entdecken

Eine gute Freundin und Seminarteilnehmerin von mir erzählte mir, wie sie zu ihrer Vision kam. Annette arbeitet als Sekretärin in einem großen Unternehmen. Die Arbeitsstelle macht sie nicht sehr glücklich, aber sie ist nur noch wenige Jahre von ihrer Pensionierung entfernt und daher nicht bereit, ihre Rentenansprüche zu gefährden. Vor einigen Jahren verfiel sie in eine tiefe Depression. Sie hatte sich von ihrem Mann, einem Alkoholiker, getrennt. Ihr gemeinsamer Sohn war erwachsen und hatte das Haus verlassen. Ihr Beruf brachte ihr keine Erfüllung. Sie fragte sich immer wieder, wozu sie auf der Welt sei.

Schließlich bat sie Gott in einem sehr tiefen und innigen Gebet, ihr zu helfen: »Zu irgendetwas muss ein Mensch doch gut sein auf der Welt! Bitte zeige mir den Weg!«

Nach einigen Monaten fand sie in einer Zeitschrift eine Anzeige von jener Massageschule, die auch ich ein Jahr später besuchte, noch bevor wir uns kennen lernten. Annette begann eine Ausbildung zur Massagetherapeutin. Die Massageform der Ganzheitlichen Massage ist geprägt von Liebe und Achtsamkeit gegenüber dem Klienten. Wer eine solche Massage erhält, fühlt sich wertvoll, geborgen und tief berührt. Für den Gebenden ist die Massage eine Form von Meditation, bei der er seine ganze Aufmerksamkeit, Konzentration und Liebe in die Berührung fließen lässt. Als Annette gewahr wurde, wie viel sie geben konnte, wie sehr sich die Menschen unter ihren Händen öffneten, entspannten und mit Tränen in den Augen für die erhaltene Aufmerksamkeit und Liebe bedankten, wusste sie, dass ihr Gebet erhört worden war.

Annette und ich lernten uns kennen, weil wir beide einen Austausch zwischen Therapeuten in dieser Massageform suchten. Später kam sie zu einem meiner Seminare über Visionen, und so erfuhr ich die Vorgeschichte zu ihrer Ausbildung.

»Ich war so unendlich dankbar«, berichtete sie mir. »Zum ersten Mal spürte ich ganz direkt und mit meinen eigenen Händen, was ich geben konnte. Ich musste mich nicht mehr fragen, wozu ich gut sei. Ich konnte sehen, spüren, anfassen, wie gut ich anderen Menschen tat.«

Inzwischen arbeitet Annette nur noch vier Tage als Sekretärin und massiert am fünften Tag der Woche und jeden Abend nach der Arbeit. Ihre Vision ist es, eine kleine Dachterrassenwohnung zu finden, in der sie ein Zimmer für die Massage einrichten will, welches eine Schiebetür nach draußen zur Terrasse hat. Sobald sie ihr Pensionsalter erreicht hat, will sie eine private Praxis gründen und sich ganz auf die Massage konzentrieren.

Wenn Teilnehmer meiner Seminare nicht wissen, was ihre Vision sein könnte, stelle ich ihnen folgende Fragen:

- Welche Tätigkeit der letzten Jahre haben Ihre Selbstachtung und Ihr Selbstbewusstsein gestärkt?
- Wenn jemand Ihnen so viel Geld schenkte, dass Sie für Ihren Lebensunterhalt nicht mehr sorgen müssten, welcher Tätigkeit würden Sie dann nachgehen?
- Welche Stärken und Talente besitzen Sie und wie und für was wollen Sie diese einsetzen in der Welt?
- Beschreiben Sie einen Tag in Ihrem idealen Leben.

- Was macht Sie glücklich? Was macht Sie ebenso glücklich, wenn Sie es für andere tun?
- Welche Eigenschaften verehren Sie in anderen?
- Können diese Eigenschaften auch zu einem Merkmal Ihrer angestrebten Persönlichkeit werden?

Egal, welches Talent Sie haben, es wird in der Welt gebraucht. Es gibt nicht genug Menschen, die mit Liebe für andere kochen, und es gibt nicht genug Menschen, die sich mit Kindern und Jugendlichen beschäftigen. In der ehemaligen DDR werden Jugendliche aus purer Langeweile und mangelndem Selbstwertgefühl zu Rechtsradikalen und Neonazis. Früher wurden diese jungen Menschen in Sport- und Jugendverbänden gefördert. Ihr Leben hatte einen Sinn, sie besaßen Ziele. Jetzt sind sie arbeitslos und unbeschäftigt, fühlen sich wertlos und minderwertig und lassen diese Gefühle an Ausländern und Obdachlosen aus. Jeder einzelne Mensch könnte hier eine Veränderung bewirken.

Es gibt für jeden von uns mehr als genug zu tun, denn überall auf der ganzen Welt fehlt es an Menschen, die helfen, trösten, berühren, zuhören, ermutigen, fördern, Aufmerksamkeit schenken.

Möglicherweise ist dies der Grund, warum wir überhaupt auf die Erde gekommen sind. Im »Jenseits« oder »im Himmel«, wenn wir diese Dimension so nennen wollen, braucht niemand unsere Liebe. Es gibt dort keine Dunkelheit, keinen Mangelzustand, keine Einsamkeit, keinen Schmerz. Niemand braucht uns, niemand leidet. Wenn wir erfahren wollen, was Liebe ist, und Liebe und Mitgefühl entwickeln wollen, müssen wir uns auf die Erde begeben. Denn hier herrscht Mangel. Hier können wir erfahren, was Liebe ist und wie wir Liebe geben können. So entwickeln wir uns.

Die Wand

Je mehr und je intensiver ich mich in meinem Leben mit dem »Mit-Erschaffen« von Wirklichkeit beschäftigte, umso stärker und schmerzlicher wurde ich auch mit »der Wand« konfrontiert. »Die Wand« ist für mich ein Ausdruck für das Ungewisse, Unerklärliche, Nichtgewollte, das oft aus heiterem Himmel in unser Leben einbricht. Es sind die Umwege, die wir machen müssen, der Stillstand, die Stagnation, es sind Missgeschicke, Krankheiten, Unglücksfälle, die keinesfalls Teil unserer inneren Bilder und Visionen sind und die doch passieren.

In den letzten Monaten erlebte ich eine ganze Reihe solcher Missgeschicke. Ich wurde in einen Unfall verwickelt, ein journalistischer Artikel, den ich sehr gelungen fand, wurde mir zurückgegeben mit der Auflage, ihn völlig neu zu schreiben. Noch am gleichen Tag erreichte mich ein Schreiben von einem Anwalt, der mir mit einer Klage drohte. Ich hatte unwissentlich in einem Artikel über alternative Heilmethoden eine Markenrechtsverletzung begangen. Über all diesem Ärger bekam ich eine schmerzliche Blasenentzündung. Als ich einige Tage später, nachdem ich die meisten meiner Schwierigkeiten gelöst hatte, endlich in den Urlaub fahren konnte, war mein Koffer am Ankunftsflughafen verschwunden.

All dies war nicht tragisch, es waren keine Schicksalsschläge. Dennoch begann ich zu hadern. Wenn etwas nicht so klappt, wie ich es mir vorgestellt habe, steckt sehr oft eine kleine Lebenslektion dahinter. Vielleicht bin ich nicht achtsam genug gewesen, vielleicht muss ich auf diesem oder jenem Gebiet noch Erfahrungen sammeln, vielleicht habe ich einen Fehler begangen und dies sind seine Auswirkungen. Die Realität ist manchmal ein strenger Lehrmeister. Wenn wir nicht bewusst handeln, müssen wir die Konsequenzen unseres unbewussten Handelns erleiden. Aber dadurch sammeln wir auch Erfahrungen und werden weiser.

Meine Tochter Camilla bat mich vor einigen Tagen, ihr eine Entschuldigung für ihren Gitarrenunterricht zu schreiben. Dies ist ein Wahlfach an ihrer Schule, welches, einmal belegt, als Unterrichtsfach gilt. Sie konnte ihre Noten nicht finden und hatte nicht geübt, wollte aber den Gitarrelehrer auf keinen Fall enttäuschen. Ich hatte beobachtet, dass sie in den letzten Wochen Stunden am Computer, vor allem in den Chatrooms des Internets, verbracht hatte. »Stundenlanges Chatten im Internet ist die Ursache«, erklärte ich Camilla, »und die Wirkung ist, dass du keine Zeit hattest, deine Noten zu suchen und Gitarre zu üben. Wenn ich dir eine Entschuldigung schreibe, erfährst du nicht die Wirkung deines eigenen Handelns.« Camilla konnte dies einsehen und ging zerknirscht zum Gitarrenunterricht.

Solange ich den Weg zur Ursache zurückverfolgen kann, fühle ich mich dem Leben meist gewachsen. Es ist einfach eine Frage des Lernens.

In meinen zuvor beschriebenen Missgeschicken konnte ich dieses Mal allerdings nicht allzu viele Lektionen entdecken; ich fühlte mich grundlos niedergeboxt und verfolgt. In der chinesischen Medizin steht der Blasen-Nieren-Meridian für das Gefühl, dass wir beschützt sind und jemand hinter uns steht. Meine Blasenentzündung zeigte mir, dass ich dieses Gefühl zumindest zeitweilig verloren hatte.

Ich fragte mich, ob ich aufhören sollte, durch meine Gedanken und Vorstellungen ständig – wenn auch positiv – Einfluss auf mein Leben zu nehmen. Ich verstand nicht, warum meine Kreationen plötzlich keine Wirksamkeit mehr besaßen. Ich fühlte mich kraftlos, schutzlos und nicht mehr geborgen. »Soll ich aufhören zu erschaffen?«, fragte ich nach oben.

»Du könntest gar nicht aufhören zu erschaffen, selbst wenn du wolltest«, erhielt ich als Antwort.

»Entweder du tust es bewusst oder du bleibst unbewusst.« Die Antwort war eindeutig.

Wir sind alle Gottes Kinder, Gottes Söhne und Töchter oder auch seine »Babys«, wenn man so will. Göttliche Schöpferkraft fließt in mir, weil ich ein Teil Gottes bin. Dies ist mein Erbe, ich kann es nicht ausschalten. Ich kann dieses Erbe nur annehmen und möglichst bewusst damit umgehen.

Trotzdem erklärte mir das nicht, warum die Dinge manchmal so aus dem Ruder liefen. Ich glaube die Frage »Warum müssen wir leiden?« gehört zu den ältesten Fragen der Menschen. Ich habe den Stein der Weisen noch nicht gefunden. Aber es gibt ein paar Antworten auf dem Weg:

1. Wir alle unterstehen dem Gesetz von Ursache und Wirkung. Manchmal ist uns die Ursache, der Fehler im Getriebe, nicht bewusst. Dennoch erleiden wir die Wirkung oder die Folge des Fehlers, denn dieses Gesetz ist universal. Als ich die Klageandrohung des Anwalts für meinen Artikel über alternative Heilmethoden erhielt, war ich zunächst empört und tief verletzt. Seit vielen Jahren ist es mein Grundsatz, nur über Themen zu schreiben, die vielen Menschen helfen. Ich hatte das Gefühl, mit diesem Artikel, den ich sorgfältig recherchiert hatte, auf eine Therapie aufmerksam zu machen, die vor allem das Leben von schwer körperlich und geistig behinderten Kindern erleichtern könnte. Auch diejenigen, die diese Therapie anwandten, konnten sich glücklich schätzen, denn ich schrieb für eine große Zeitschrift und sie bekamen somit eine sehr gute Publicity. Allerdings war die Organisation politisch zerstritten und gespalten. Ich hatte, ungeachtet ihrer Differenzen, in einem Service-Kasten mehrere Adressen von Therapeuten genannt, die diese Therapie anboten, darunter auch zwei, die sich von der Organisation getrennt hatten. Tat-

sächlich wusste ich von dieser Trennung, hatte sie aber nicht sonderlich ernst genommen. Ich wollte nicht Teil ihrer Streitigkeiten werden und dachte, wenn ich alle Adressen nenne, werden auch alle zufrieden sein. Von allen Seiten bekam ich Lob für diesen Artikel, doch dann flatterte das Schreiben des Anwalts auf meinen Schreibtisch. Ich hatte eine so genannte »Markenrechtsverletzung« begangen, indem ich zwei Therapeuten nannte, die nicht mehr Teil der Organisation waren. Die Sprache und der Ton des Briefes waren mir völlig ungewohnt und erschütterten mich bis ins Mark. Ich habe um mich herum eine Welt erschaffen, in der es sehr friedlich und liebevoll zugeht. Meine Beziehungen zu meinen Mitmenschen und meiner Umwelt sind herzlich, warm und freundschaftlich. Niemand in dieser Welt bedroht mich oder klagt mich an. Doch nun legte sich ein eisiger Wind über das mediterrane Klima meiner Beziehungen. Ich wandte alle Mittel an, die ich kenne, um einer strittigen Angelegenheit eine positive Wendung zu geben. Nach dem ersten Schock enthielt ich mich aller negativen Gedanken gegenüber dem Anwalt, der mir diesen Brief geschickt hatte, und seiner Mandantin, die ich nicht kannte. Es gelang mir nicht, ihr Liebe zu schicken, ich war empört, aber ich ließ Licht auf die Sache fließen und führte ein sehr angenehmes und freundschaftliches Gespräch mit dem Anwalt. Wir fanden schnell einen Weg, um die Sache ohne Gericht zu bereinigen. Dennoch hatte ich den Eindruck, jemand habe mit Kanonen auf Spatzen geschossen, und da ich der Spatz war, fühlte ich mich erschreckt und verunsichert. Dies war nicht die Art von Welt, in der ich gerne leben wollte. Sie entsprach in keiner Weise meinen Vorstellungen von friedlicher Kooperation. Als ich eines Abends über mein Missgeschick meditierte, kam mir jedoch folgende Erkenntnis: Ich hatte der Organisation jener alternativen Therapie, über die ich schrieb, meine Unlust zu streiten, meinen eigenen »Frieden« aufgedrängt. Ich hatte ihre internen Zwistigkeiten nicht respektiert, mich darüber hinweggesetzt. Ich war unachtsam gewesen. Und auf sehr subtile Art war dies auch ein aggressiver oder doch zumindest ein manipulativer Akt. Das Universum zeigte mir, dass ich zwar mit mir und meiner Welt im Frieden sein konnte, dass ich meinen Frieden aber nicht anderen aufdrängen durfte. Ich musste ihre Streitigkeiten respektieren. Die Ursache, eine eher geringfügige Unachtsamkeit von mir, hatte dieses Mal eine große Wirkung gehabt.

2. Unabhängig von dem universalen Gesetz von Ursache und Wirkung leben wir in einer Welt, in der alle »erschaffen«. Unsere eigenen Gedanken, Vorstellungen und Bilder kreuzen, überlagern und vermischen sich mit denen von vielen Menschen, mit denen wir zu tun haben. So entsteht ein Ereignisfeld, das wir Wirklichkeit nennen. Unsere Visionen und positiven Gedanken werden sich in jedem Fall verwirklichen, aber wir müssen ihnen Raum geben.

Vielleicht klappt der Job bei der Firma, die Sie visualisiert haben, nicht. Bedenken Sie, dass auch andere Menschen bestimmte Vorstellungen, Wünsche, Bilder haben, die sich verwirklichen und die den Ihren vielleicht entgegenstehen. Vertrauen Sie einfach darauf, dass Sie unter günstigeren Bedingungen bei einer anderen Firma unterkommen werden.

3. Es gibt offensichtlich so etwas wie einen groben Plan. Die ganz großen Linien und Wegkreuzungen unseres Lebens scheinen vorgegeben. Wenn Sie vorhaben, in diesem Leben nach Amerika zu segeln, wird Ihr Schiff einen westlichen Kurs aufnehmen und keinen östlichen. Sie werden vielleicht ein paar Mannschaftsmitglieder auf Ihrem Schiff nicht auswechseln können. Aber ansonsten sind Sie der Kapitän. Sie selbst geben Ihrem Leben Sinn. Sie bestimmen, welchen Kurs Sie nach Amerika nehmen, wie schnell Sie segeln, was Sie sich

und der Mannschaft zumuten, ob Sie Ihr Boot seetüchtig halten oder verrotten lassen, und Sie allein erlernen, schneller oder langsamer, alle Gesetze der Navigation. Obwohl ich davon überzeugt bin, dass wir fast alle unsere positiven Visionen verwirklichen können, respektiere ich »die Wand«. Sie ist da, um mich vor mir selbst zu beschützen. Auch wenn ich sie nicht verstehe und oft genug verfluche, lässt sie mich doch wissen, dass ich in einem größeren Zusammenhang stehe. Meine kleinen Pläne können den großen Plan nicht immer erfassen. Und zwischen diesen beiden Polen bewege ich mich: dem Mut und dem freien Willen, mein Leben, meine Visionen zu erschaffen. Und meiner Demut vor dem, was größer ist als ich und dem zu vertrauen ich lernen muss.

4. Unzählige Lebensrealitäten, die man für Schicksal oder »die Wand« hält, sind selbst erschaffene Wirklichkeiten. Unsere Einstellungen, Gedanken, Glaubenssätze über uns selbst und darüber, wie die Welt funktioniert, formen unsere Realität. Wir können in einer sehr freundlichen oder sehr grausamen Welt leben, abhängig von unseren Gedanken – und den daraus resultierenden Worten und Handlungen. Aber wir können unsere Wirklichkeit nicht ändern, solange uns unsere Gedanken, Einstellungen und Glaubenssätze unbekannt sind. Unbewusst erschaffen wir dann immer und immer wieder die gleiche negative Realität.

Als ich diesen Vorgang wirklich zu begreifen begann, schien es mir, als hätte ich einen goldenen Schlüssel erhalten. Endlich war ich in der Lage, mein Leben grundlegend zu ändern. Aus dieser Erfahrung heraus bemühte ich mich, den goldenen Schlüssel weiterzugeben. Ich werde nie müde, über dieses Thema Vorträge zu halten oder zu schreiben. Jedes Mal, wenn ich jemand anderen daran erinnere, wie wir erschaffen, erinnere ich auch mich selbst daran.

Der Zauberstab des Geistes

Gedankenselektion

Gedanken erschaffen Wirklichkeit. Das ist zunächst äußerst schwierig einzusehen, weil unsere Gedanken nicht immer sofort sichtbare Wirkungen zeigen. Wenn ich mit einer Gruppe einen Berg besteige und dabei denke: »Wenn wir nicht gleich eine Pause einlegen, falle ich auf der Stelle tot um«, falle ich zum Glück nicht sofort tot um. Ein liebevoller und gnädiger Gott, der anscheinend weiß, dass wir unsere Gedankenkraft noch nicht im Griff haben, hat dafür gesorgt, dass ein einzelner Gedanke nicht sofort Wirklichkeit wird. Das Einzige, was wahrscheinlich passieren wird, ist, dass mir der Aufstieg noch ein bisschen schwerer fällt. Ein einzelner Gedanke hat noch kein starkes Gewicht. Aber wir denken dieselben oder ähnliche Gedanken oft jeden Tag viele Jahre lang. Oder ein Gedanke ist mit einem tiefen Glauben, einer Überzeugung verbunden. Solche Gedankenströme formen allerdings unsere Wirklichkeit.

Innerhalb von Beziehungen, im persönlichen Kontakt mit Menschen ist die Kraft der Gedanken am einfachsten und direktesten zu erfahren. Obwohl es noch keine physikalische Erklärung dafür gibt, stelle ich mir die Beziehung zwischen mir und einem anderen Menschen immer als ein gemeinsames Energiefeld vor. Was immer ich in dieses Feld an Gedanken eingebe, wird vom anderen erspürt, und er reagiert darauf. Diese Tatsache ist ganz leicht nachprüfbar: Senden Sie einem Schalterbeamten an der Post oder einer Supermarktkassiererin ein paar positive Gedanken, und Sie werden verblüfft sein, wie sich innerhalb von Sekunden Ihre gesamte Beziehung zum Besten wendet. Eine meiner Lieblingsformeln, die ich in das Feld eingebe, lautet: »Gottes Liebe fließt in mir und strahlt von mir zu anderen aus.« Wenn ich spüre, dass ein Teil in mir die Person, mit der ich gerade zu tun habe, abwerten oder kritisieren will, spreche ich innerlich den Satz: »Ich entsage diesem Gedanken«, und gebe dann einen Gedanken wie »Ich respektiere und achte alles, was du jetzt bist« in unser gemeinsames Feld ein.

Manche Menschen reagieren sehr stark auf meine Gedanken. Wann immer ich in der U-Bahn einem Ausländer begegne, segne ich ihn. Der Gedanke, den ich innerlich spreche, lautet: »Gott segne und schütze dich in einem fremden Land. Möge es dir Gutes tun und mögest du ihm Gutes tun.« Sehr oft öffnet sich mir ein verschlossenes oder sorgenvolles Gesicht oder Menschen wählen den Sitzplatz neben mir und lächeln mich an, als hätte ich meine Gedanken laut ausgesprochen. Wenn mich jemand im Straßenverkehr beschimpft, segne ich ihn in Gedanken, und manches Mal hat mir ein erzürnter Autofahrer daraufhin ein entschuldigendes Handzeichen gegeben.

Noch stärker wirken unsere Gedankenfelder natürlich bei Menschen, mit denen wir täglich umgehen. Es ist absolut unmöglich, eine positive Beziehung zu einer Bürokollegin aufzubauen, über die wir negativ denken. Das Feld zwischen uns muss erst durch positive Gedanken bereinigt werden. Wir sind natürlich weder körperlich noch geistig eins. Aber auf einer spirituellen Ebene sind wir eins. Dadurch »wissen« bzw. erspüren wir, was ein anderer über uns denkt.

Ich begann vor etwa sieben Jahren damit, meine Gedanken zu beobachten. Seitdem ist es für mich eine fast mühelose Übung geworden, ständig gewahr zu sein, was ich denke. Der nächste Schritt, schon etwas schwieriger, besteht darin, meine Gedanken zu selektieren, also auszuwählen. Ich schubse meine negativen Gedanken stets mit dem Satz: »Ich entsage diesem Gedanken« aus meinem Denken. Der etwas altmodische Begriff der Entsagung entstammt dem philosophischen Gedankengut des Hinduismus. Er ist aber auch im Christentum weit verbreitet. Der wahre Heilige soll fast allem entsagen, was das Leben fröhlich und schön macht: Tanz, weltlichen Gütern, gutem Essen, zärtlicher Berührung, Sex und so weiter. Durch meinen Lehrer Pedro de Souza erfuhr ich eine ganz andere Interpretation von Entsagung, die ich zutiefst verstand und die mir lange nicht so unlogisch erschien. »Armut hat noch niemanden spirituell gemacht«, sagte de Souza mir oft. »Es ist Unsinn, materiellen Gütern zu entsagen. Nur deinen negativen Gedanken musst du entsagen. Und natürlich deinen Lieblosigkeiten, deinen falschen Einstellungen, deinen negativen Glaubenssätzen über dich selbst und über andere.« Das leuchtete mir ein. Jesus hatte gesagt: »Seid arm im Geiste.« Mein Lehrer interpretierte dies für mich als »Sei – in deinem Geist – arm an negativen Gedanken.« Also begann ich, meinen negativen Gedanken zu entsagen. Sehr hartnäckige Gedanken, die immer wiederkehren, werfe ich manchmal mit einem laut ausgesprochenen »Stopp!« aus der Bahn oder auch mit dem Satz »Ich bin die Herrin im Schloss meiner Gedanken!« Manchmal nehme ich in meiner Phantasie einen Besen und fege den negativen Gedanken aus meinem geistigen Schloss.

Unser Denken ist wie ein gefräßiges Raubtier. Nimmt man ihm den Knochen weg, an dem es gerade nagt, ist es ratsam, ihm einen neuen hinzuwerfen. Ohne etwas zu nagen zu haben, wird unser Denken sich keinesfalls beruhigen und den alten Knochen sofort erneut beanspruchen. Der neue und fleischigere Knochen, den ich meinem Denken hinwerfe, ist dann ein positiver Gedanke oder ein positiver innerer Satz.

Wir können nicht gar nichts denken. In östlichen Philosophien wird dieser Zustand der »Gedankenlosigkeit« oder wahren Meditation angestrebt. Es macht Spaß, sich darin zu üben, und die Techniken können unsere geistige Konzentration fördern. Im Alltagsleben bewährt es sich für mich jedoch viel mehr, wenn ich mit positiven Sätzen arbeite, als wenn ich versuche, mich in »Gedankenlosigkeit« zu üben.

Bei meinen Vorträgen fällt mir immer wieder auf, dass viele Menschen das positive Denken als einen alten Hut betrachten. Wenn ich dann aber nachhake und frage, wer seine Gedanken beobachtet, negativen Gedanken entsagt und dafür positive Gedanken einsetzt, so stellt sich heraus, dass das kaum jemand tut. Dies ist jedoch für mich die Basis, das Fundament. Ein Leben in Schönheit und Liebe beginnt bei den Beziehungen, die ich zu anderen Menschen und zu meiner Umwelt habe. Die Qualität dieser Beziehungen ist wiederum stark davon abhängig, welche Gedanken ich über meine Mitmenschen und meine Umwelt hege. Wir können mit niemandem in Liebe zusammen sein, solange wir ihn nicht zutiefst akzeptieren und uns von allen negativen Gedanken über ihn gereinigt haben. Das gilt interessanterweise auch für unsere eigene Person. Wir können uns nicht selbst lieben, solange wir uns anklagen, beschuldigen und glauben, dass wir keine Liebe verdient haben.

Als Kind war ich zehn Jahre lang im Ballett. Wir traten im Theater auf und wurden als Tanztruppe für Faschingsfeste gebucht, wir tanzten sogar innerhalb einer Märchenvorstellung mit professionellen Schauspielern im Westfalen-Park, einem großen Freizeitpark in Dortmund. Unsere Truppe probte zwei bis drei Mal in der Woche und vor Aufführungen zusätzlich an jedem Wochenende. Die Tänze wurden so lange geübt, bis sie uns in Fleisch und Blut übergingen und wir über die einzelnen Schritte nicht mehr nachdenken mussten. Wir tanzten so lange, bis unsere Zehen Blasen hatten und sich in unseren Körpern neue Nervenbahnen gebildet hatten, sodass wir automatisch die richtigen Schritte taten. Sobald die Information, was der Körper zu tun hat, über diese neu angelegten Nervenbahnen läuft, ist der Geist entlastet. Er muss jetzt nicht mehr so viel tun. Ich erinnere mich daran, dass ich diesen Zustand als reine Freude empfand. Ich tanzte nicht mehr, sondern etwas tanzte in mir. In diesen Momenten konnte ich lachen, ohne das gekünstelte Theaterlächeln aufsetzen zu müssen, das man uns beigebracht hatte. Ich hatte keine Gedanken, ich war nur noch Bewegung. Nach einiger Zeit verlor ich jedoch diesen Zustand wieder und musste mich erneut konzentrieren, damit mir keine Fehler unterliefen.

Genau dasselbe passiert, wenn wir eine gewisse Zeit lang negative Gedanken aus unserem Denken werfen und durch positive Gedanken ersetzen. Der Vorgang wird automatisch, wir bilden sozusagen neue »Nervenbahnen« im Gehirn. Nach einer Weile tauchen immer weniger negative Gedanken auf. Unser Denken wird immer reiner, unsere Ausstrahlung immer klarer. Und dies hat enorme Auswirkungen auf alle unsere Beziehungen.

Je weniger negative Gedanken Sie haben, desto stärker werden sich Menschen von Ihnen angezogen fühlen. Sie werden in einer ganz neuen Schönheit erblühen und die erstaunlichsten Komplimente zu hören bekommen. Gedankenselektion ist einer der wichtigsten Schritte auf dem Weg zu innerer Schönheit. Wenn das Feld, das Sie mit einer anderen Person teilen, rein ist, wenn Sie den anderen durch ein, zwei positive innerliche Sätze auch noch einladen, sich voller Vertrauen zu

Ihnen zu setzen, dann halten Sie den Schlüssel zu lauter guten und heilsamen Beziehungen in der Hand.

Viele meiner Seminarteilnehmer haben bei diesem ersten Schritt große Bedenken. Sie befinden sich in schwierigen und verknoteten Beziehungen, sie können sich nicht vorstellen, über die Kollegin, die Schwester, den Bruder, mit dem sie seit Jahren im Streit liegen, positiv zu denken. Mein Ratschlag: Fangen Sie klein an. Wenn Sie jahrelang über jemanden schlecht gedacht haben – und dieser über Sie –, dann liegen in Ihrem Beziehungsfeld riesige Gesteinsbrocken. Von eben auf jetzt können Sie diese nicht aus dem Weg räumen. Einer Seminarteilnehmerin von mir gab ich einmal folgendes Beispiel: »Du hast dich in der Wüste verirrt. Zwei Monate lang bist du in die falsche Richtung gelaufen. Jetzt erklärt dir jemand, dass der Weg zur Oase genau in die entgegengesetzte Richtung führt. Also kehrst du um. Wirst du gleich am nächsten Tag Wasser finden?«, fragte ich. »Natürlich nicht«, antwortete sie. »Ich werde eine ganze Weile laufen müssen, um zur Oase zu gelangen. Aber zumindest bin ich jetzt auf dem Weg in die richtige Richtung.«

Genauso ergeht es uns auch mit Beziehungen, die seit längerer Zeit verhärtet sind. Ein erster Schritt in Richtung Oase kann hier schon sein, sich negativer Gedanken über den anderen zu enthalten.

Sofortigen Erfolg mit der Gedankenselektion und dem Verschicken von positiven Gedanken hat man in Alltagssituationen: in einer Warteschlange bei der Bank, im Supermarkt, am Telefon, mit einer Nachbarin, bei einer Verkehrskontrolle. Hier können Sie am schnellsten und am deutlichsten die positiven Effekte Ihrer Gedanken beobachten.

Wer damit beginnt, seine Gedanken auszuwählen und zu reinigen, fühlt sich oft schuldig, wenn es nicht klappt. Ich finde jedoch, Lernen sollte Spaß machen und wir sollten über

73

uns lachen dürfen, wenn wir einen Fehler machen. Neulich saß ich mit meinem liebsten Mann in einem Eiscafé. Plötzlich sah er mich von der Seite an und fragte erstaunt: »Was machst du da?« Ich hatte die Augen geschlossen und hackte mit meinem rechten Zeigefinger mehrmals entschlossen in der Luft herum. »Ich betätige gerade die Löschtaste an meinem imaginären Computer«, erklärte ich ihm. Er sah mich immer noch fragend an. »Ich hatte einen schlechten Gedanken über die Frau, die gerade vorbeiging, und jetzt lösche ich diesen Gedanken auf meinem inneren Computer«, erklärte ich ihm. Er grinste. Ich war hochbefriedigt über meinen Einfall und schickte der Frau einen positiven Gedanken hinterher.

Vor ein paar Tagen besuchte mich eine Freundin, die vor einigen Monaten de Souzas und mein Buch »Der Christus-Meister oder der Himmel in meinem Herzen« gelesen hatte und die Vorschläge darin nun in ihrem Alltag ausprobierte. Gisela arbeitet in dem Büro einer großen Speditionsfirma, in der man sich siezt und recht förmlich miteinander umgeht. Bis vor einem Dreivierteljahr war sie an ihrem Arbeitsplatz tief unglücklich. Sie hatte das Gefühl, sie könne sich in die Firma nicht einbringen und führe ein Doppelleben. In ihrer Freizeit besuchte sie Selbsterfahrungsseminare, sie machte Yoga und meditierte und suchte nach Möglichkeiten, sich zu entwickeln. Ihr Beruf diente lediglich dem notwendigen Gelderwerb, aber ihr Herz hing an all den Tätigkeiten, denen sie in ihrer Freizeit nachging. Insgeheim verachtete sie ihre Kolleginnen, die sich nur über Urlaube, Einkäufe und Frisuren austauschten. Sie fand ihre Kollegen und ihre Firma spießig und sprach über sie in einem abfälligen Ton. Mit der Zeit verschlechterte sich ihre Situation dort zusehends. Die Kollegen lästerten über sie, und wenn irgendwo etwas schief lief, fand man den Fehler stets bei ihr. Sie geriet in eine tiefe persönliche Krise.

In dieser Zeit telefonierten wir einige Male miteinander,

und ich riet ihr, ihre Gedanken in Bezug auf ihre Firma, ihre Kolleginnen und ihren Chef konsequent zu ändern. Bisher hatte sie in dieses Beziehungsfeld nur negative Gedanken eingegeben, und nun bekam sie das Resultat zu spüren. Ihre Kollegen »wussten«, dass Gisela sie verachtete, auch wenn sie sich im Büro immer sehr distanziert und höflich verhielt.

»Gib dich keinerlei Illusionen in Bezug auf das Feld hin«, sagte ich. »Es ist neutral. Es registriert alle deine Gedanken wie ein Seismograph und alles, was du hineingegeben hast, bekommst du auch wieder heraus, im Guten wie im Schlechten.«

Gisela begann, ihre kritischen, negativen und urteilenden Gedanken zu registrieren und konsequent hinauszuwerfen. Sie hörte auch damit auf, über andere zu klatschen oder Witze zu reißen. Wenn sie die Möglichkeit fand, jemandem Anerkennung auszusprechen, tat sie es. Sie dachte: »Ich verströme Liebe«, wenn sie morgens in die Firma kam. Sie sah sich in ihrem Büro um und sagte sich: »Wenn ich eine Pflanze wäre, würde ich an diesem Ort eingehen.« Also begann sie, eine Duftlampe aufzustellen und ihren Raum mit ätherischen Ölen zu beduften. Außerdem stattete sie das Zimmer mit Steinen, Pflanzen und einigen persönlichen Bildern aus. Auch wenn sich zunächst nicht viel änderte, blieb sie bei ihrer Gedankenarbeit.

Nach einigen Wochen bemerkte sie, dass Kollegen viel häufiger als früher in ihrem Bürozimmer vorbeischauten. »Bei Ihnen duftet es immer so gut«, sagten sie, und Gisela lächelte. Sie hatte nicht nur ihr Zimmer, sondern auch ihre Gedanken verschönert. In ihrem Inneren duftete es ebenso gut wie in ihrem Büro.

Als Gisela und ich einige Zeit später wieder zusammenkamen, erzählte sie mir, dass sich ihre Position in der Firma grundlegend und dramatisch verändert habe. Sie sei jetzt eine

Vertrauensperson für viele ihrer Kolleginnen. Diese kämen oft zu ihr, um von sich zu erzählen und ihr ihre Probleme anzuvertrauen. Selbst ihr Chef hatte damit begonnen, sie immer mehr in sein Vertrauen zu ziehen. Als die Büroschreibtische und Stühle erneuert werden mussten, hatte er sich mit ihr beratschlagt, und inzwischen hatte er ihr mehrere verantwortungsvollere Aufgaben zugeschoben.

»Ich habe mir überlegt, dass es keinen Sinn macht, morgens auf meiner Yogamatte zu sitzen und Liebe zu meditieren – und dann ins Büro zu gehen und festzustellen, dass mich alles anödet, die Arbeit, die Kollegen, mein Boss«, erklärte sie mir. Ich hörte höchst interessiert zu, denn ich liebe es, Fallbeispiele vom Leben serviert zu bekommen. »Du denkst also nicht mehr daran, deinen Arbeitsplatz zu wechseln?«, fragte ich. Gisela schüttelte heftig den Kopf. »Ich fühle mich zum ersten Mal anerkannt und auch gebraucht. Ich kann endlich all das zeigen und geben, was in mir steckt – mir ist, als sei ein Wunder geschehen.«

Ich hielt es nicht für ein Wunder, sondern mehr für ein unumstößliches geistiges Gesetz, das Gisela verstanden und für sich eingesetzt hatte. Alles, was wir über andere denken, »wissen« die anderen. Sie können dieses Wissen nicht bewusst abrufen, und dennoch prägt es unsere Beziehung. Das Feld zwischen uns ist harmonisch und rein oder voller Steine, an denen wir uns die Zehen stoßen. Negative Gedanken, Kritik, Urteile über einen anderen sind sehr spitze Steine. Wenn wir liebevolle Gedanken in Bezug auf unsere Mitmenschen hegen, werden diese sich uns anvertrauen. Sie spüren, dass wir sie innerlich nicht bewerten, klein machen, verurteilen oder kritisieren. Bei uns können sie sich ausruhen und sie selbst sein.

Alle Sätze wie: »Ich segne und achte dich so, wie du bist« – »Du bist genau wie ich Gottes geliebtes Kind« – »Gottes Liebe

76

fließt in mir und strahlt von mir zu dir aus« – »Du bist es wert, geliebt zu werden« – »Ich akzeptiere deine Einzigartigkeit« – »Unsere Beziehung ist harmonisch« sind wie ein wohl tuender innerer Regen für unser Verhältnis zu anderen Menschen.

Ein paar Fragen für Ihr Notizbuch:
- Was wäre, wenn meine Gedanken jetzt laut wären? Müsste ich mich ihrer dann schämen?
- Was wäre, wenn meine Gedanken auf mich selbst zurückfielen? Müsste ich mir dann einen Sturzhelm aufsetzen oder würde ich mich freuen?

Die Knotenlöserin

Als »Knoten« bezeichne ich Beziehungen, die seit langem verhärtet sind. Wir haben uns verknotet durch Missverständnisse, Streit, mangelnde Kommunikation, unausgesprochene Vorwürfe. Vielleicht haben wir mit anderen über diese Probleme geredet, aber nicht mit der Person, mit der wir den Knoten haben. Oder wir haben versucht, mit ihr zu reden, aber keine Annäherung gefunden, und das hat den Knoten nur noch verstärkt. Wenn wir darüber nachdenken, spüren wir eine Enge in der Herzgegend. Und wir sind absolut nicht in der Lage, positiv über die Person, mit der wir den Knoten haben, zu denken.

Schritt eins, den ich hierbei aus eigener Erfahrung empfehle: Hören Sie auf, negativ über die betreffende Person zu sprechen und zu denken. Sie müssen noch nichts Positives denken – das wäre zu viel verlangt, aber Sie können aufhören, etwas Negatives zu denken.

Schritt zwei: Machen Sie »The Work« von Byron Katie. (Alle von mir empfohlenen Bücher finden Sie in den Literaturempfehlungen im Anhang.) »The Work« ist ein Fragebogen, auf dem Sie alle Ihre ausgesprochenen oder unausgesprochenen Vorwürfe, Klagen, Probleme und Anschuldigungen niederschreiben können, was etwas sehr Befreiendes hat. Sie sind nicht gezwungen, die »Heilige« zu spielen, Sie dürfen endlich sagen, was Sie wirklich denken. Sodann werden Ihnen vier weitere Fragen gestellt, welche den Konflikt in einen größeren Zusammenhang stellen und auf eine Art und Weise beleuchten, dass er sich lockert und nach und nach auflöst. »The Work« und die Technik der »Was«-Frage, die ich bei meinem Lehrer Pedro de Souza kennen gelernt habe, sind die effektivsten Techniken zur »Knotenauflösung«, die ich bislang entdeckt habe.

Im letzten Frühjahr kam mein Freund Niklas abends zu Besuch. Wir saßen um den Küchentisch und kamen auf einen gemeinsamen Bekannten zu sprechen, mit dem ich einen Knoten hatte. »Ruf ihn an und red mit ihm darüber«, schlug er vor. Ich schüttelte den Kopf. Eine Mischung aus Angst vor Konfrontationen, verletztem Stolz und Ärger hielt mich davon ab. Daraufhin erzählte mir Niklas, dass er einmal bei einer Veranstaltungsreihe gewesen sei, bei der es darum ging, das eigene Leben zu klären. Der Seminarleiter hatte Zettel verteilt und die Zuhörer gebeten, dreißig Personen aufzuschreiben, mit denen sie noch etwas zu bereinigen hätten. Es mussten nicht unbedingt tief sitzende, Jahre alte Konflikte sein. Es konnte auch sein, dass man jemandem noch Geld schuldete, sich nicht richtig verabschiedet hatte, ein letztes klärendes Gespräch noch nicht geführt hatte. Aber natürlich sollten auch die Personen auf der Liste stehen, mit denen man tatsächlich noch größere Probleme auszufechten hatte. Nachdem alle ihre Zettel ausgefüllt hatten, forderte der Leiter: »Bis zu unserer nächsten Sitzung in vierzehn Tagen rufen Sie diese Menschen an, und klären Sie die Angelegenheit!« Die Zuhörer machten lange Gesichter. Mein Freund Niklas gehörte zu denjenigen, welche die Aufgabe ernst nahmen. Er war an einem Wendepunkt seines Lebens und spürte, dass der Prozess des Großreinemachens wichtig für ihn war. Der Reihe nach telefonierte er die Menschen durch, mit denen er sich zerstritten hatte, unter anderem rief er auch den Mann an, wegen dem seine Frau ihn vor zwei Jahren verlassen hatte und der einst sein bester Freund gewesen war. Die Auseinandersetzung mit ihm war körperlicher Art gewesen: Niklas hatte ihm einen Kinnhaken versetzt und war gegangen.

Die Telefonate, so erzählte mir Niklas, waren durchweg erhellend. Er rief ohne Zorn und in einer versöhnlichen Haltung an. Das schien bei seinen Telefonpartnern etwas auszulösen. Sie schilderten den Konflikt aus ihrer Perspektive, aber ohne Anschuldigungen und Rechthaberei. So konnte Niklas den Konflikt viel besser verstehen und auch die andere Seite sehen. Ich hing an seinen Lippen. Immer wenn ich bei einer Geschichte, die jemand mir erzählt, sehr aufgeregt werde, weiß ich, dass ich es auch ausprobieren muss. Hier bot sich mir eine wunderbare Möglichkeit für einen Frühjahrsputz.

Ich schrieb sofort eine Liste. Ich kam auf mehr Personen, als ich gedacht hatte, allerdings keine dreißig. Inzwischen hatte ich »The Work« von Byron Katie kennen gelernt. Es erschien mir sinnvoll, den Knoten, den ich auflösen wollte, erst mit »The Work« zu bearbeiten und dann die betreffende Person anzurufen. Also machte ich mich an die Arbeit, und es war tatsächlich Arbeit: Aufräumarbeit. Einen Fall aus meiner Aufräumarbeit möchte ich Ihnen stellvertretend für andere im Folgenden schildern:

Vor längerer Zeit hatte ich bei einem befreundeten Ehepaar übernachtet. Der Mann, Georg, führt eine Landarztpraxis. An dem Abend, als ich bei ihnen war, hatte Georg Bereitschaftsdienst. Das heißt, er musste nachts aufstehen, hinausfahren

79

und ärztliche Hilfe leisten, falls ein Anruf kam. Ich hatte mitbekommen, dass er im Dienst war, aber angenommen, das Telefon stünde in seinem Schlafzimmer. Tatsächlich befand es sich in dem Gästezimmer, in dem ich übernachtete. Als ich zu Bett ging, entdeckte ich, dass die Stereoanlage leuchtete, und da ich nicht gerne mit dem Kopf an elektrischen Anlagen schlafe, probierte ich, sie auszuschalten. Schließlich entdeckte ich einen leuchtend roten Schalter am Boden, knipste ihn aus, und die Lichter an der Anlage erloschen. Zufrieden ging ich ins Bett.

Am nächsten Morgen herrschte helle Aufregung. Ich hatte die gesamte Elektronik im Gästezimmer ausgeschaltet und damit auch die Telefonanlage. Niemand hatte uns erreichen können. Georg wusste nicht, ob jemand versucht hatte, ihn anzurufen. Ich war völlig niedergeschmettert. Meine Gastgeber machten mir die Schuld auch nicht leichter, sie waren völlig außer sich. Ich tat alles, um mich zu entschuldigen, und war bereit, jede Konsequenz für mein Handeln auf mich zu nehmen – notfalls auch vor Gericht. Georg sagte zu mir, er wüsste nicht, ob er mir dies jemals verzeihen könne. Schließlich fuhr ich bedrückt ab. Eine überwältigende Schuld lastete auf mir. Wie konnte ich in fremden Wohnungen Schalter betätigen, von denen ich nichts wusste? Sicher, ich hatte nur die Stereoanlage ausstellen wollen – aber jetzt hatte ich durch mein Handeln vielleicht verursacht, dass ein Not leidender Mensch keine Hilfe bekam.

Irgendwann jedoch im Laufe der langen Autofahrt nach Hause, während ich beständig über den Vorfall nachdachte, wurde ich auch wütend: Hatten meine Gastgeber nicht auch ein wenig Schuld? Hätte man mir nicht sagen können, dass sich das Telefon bei mir im Zimmer befand, und mich warnen müssen, dass nachts eventuell Anrufe kämen?

Ich rief zwei Tage später bei ihnen an, um herauszufinden,

ob jemand ärztliche Hilfe benötigt hatte. Es stellte sich heraus, dass ich mit einem blauen Auge davongekommen war. Niemandem war in dieser Nacht etwas zugestoßen, keiner hatte sich beschwert.

Doch seitdem war mein Verhältnis zu dem Ehepaar getrübt. Mir war klar, dass ich nie wieder bei ihnen übernachten würde. Ich rief noch ein paar Mal an und sandte ein paar Postkarten, aber der Vorfall hatte unsere Beziehung schwer erschüttert.

Als ich im Verlauf meines Frühjahrsputzes auf diesen Fall stieß und »The Work« damit machte, hatte ich eine sehr interessante Erkenntnis. Das Missgeschick hatte ein so überwältigendes Schuldgefühl in mir ausgelöst, dass ich nicht damit leben konnte. Ich projizierte deshalb einen Teil der Schuld zurück auf die »Opfer« – Georg und seine Frau. Ich »hasste« sie dafür, dass sie mir solche Schuldgefühle gemacht hatten. Ich wollte damit nicht leben. Also drehte ich den Spieß um und ließ sie – eigentlich die Leidtragenden meines Handelns – die »Bösen« sein. Innerlich fand ich, sie hätten übertrieben reagiert, sie hätten mich warnen müssen, sie hätten mir verzeihen können. Als ich diesen Vorgang sachlich und objektiv betrachten konnte, verstand ich plötzlich, warum Jesus allen, denen er begegnete, als erstes ihre »Sünden« vergab. Wenn unsere Schuldgefühle zu groß sind, setzt ein Mechanismus ein, bei dem wir unsere Schuld auf irgendjemand projizieren, seltsamerweise auch oft und gerade auf das »Opfer«, den Verursacher unserer Schuldgefühle. So kommen jene merkwürdigen Anschuldigungen zu Stande, bei denen ein Vergewaltiger behauptet, ein junges Mädchen habe ihn durch seinen kurzen Rock »gereizt« und somit die Vergewaltigung selbst herbeigeführt. Die Schuld ist so groß, dass der Täter etwas finden muss, was einen Teil der Schuld an das Opfer zurückdelegiert.

Nachdem ich diesen Vorgang verstanden hatte, wurde mir klar, dass ich mir als Erstes selbst verzeihen musste. Ich sagte mir: »Ich war verantwortungslos. Ich stehe dafür ein. Es war allein mein Fehler.« Wenn man sich selbst verzeiht, holt man sich die Macht über sein eigenes Leben zurück. Die »Opfer« konnten mir nicht verzeihen. Ich konnte mir nur selbst verzeihen, niemand anders konnte das für mich erledigen. Während ich mir selbst verzieh, merkte ich etwas sehr Wichtiges: Ich hatte es nicht mit Absicht getan. Es war ein dummes Versehen gewesen. Tatsächlich hätte es ernsthafte Konsequenzen haben können, aber ein gnädiges Schicksal hatte mich davor bewahrt. Nachdem ich mir selbst verziehen hatte, musste ich meine Schuld nicht mehr auf das Ehepaar projizieren. Jetzt konnte ich ihre Situation voll und ganz verstehen und hatte grenzenloses Mitgefühl mit ihnen.

Georg stand ziemlich oben auf meiner Frühjahrsputz- und Knoten-Liste. Obwohl der Vorfall mittlerweile anderthalb Jahre zurücklag, rief ich ihn an. Ich entschuldigte mich noch einmal für mein Vergehen und fragte ihn, ob er mir inzwischen verzeihen könne. Er war sehr freundlich. Ich glaube, er spürte, dass auch ich keinerlei Groll mehr gegen ihn hegte, sondern die Sache ehrlich und von Herzen gern aus dem Weg räumen wollte. »Ach, weißt du«, sagte er zu mir, »ich habe damals einfach Angst gehabt. Ich war neu in der Gegend, die anderen Ärzte hatten mich gerade erst in ihre Gemeinschaft aufgenommen – und dann passierte gleich ein solcher Fauxpas. Ich habe so reagiert, weil ich Angst hatte.« Mir standen die Tränen in den Augen. Ich dankte ihm für seine Aufrichtigkeit. Wir hatten beide Angst gehabt. Aus Angst waren Wut und Groll entstanden – und sie hatten den Knoten in unsere Beziehung gebracht.

Ich löste noch sechs oder sieben Knoten innerhalb meines Frühjahrsputzes mit Hilfe von »The Work« und anschließenden Telefonaten. Manchmal musste ich meinen ganzen Mut zusammennehmen, um jemanden anzurufen, aber jedes Gespräch war aufrichtig und erhellend. Ich fühlte mich fröhlich und leicht. Mir fiel auf, dass es möglicherweise einen Zusammenhang zwischen Knoten in Beziehungen und Knoten, sprich Tumoren, im Körper gibt, und überlegte mir, dass das Knotenauflösen in Beziehungen ganz sicher auch positive Auswirkungen auf den Körper hat.

Nur ein einziger meiner Gesprächspartner war nicht wirklich bereit, den Knoten zwischen uns aufzudröseln. Ich spürte die Unaufrichtigkeit am anderen Ende des Telefons – aber ich empfand keinen Groll mehr. Ich hatte meinen Teil der Arbeit getan. Wie so oft, wenn ich wirklich ehrlich bemüht bin, Frieden zu finden, wurde mir eine Eingebung zuteil: »Du kannst nur die Knoten auflösen, die du mit anderen hast. Wenn jemand einen Knoten mit dir hat, dann muss er ihn von seiner Seite auflösen. Es ist sozusagen ›sein Programm‹.«

Für Ihre Notizen:

Die Technik der Was-Frage eignet sich ebenfalls gut zum Knoten-Auflösen und hat den Vorteil, dass sie schneller geht:

Setzen Sie sich an einen ruhigen Ort. Schließen Sie Ihre Augen und beobachten Sie eine Weile lang Ihren Atem. Schauen Sie sich dann die Situation, die mit einem Konflikt beladen ist, wie von oben an, als wären Sie nicht beteiligt, sondern beobachteten zwei fremde Menschen, mitfühlend, aber ohne sich zu identifizieren. Fragen Sie dann einfach »Was ist passiert?« und schauen Sie, welche Antworten und Gefühle aus Ihrem Inneren hoch steigen.

Die Gedankenwenderin

Ich habe unzählige Situationen in meinem Leben ändern können, indem ich bewusst meine Gedanken veränderte. Es ist uns nicht möglich, unsere Wirklichkeit vollkommen zu kontrollieren. Wie der Aufkleber auf amerikanischen Autos es so schön formuliert – »shit happens«, Blödes passiert eben, wir können es nicht ändern. Das Einzige, was wir wirklich ändern können, sind unsere Gedanken über das, was passiert. Und dieser Vorgang erschafft dann – wundersamerweise – auch eine neue Wirklichkeit.

An einem kalten Winterabend im Dezember ließ ich das Licht an meinem Auto brennen. Normalerweise erinnert mich ein Klingeln beim Aussteigen aus dem Auto daran, dass die Scheinwerfer noch eingeschaltet sind, doch ich musste es überhört haben. Ich begab mich zu meiner guten Freundin und erfahrenen Therapeutin Mechthild, die mir hin und wieder die Wirbelsäule nach der Dorn/Breuss-Methode einrichtet. Wir hatten eine sehr intensive Sitzung, und als ich zu meinem Auto zurückkehrte, war es bereits dunkel. Ich stieg schnell in meinen alten Jeep und drehte den Zündschlüssel, aber der Motor gab keinen Mucks von sich. Schließlich bemerkte ich, dass die Scheinwerfer schwach glimmten. Die Batterie war also leer. Fröstelnd stieg ich wieder aus. Mein Mann war in dieser Woche beruflich unterwegs, ihn konnte ich also nicht anrufen. Die gegenüberliegende Tankstelle war nur von einer Kassiererin besetzt, die mir nicht weiterhelfen konnte oder wollte. Ich suchte eine Telefonzelle, um mir ein Taxi zu rufen. Es handelte sich um ein Kartentelefon, und als ich mein Portemonnaie öffnete, um meine Telefonkarte herauszunehmen, fiel mir ein, dass ich sie meiner Tochter gegeben hatte. Ich trat vor die Telefonzelle und sah mich um. Hier stand ich also an einer anonymen Ausfallstraße am

Stadtrand, es war dunkel und kalt, und ich kam nicht weg. Zudem brauchte ich mein Auto früh am nächsten Morgen, um nach Stuttgart zu fahren, wo ich einen wichtigen Termin hatte. Düstere Gedanken stürmten durch meinen Kopf. Fast hätte ich geweint vor Ärger und Wut. Auf einmal fasste ich mir an den Kopf. Was tat ich hier überhaupt? Ich zementierte kraft meiner negativen Gedanken eine Wirklichkeit, die alles andere als erstrebenswert war. Ich lehnte mich in eine windgeschützte Ecke an der Telefonzelle und beruhigte meine Gedanken. Ich achtete auf meinen Atem, meine Körperhaltung, die Gefühle in meinem Körper und auf mein Herz, so lange, bis ich mich wieder im Einklang mit dem Rhythmus allen Lebens befand. Dann dachte ich sehr bewusst und mehrmals etwa folgende Gedanken: »Hilfe kommt mir jetzt von allen Seiten zu.« – »Ich öffne mich für die Wunder, die immer wieder in meinem Leben geschehen.« – »Alles, was ich brauche, steht mir jetzt zur Verfügung.« Als ich aus dem Windschatten meiner Telefonzelle trat, bog ein Taxi langsam um die Ecke. Ich machte ihm ein Zeichen, und der Fahrer hielt. Er bedauerte, dass er kein Startkabel besaß, forderte mich aber auf, auf dem Beifahrersitz Platz zu nehmen, während er über Funk einen Kollegen rief. Er blieb so lange bei mir und ließ mich im warmen Taxi warten, bis ein anderer Taxifahrer kam, der ein Startkabel bei sich hatte. Da mein Auto ungünstig geparkt stand, war es äußerst schwierig, die Kabel anzubringen, doch auch der zweite Taxifahrer erwies sich als geduldiger und hilfreicher Engel. Mein Auto sprang mühelos an, ich zahlte 20 DM für die Starthilfe – der andere Fahrer hatte partout kein Geld annehmen wollen – und fuhr nach Hause. Der Weg war lang genug, dass sich die Batterie aufladen konnte, sodass ich am nächsten Morgen ohne Probleme zu meiner Fahrt nach Stuttgart aufbrechen konnte.

Es war die x-te Lektion in Sachen Gedankenarbeit, die mir

vom Leben zuteil wurde. Und sie verlaufen alle gleich: Wenn ich es schaffe, meine Gedanken zu ändern, verändert sich auch die Situation, in der ich mich befinde.

Eine meiner Lieblingsaffirmationen in Bezug auf die Auswahl meiner Gedanken lautet: »Ich bin die Gedankenwenderin.« Ich bestätige mir damit selbst, dass ich diejenige bin, welche die Kontrolle über meinen Geist hat. Diese Affirmation ist äußerst machtvoll, und ich empfehle sie auch, wenn Sie negativ über jemand anderen denken und nicht damit aufhören können. Bestätigen Sie sich mehrfach, dass Sie die Gedankenwenderin sind, und lassen Sie dann ein, zwei positive Gedanken einfließen, am besten über sich selbst. Sie werden sich sofort besser fühlen.

Neue Wirklichkeiten erschaffen

Es ist äußerst machtvoll, zu manifestieren, was Sie erleben wollen. Ich habe es mir vor geraumer Zeit angewöhnt, meine Füße am Morgen nicht auf den Boden zu setzen, bevor ich nicht manifestiert habe, was ich zu erleben beabsichtige. Es gibt Zeiten, zu denen manifestiere ich, »dass ich heute kreativ und inspiriert schreibe«. Oft manifestiere ich, »dass ich alles mühelos schaffe, was ich mir vorgenommen habe«. Manchmal sage ich aber auch: »Ich manifestiere einen Tag der Achtsamkeit« – oder der Entspannung oder der Freude oder des harmonischen Zusammenseins mit meiner Familie.

Fast immer erlebe ich das, was ich manifestiere. Natürlich kann es vorkommen, dass auch andere Dinge eintreffen, die ich so nicht beabsichtigt habe. Ich habe daraus gelernt, dass es nicht darum geht, das Leben wie verrückt zu kontrollieren. Vielmehr geht es darum, mitzufließen und »Ja« zu sagen, auch zu dem Unerwarteten, dem Neuen und manchmal zu dem Schmerzlichen, das uns begegnet. Ganz oft gibt es dabei etwas zu lernen und tiefer zu verstehen.

Wenn das Leben nicht so läuft, wie wir es uns vorgenommen haben, ist es manchmal schwierig zu verstehen, dass wir trotzdem weiterhin durch unsere Gedanken Wirklichkeit erschaffen. Manchmal verbringen wir Tage in Trotz, Negativität, Depression oder Sorge. Aber es gibt keinen Weg, sich aus dem Sumpf zu ziehen, als diesen einen: Denken Sie einen neuen positiven Gedanken. Schöpfen Sie Hoffnung. Manifestieren Sie das Licht. Fordern Sie Hilfe im Geist, im Gebet, durch Affirmationen, wenn Sie glauben, es nicht allein zu schaffen. Und richten Sie sich immer wieder aus nach dem Besten, dem Höchsten, dem Schönsten, wie eine Blume, die bei Regen ihre Kelchblätter schließt und sie doch beim allerersten Sonnenstrahl vertrauensvoll wieder öffnet.

Haben wir keine Angst, das Leben zu leben! Was kann uns wirklich passieren? Wir sind ewige Wesen. Für eine gewisse Weile haben wir uns entschieden, hier auf Erden zu leben, unter »erschwerten« Bedingungen, die aber äußerst fruchtbar für unsere Entwicklung sind. Jeder von uns wollte hierher kommen, keiner ist unfreiwillig hier, denn wir haben einen freien Willen. Niemand zwingt uns dazu, auf die Erde zu kommen. Wir haben uns darauf gefreut, hier zu sein und zu lernen.

Achten Sie darauf, mit welchen Gedanken Sie am Morgen aufstehen. Sie geben Ihrem Tag damit bereits eine bestimmte Richtung, so wie ein Segelboot durch Wind und Strömung auf einen bestimmten Kurs gelenkt wird. Geben Sie dem Tag kund, was Sie erleben wollen, jedoch ohne andere damit zu manipulieren.

Manifestieren Sie nicht: »Ich erlebe einen Tag, an dem Jürgen mich anruft.« Sagen Sie stattdessen: »Ich manifestiere einen Tag der Fülle, des Reichtums und der mannigfachen

Kontakte.« Wahrscheinlich wird auch Jürgen sich angesprochen fühlen. Aber Sie lassen der Schöpfung Raum und achten den freien Willen eines anderen Menschen.

Wenn ich mit meinen Seminarteilnehmern tiefer in die Arbeit mit Gedanken einsteige, stellen wir uns auf einer Phantasiereise einen inneren Garten vor. Jeder Garten sieht anders aus. In meinem Garten gibt es ein paar Apfelbäume und eine sonnige Holzbank, ferner einen Wasserfall und eine heiße Quelle, es gibt einen Strand, einen Rosengarten mit einer Laube, ein kleines Stück Wald mit einer Lichtung, außerdem besitze ich einen See mit einem Boot – und an all diesen Plätzen kann ich einfach sein und wunderbar ausspannen. Manchmal bin ich dort alleine, manchmal kommen aber auch Helfer unterschiedlichster Art, die in meinem Garten leben, mich beraten, aufbauen, trösten oder mir sonst irgendwie Hilfestellung geben.

Statt meine Phantasie im Negativen zu nutzen, was wir alle liebend gerne tun, durch übertriebene Vorstellungen von Krankheit, Leid, finanziellen Einbußen, Einsamkeit und dergleichen Misslichkeiten, gebrauche ich sie lieber im Positiven. Mein Garten ist der Ort, an den ich mich zum Beispiel zurückziehe, wenn ich beim Zahnarzt bin. Meine Aufmerksamkeit befindet sich dann nicht in meinem Mund bei dem Bohrer an meinem Zahn, sondern bei den Empfindungen, die ich auf meinem Spaziergang am Strand meines inneren Gartens mache. Ich rieche die Seeluft, spüre den Sand unter meinen Füßen und lausche auf die Wellen. Wenn ich es aus irgendwelchen Gründen nicht schaffe, an diesem Ort zu bleiben, visualisiere ich sofort meinen »Zahnarzt-Engel«. Er ist sehr groß und sieht wirklich aus wie ein Engel mit großen Flügeln. Er steht hinter dem Zahnarztstuhl und hüllt mich liebevoll ein, genau genommen nicht nur mich, sondern auch meinen Zahnarzt und seine Helferin. Ich muss wahrscheinlich nicht betonen, dass ich einen wunderbaren Zahnarzt habe, der alles für mich tut und bei dem ich mich bestens versorgt, behütet und geborgen fühle.

Es gibt immer noch Ärzte, die glauben, meinen Kindern sagen zu müssen: »Das tut jetzt ein bisschen weh!« Kinder glauben Ärzten, und wenn ein Arzt dies sagt, dann tut es tatsächlich weh. Stattdessen sollten wir uns und unsere Kinder lehren, wie man seine Aufmerksamkeit von seinem Körper weg verlagern kann und stattdessen im Geist einen Platz aufsucht, an dem man sich wohl fühlt.

Nicht alle dieser Techniken funktionieren auf Anhieb. Man muss ein bisschen üben und experimentieren – das ist normal. Wenn man damit beginnt, Inline-Skates zu fahren, muss man auch ein paar Mal üben, um Sicherheit zu gewinnen. Nicht jeder Mensch ist gleich konzentriert, nicht jeder ist gleich in der Lage, gut zu fokussieren. Ich selbst betrachte all diese Techniken und auch die Arbeit mit den Gedanken als meinen geistigen Handwerkskoffer. Manche Werkzeuge aus dem Handwerkskoffer brauche ich täglich, andere seltener. Werkzeuge, die ich nicht so oft einsetze, bediene ich natürlich nicht so perfekt wie solche, die ich jeden Tag benutze.

Ein Werkzeug aus meinem geistigen Handwerkskoffer, das ich fast ständig brauche, ist das Licht-auf-eine-Angelegenheit-fließen-Lassen. Vor einiger Zeit schrieb ich einen Artikel über »Pflanzenkommunikation« für ein populärwissenschaftliches Magazin. Der Artikel hatte mir großen Spaß gemacht. Es ging darum, dass Pflanzen ein Bewusstsein besitzen und Empfindungen haben. Ich beschrieb einige wissenschaftliche Experimente, in denen dieses nachgewiesen wird. Eine Passage meines Textes war mir besonders wichtig. Einigen Wissenschaftlern war ein erstaunliches Experiment gelungen: Unter elektrostatischen Bedingungen hatten sich einige Pflanzenkeime im Labor zu ursprünglicheren Wildformen zurückentwickelt. Das heißt, Maiskeime »erinnerten« sich an ihre ursprüngliche Wildform und nahmen diese vereinzelt wieder an. Dieses Experiment war mir besonders wichtig, weil es bedeutete, dass längst ausgestorbene Pflanzen möglicherweise wieder »reaktiviert« werden können. Außerdem brauchen Wildformen von Weizen und Mais keine Pestizide, da sie wesentlich robuster gegen Schädlinge sind. All dies schien mir für die Landwirtschaft äußerst bedeutsam. In meinem Bemühen, dem Leser – ebenso wie mir selbst – hochwissenschaftliche Experimente verständlich zu machen, hatte ich jedoch einige Sätze zu allgemein formuliert.

Doch das ahnte ich nicht. Die Bildredakteurin, die für die Illustration meines Artikels zuständig war, brauchte ein Foto des Wissenschaftlers, der sich mit diesem Experiment befasst hatte. Dieser hatte natürlich meinen Text lesen wollen, bevor er Fotomaterial von sich preisgab. Die Bildredakteurin hatte ihm meinen Artikel gefaxt. Der Wissenschaftler rief die Bildredakteurin empört zurück – der Artikel sei unwissenschaftlich, und er denke nicht daran, sein Foto dafür herzugeben. Die Bildredakteurin war daraufhin sofort zum Chefredakteur gegangen und hatte ihm die Meinung des Wissenschaftlers kundgetan. Der Chefredakteur, den ich als einen klugen, besonnenen und überaus kollegialen Boss schätze, rief mich an und sagte: »Sabine, ich befürchte, wir müssen deinen Artikel aus dem Blatt nehmen. Er ist unwissenschaftlich und falsch.« Mein Herz klopfte bis zum Hals. Ich versprach, mich sofort um die Sache zu kümmern – zumal die fragliche Textpassage nur einen Bruchteil des seitenlangen Artikels ausmachte.

Doch bevor ich hektisch zu telefonieren begann, tat ich das, was ich in solchen Fällen immer tue. Ich suchte meinen Meditationsplatz im Büro auf und ließ Licht auf die ganze Angelegenheit fließen. Ich sprach ein Gebet, in dem ich darum bat, dass die Sache zum Wohle des Höchsten und zum Besten al-

90

ler Beteiligten ausginge. Dann sandte ich dem Wissenschaftler, der Bildredakteurin und dem Chefredakteur Liebe. Ich widerstand der Versuchung, negative Gedanken über irgendeine an diesem Drama beteiligte Person zu denken, obwohl mir dies nicht leicht fiel. Erst danach telefonierte ich mit dem Wissenschaftler.

Am Anfang war er noch ein wenig verärgert, aber dann führten wir ein sehr versöhnliches Gespräch. Ich bat ihn, mir das Experiment noch einmal zu erklären, und er gab mir die Erlaubnis, unser Telefongespräch aufzuzeichnen. Danach schrieb ich die Passage um. Es handelte sich um einige sprachliche Änderungen, die mir unerheblich erschienen, die aber aus seiner Sicht überaus bedeutsam waren. Ich gab mir Mühe, seine Position zu verstehen, und erklärte ihm auch meine. Es war unmöglich, dem Leser in zehn Textzeilen komplizierte physikalische Vorgänge zu erklären. Nachdem ich ihm den überarbeiteten Text noch einmal gefaxt hatte und wir wiederum telefoniert hatten, waren wir beinahe Freunde. Die Bildredakteurin erhielt ihr Foto. Der Chefredakteur war nun ebenfalls zufrieden, und die Geschichte kam ins Blatt.

Ich erhielt zehn oder zwölf Leserbriefe zu diesem Artikel, die samt und sonders positiv waren und mir Lob und Anerkennung aussprachen.

Das Licht-auf-eine-Angelegenheit-fließen-Lassen hat schon viele wundersame Wendungen in mein Leben gebracht. An einem Montagmorgen im Winter rannte ich mit meiner Tochter Lovis aus dem Haus. Ich fahre sie jeden Morgen mit dem Auto zu ihrer Schule, die noch in dem Stadtviertel liegt, in dem wir früher gewohnt haben. Wir waren spät dran. Ich schaute in den Rückspiegel, konnte kein Auto hinter mir entdecken und setzte mit Schwung zurück. Ein unangenehm knirschendes Geräusch schreckte uns beide auf. Ich sprang aus dem Auto und sah zu meiner Verblüffung, dass hinter meinem Jeep ein anderer Wagen geparkt war. Der Jeep ist so hoch, dass ich niedrige Autos im Rückspiegel nicht sehe, und dies war ein sehr niedriges Auto. Auf seiner Motorhaube war durch mein Reserverad eine Delle entstanden. Ich registrierte mit einem Seufzer der Erleichterung, dass der Wagen ziemlich alt war. Da es inzwischen noch später geworden war, rannte ich zurück ins Haus, bat meinen Mann, einen Zettel unter die Scheibenwischer des beschädigten Wagens zu klemmen, und fuhr meine Tochter zur Schule.

In den folgenden Tagen ließ ich immer wieder Licht auf die Angelegenheit mit dem Auto fließen. Erst nach einer Woche meldete sich der Besitzer. Es war ein Polizist, der im Nachbarhaus wohnte. Das Auto gehörte seiner Tochter. Zunächst einmal zeigte er sich hoch erfreut, dass wir unsere Adresse hinterlassen hatten. Achtzig Prozent aller so genannten Bagatellschäden würden nicht gemeldet, erklärte er uns, und wir gehörten somit zu einer rühmlichen Ausnahme. Er hatte in einer Reparaturwerkstatt Informationen eingeholt. Das Ausbeulen der Motorhaube würde wohl etwa 500 DM kosten, und wir sollten uns überlegen, ob wir den Schaden der Versicherung melden oder die Kosten selbst übernehmen wollten. Ich stellte mich gedanklich auf 500 DM ein, ließ aber trotzdem hin und wieder Licht auf die Sache fließen, wenn ich daran dachte. Etliche Wochen hörte ich nichts von dem freundlichen Polizisten. Eines Tages trafen wir ihn auf der Straße vor unserem Haus. Die Reparatur der Motorhaube hätte bei genauerer Begutachtung durch die Werkstatt mehr als 1000 DM gekostet, ließ er uns wissen, aber das Auto sei zu alt für eine solch kostspielige kosmetische Behandlung. Er und seine Tochter hätten deshalb beschlossen, die Sache auf sich beruhen zu lassen.

Ein Werkzeug aus meinem geistigen Handwerkskoffer, das ich ebenso fast täglich benutze, ist der simple Satz: »Ich kann das.« Einmal unternahm ich mit Pedro de Souza eine Lesetour durch mehrere Buchhandlungen in Deutschland. Gleich bei der ersten Buchhandlung, die extra einen Raum in einem Kulturzentrum für unseren Vortragsabend gemietet hatte, sahen wir uns etwa 160 Menschen gegenüber. Ich war es nicht gewohnt, vor so vielen Leuten zu sprechen, und erschrak. Dann sagte ich mir: »Ich kann das.« Und ich konnte es tatsächlich.

»Ich kann das« ist ein herrlicher Satz. Ich benutze ihn, wenn ich unseren großen Jeep in eine enge Parklücke rangiere und wenn ich einen schwierigen Schreibauftrag bekomme. Ich übe diesen Satz mit meinen Kindern und habe ihn sofort parat, wenn der Schatten eines Zweifels in mir auftaucht. »Ich kann das« steht ganz oben in der Hitparade geistig wirkungsvoller Sätze.

Für Ihr Notizbuch:
- Wie man einen »inneren Garten« anlegt.

Versetzen Sie sich in einen Zustand der Entspannung. Stellen Sie sich eine Pforte vor, durch die Sie Ihren inneren Garten betreten. Und nun legen Sie in Ihrer Phantasie den Garten an. Welche Orte müssen da sein, damit Sie sich wohl fühlen können? Vielleicht ein kleiner Teich mit einer Holzbrücke? Oder eine heiße Quelle, in der Sie baden können? Vielleicht gibt es einen Steinkreis in Ihrem Garten, innerhalb dessen Sie Kraft schöpfen können. Oder einen alten Baum, einen Großvater-Baum, unter dem Sie sich gerne aufhalten und der Ihr Freund ist. Sie können jeden Tag in Ihren Garten zurückkehren und ihn verändern oder verbessern. In meinem Garten gibt es Rosenbeete, in deren Mitte eine große Laube steht. Hier treffe ich oft meinen »inneren Geliebten«, der mich tröstet und aufbaut und mir Komplimente macht, wenn ich gerade dringend welche brauche.

Sandsäcke abwerfen

Vor einigen Jahren machte ich ein Seminar mit, dessen Gruppenleiter beschlossen hatte, dass wir das Mittagessen schweigend einnehmen sollten. Ich war bestürzt. In dem Seminar war für mich viel passiert, ich fühlte mich fröhlich und kommunikativ und sehnte mich danach, mich mit den anderen Mitgliedern der Gruppe auszutauschen. Stattdessen saßen wir uns schweigend gegenüber, kauten und klapperten mit dem Essgeschirr. Je länger das Essen dauerte, desto betrübter wurde ich; gegen Ende der Mahlzeit war mir die Kehle wie zugeschnürt, und ich brachte kaum noch einen Bissen herunter. Innerlich schimpfte ich laut auf die Gruppenleitung, die meiner Ansicht nach wenig Sensibilität für die Vorgänge in der Gruppe besaß. Ich verließ den Mittagstisch frühzeitig und begab mich auf einen Spaziergang. Auf dem Weg setzte ich mich unter einen Baum und praktizierte die kleine Meditation der Was-Fragen. Sie besteht, wie ich bereits beschrieben habe, im Wesentlichen daraus, dass ich mir eine Sache wie von oben ansehe und mich frage, was passiert ist, ohne zu werten oder zu urteilen. Die Antwort auf meine Frage war höchst interessant. Ich erinnerte mich plötzlich daran, dass mein Vater aufhörte, mit der Familie zu kommunizieren, wenn er Streit mit meiner Mutter hatte oder wenn es Ärger in seinem Geschäft gab. Am schlimmsten war dieser Zustand beim gemeinsamen Mittagessen. Wir aßen dann schweigend. Die Luft war so dick, dass man sie schneiden konnte, und der einzige Laut, der uns begleitete, war das Klappern des Essgeschirrs.

Als ich aus meiner Meditation wieder auftauchte, war mir sonnenklar, warum ich schweigende Mittagessen hasste. Sie riefen in mir nicht im Mindesten Gefühle der Kontemplation und der Achtsamkeit in Bezug auf das Essen hervor, sondern ängstigten und deprimierten mich. Ich war negativ konditioniert oder programmiert.

Eine negative Konditionierung bedeutet, dass man über eine an sich neutrale Angelegenheit negativ denkt und fuhlt, weil man eine schlechte Erfahrung damit verbindet. Oft können wir uns an diese Erfahrung nicht erinnern, weil sie zu weit zurückliegt. Viele unserer einschneidendsten Erfahrungen machen wir in der Kindheit. In diesem Alter sind wir noch nicht in der Lage, Ereignisse zu relativieren oder zu intellektualisieren. Das heißt, wir glauben, was man uns sagt. Wenn wir uns bedroht fühlen oder Angst haben, ist diese Bedrohung allmächtig. Wir können noch nicht sagen: »Ach, mein Vater hat nur einen kleinen Wutanfall, weil einer seiner Kunden Konkurs angemeldet hat. Seine Wut betrifft eigentlich nicht mich. Morgen wird sich seine Laune gebessert haben.« Die Wut des Vaters ist für das Kind, das nur im Moment lebt und keine Möglichkeiten zur Relativierung hat, absolut bedrohlich und existenziell.

Wenn ein Mann oder eine Frau mir gegenüber wütend wird und mich anschreit, gefriere ich innerlich. Ich werde nicht zum Opfer, sondern ich koppele mich von meinem Gesprächspartner ab und ziehe mich in eine innere Welt zurück, zu der niemand Zugang hat. Mein ganzes Leben lang habe ich den Umgang mit jähzornigen Menschen vermieden, weil sie mir lebensgefährlich erschienen. Auch dies ist nichts weiter als eine negative Konditionierung aus meiner Kindheit. Ob man konditioniert ist, erkennt man daran, dass man auf ein Ereignis in einer bestimmten Weise reagiert, entweder übertrieben oder negativ oder zwanghaft, ohne etwas daran ändern zu können. Man hat keine Wahlmöglichkeiten. Man muss explodieren oder innerlich einfrieren oder sich in eine Sache einmischen, man hat keine Handlungsalternativen.

Mein Vater war äußerst erschreckend, wenn er wütend

95

wurde – und bis heute werde ich innerlich zum Kleinkind, wenn jemand mir gegenüber seine Wut zeigt. Meine Wahrnehmung in Bezug auf wütende Menschen ist verzerrt. Denn heute bin ich erwachsen und ich kann die Wut eines Menschen einschätzen und relativieren. Der wütende Mensch bedroht nicht meine Existenz. Ich kann ihm den Wind aus den Segeln nehmen, indem ich sage: »Warum schreist du so herum? Warum bist du so wütend?«

Bisher habe ich das noch nicht geschafft. Aber ich arbeite daran. Ich bin inzwischen in der Lage, mich sehr genau zu beobachten, wenn ich in eine solche Situation gerate. Ich lausche meinem erhöhten Herzschlag, ich achte auf meinen Atem, mir fehlt nur noch ein letzter kleiner Schritt, um meine alte Programmierung endgültig aufzubrechen.

Wenn wir tiefer in die Arbeit mit Gedanken einsteigen, entdecken wir nach und nach, welche negativen Gedanken wir hegen und dass wir bestimmte negative Gedankenmuster entwickelt haben. Sich Sorgen machen, sich selbst beschuldigen, die Schuld auf jemand anderen abwälzen, sich selbst oder andere dauernd kritisieren, sich in die Angelegenheiten anderer einmischen, sich als Opfer fühlen – all dies sind wiederkehrende Gedanken bzw. Verhaltensmuster oder Konditionierungen, die uns erst auffallen, wenn wir damit beginnen, unsere Gedanken näher zu beobachten. All diese Muster schränken uns ein, machen uns unfrei und unglücklich. Das Verrückte daran ist: Wir wissen gar nicht, wie sehr sie uns einschränken, unser Leben bestimmen, unsere Wirklichkeit verzerren, bis wir sie entdeckt und aufgelöst haben.

Hierzu gibt es eine schöne Geschichte. Sie handelt von einem Mann namens Herr Quaero, der sich auf die Reise zu seiner Schwester begab. Sie hatte niemals geheiratet und wohnte noch in der Stadt, in der Herr Quaero groß geworden war. Herr Quaero trug einen Korb voller Steine auf dem Kopf und einen Rucksack mit 5 Kilo Sand auf dem Rücken. Unter den linken Arm hatte er fünf leere Flaschen geklemmt und mit der rechten Hand schleifte er eine löchrige, alte Zinkbadewanne hinter sich her. Auf dem Weg begegnete ihm ein Kind und fragte: »Was trägst du da auf dem Kopf, Onkel?« »Auf dem Kopf?« Herr Quaero wurde ärgerlich. Tatsächlich drückte ihn schon die ganze Zeit etwas auf dem Kopf, aber er wusste nicht, was. Er griff nach seinem Kopf und setzte den Korb mit Steinen ab. »Steine!«, sagte er kopfschüttelnd. »Wie dumm von mir!« Er ließ den Korb am Wegrand stehen und fühlte sich schon viel besser. Doch nach einer Weile begann er wieder zu schwitzen und sich schwer zu fühlen. Eine alte Frau kam ihm entgegen und zupfte ihn am Ärmel: »Sammeln Sie alte Flaschen? Ich hätte da noch einige zu Hause.« »Nein, nein«, sagte Herr Quaero bestürzt. »Ich sammle keine alten Flaschen, wozu auch?« und sah sich nach einem Abfalleimer um, in dem er die fünf Flaschen, die er unter dem Arm hielt, verschwinden lassen konnte. Als er endlich in der Stadt ankam und durch eine belebte, enge Gasse ging, stießen ihn die Leute an und murrten, und endlich rief einer: »Nehmen Sie doch dieses Ungetüm von Rucksack gefälligst ab!« Aufs Höchste verwundert ließ Herr Quaero seinen Rucksack fallen. Als er ihn öffnete, befand sich darin nichts als ein unnützer Haufen Sand. Nun hüpfte er fast vor Erleichterung und kam schnell zum Haus seiner Schwester. Elisabeth Quaero lehnte aus dem Fenster im ersten Stock ihres Hauses und hielt bereits Ausschau nach ihm. »Ernesto!«, rief sie aus, als sie ihn erblickte. »Warum schleifst du eine durchlöcherte Badewanne hinter dir her?« »Aus Unachtsamkeit, aus Unachtsamkeit!«, schrie Herr Quaero aus vollem Leib, ließ die Badewanne fallen und rannte leichtfüßig die Stufen zum Haus seiner Schwester hinauf, um sie zu herzen und zu küssen.

In jedem von uns steckt ein Stück von Herrn Quaero. Jeder

97

von uns trägt Sandsäcke und Steine und durchlöcherte Badewannen mit sich herum, ohne es zu merken. Erst wenn wir ein Gewicht los sind, merken wir, was wir mit uns herumgeschleppt haben.

Carlos ist Mexikaner, ayurvedischer Koch und ein Freund von mir. Viele Jahre lang lebte er in Deutschland, ohne mit seiner Familie zu kommunizieren. Ich kannte die Gründe dafür nicht, doch eines Tages erzählte er mir, er reise in den Ferien nach Mexiko und habe auch vor, seine Familie zu besuchen. Ich dachte, dass dies eine gute Idee sei, und gratulierte ihm zu diesem Entschluss. Als er zurückkam, war er sehr guter Dinge. Er hatte sich mit seiner Familie versöhnt. Es waren noch nicht alle Probleme aus dem Weg geräumt, aber sie redeten wieder miteinander. »Und weißt du was?«, sagte Carlos und griff sich mit einer Hand in den Nacken. »Ich fühle mich, als wenn eine große Last von mir gefallen ist. Ich wusste gar nicht, dass ich dieses Gewicht mit mir herumtrage.« Ich musste an Herrn Quaero denken und sagte nichts. Carlos hatte gerade den Rucksack mit Sand zu Boden fallen lassen.

Man bekommt, was man erwartet

Gedanken, die wir immer wieder denken, formen nach und nach unsere Einstellung. Wir haben eine Einstellung zu Personen, Dingen, Ereignissen. Jeder von uns denkt, fühlt, urteilt wahrscheinlich sehr unterschiedlich über Fußball, Lottospielen, künstliche Vitamine, Hillary Clinton, Familienfeste oder die Frankfurter Börse. Unsere Einstellung hängt davon ab, was wir über die Sache oder die Person wissen, also gehört oder gelesen haben und welche Erfahrung wir mit der Sache oder der Person gesammelt haben. Jemand, den Sie für den grässlichsten Menschen der Welt halten, kann für jemand anderen der liebste Freund sein. Das hängt von Ihren Erfahrungen mit dieser Person ab. Wenn wir unsere Einstellung ändern, heißt das, wir haben entweder neuere, für uns glaubwürdigere Informationen erhalten. Oder wir haben neue Erfahrungen gesammelt.

Und jetzt kommt das wirklich Interessante: Wenn Sie mit einer negativen Einstellung einer bestimmten Person oder Sache gegenübertreten, ist die Chance, dass Sie dieses Mal wieder eine negative Erfahrung machen, gewaltig. Das, was Sie erwarten, wird höchstwahrscheinlich eintreffen.

Meine Schwiegermutter, eine sehr liebenswerte und elegante Frau, fährt nur äußerst ungern mit der S-Bahn. Sie behauptet, S-Bahnen kämen immer zu spät oder blieben stehen oder hätten einen Triebschaden. Aus diesem Grund benutzt sie die S-Bahn nur selten, um in die Stadt zu fahren, und leistet sich lieber ein Taxi. Tatsächlich hat ihre S-Bahn, wann immer sie zu uns in die Stadt kommt, Verspätung oder sonst irgendein Problem – es ist wirklich wie verhext. Ich benutze die S-Bahn unwesentlich öfter als sie, habe aber keinerlei schlechte Erfahrungen damit gemacht. Im Gegenteil: »Meine« S-Bahnen sind immer pünktlich, und ich schätze sie als eine gute Alternative zum Auto. Solange ich mich erinnern kann, ist noch keine S-Bahn, mit der ich fahren wollte, zu spät gekommen oder auf der Strecke stecken geblieben. Es gleicht einem Wunder. Erfahrungen dieser Art haben mich seit langem davon abgebracht, an eine »objektive Wirklichkeit« zu glauben. Das mag zunächst erschreckend sein, denn dann gibt es nichts Festes mehr, an dem man sich festhalten kann. Alles ist in Bewegung, die Dinge verändern sich je nachdem, was wir von ihnen erwarten.

Der berühmte amerikanische Arzt John Upledger, einer der Mitbegründer und Erforscher der Cranio-Sacral-Therapie, berichtet Folgendes: »Mein Glaube an die Intention (Absicht)

99

erwachte Ende der Sechzigerjahre, als ich anfing, häufig Akupunktur anzuwenden.« Upledger arbeitete zu dieser Zeit in einer freien Klinik, die beschlossen hatte, Akupunktur als neue, kostengünstige Behandlungsmethode einzusetzen. Upledger beobachtete, dass einige seiner Kollegen mit der Akupunktur gute Resultate erzielten, andere jedoch nicht. Zwei Ärzte, die Akupunktur anwendeten, die Methode aber für kompletten Blödsinn hielten, hatten praktisch keinen Erfolg damit. Wenn Upledger dieselben Patienten am nächsten Tag behandelte, erzielte er sofort positive Resultate. »Damals dämmerte mir allmählich, dass die innere Einstellung und Absicht des Therapeuten eine Menge mit dem Erfolg der Behandlung zu tun haben. Chirurgen, die gut gelaunt oder im Großen und Ganzen zufrieden sind und Vertrauen in ihre Methode haben, scheinen bessere Ergebnisse zu erzielen als ihre chronisch ärgerlichen, zynischen oder deprimierten Kollegen. Diese Grundhaltung ist wichtiger als die Operationstechnik.«

Unser Glaube, unsere Einstellung, unsere Intention verändern unsere Wirklichkeit. Bernie Siegel, Autor und anerkannter Arzt, erarbeitet mit seinen Krebspatienten einen Weg, wie sie die konventionelle Chemo- und Bestrahlungstherapie umdeuten können: entweder als positive Energie oder als goldener Sonnenstrahl, der den Körper heilt und so weiter. Seine Patienten haben signifikant weniger Nebenwirkungen als Patienten von Ärzten, die lediglich medizinisch-technisch darauf hinweisen, welche Nebeneffekte durch diese Behandlung ausgelöst werden können. Wenn ein Arzt, auch mit der besten Absicht, einem Patienten minutenlang all das Negative mitteilt, das auf Grund der Behandlung passieren kann, ist der Patient negativ vorprogrammiert. Er erwartet, dass ihm schlecht wird, dass er sich müde und antriebslos fühlen wird, und genau das passiert. Nur die wenigsten Ärzte sind wie Bernie Siegel mit diesen Mechanismen des menschlichen Geistes vertraut.

Eine Patientin von Dr. Siegel erbrach sich trotzdem immer direkt nach der Chemotherapie. Ihr Mann, der sie von der Klinik abholte, hielt stets eine Papiertüte im Auto für sie bereit. Eines Tages öffnete sie die Papiertüte und fand ein Dutzend rote Rosen darin. Danach musste sie sich nach der Chemotherapie nie wieder erbrechen.

In meinen Seminaren treffe ich des Öfteren auf Frauen, die zu mir sagen: »In meinem Alter finde ich doch keinen Mann mehr. Sieh dir doch mal die älteren Männer an, sie wollen alle nur jüngere Frauen.« Ihnen erzähle ich gerne die Geschichte meiner amerikanischen »Mom« Sandy, bei der ich vor vielen Jahren als Austauschschülerin lebte und mit der ich bis heute einen guten Kontakt habe. Sandy ist 65 und hat gerade zum dritten Mal geheiratet. Ihr erster Mann Lloyd war der Vater ihrer drei Töchter, und sie waren etwa 35 Jahre verheiratet. Als er ziemlich unerwartet an einem Herzanfall starb, hatten ihre Kinder schon eigene Familien. Mit Mitte fünfzig traf Sandy ihre große Liebe Norman. Die beiden waren ein wunderbares Paar und so verliebt, dass sich die Töchter und die Enkelkinder oft beschwerten, weil sie ihre Mutter und Großmutter zu selten sahen. Norman und Sandy hatten zehn gemeinsame Jahre, die ihnen wie ein Geschenk erschienen. Doch Norman war wesentlich älter als Sandy und starb an Prostata-Krebs. Etwa ein Jahr nach Normans Tod fand Sandy Trost bei Bob, der ebenfalls vor kurzem Witwer geworden war. Die beiden heirateten in Paris und sind gerade in ein gemeinsames Haus nach Florida gezogen.

Was ist das Geheimnis? Hat Sandy mehr Glück als andere Frauen? Ich glaube nicht. Aber sie ist ein zutiefst positiver Mensch, der beständig an das Gute glaubt. Als ich bei ihr lebte, betrachteten ihre Töchter und ich sie als unsere beste

Freundin. Das war ungewöhnlich, denn wir befanden uns alle in der Pubertät. Sie lachte häufig, konnte aber ebenso leicht weinen. Ihre Gefühle lagen immer nahe an der Oberfläche. Sie engagierte sich für die jüdische Gemeinde, in der sie lebte, arbeitete als Schauspielerin in einer Laienspielgruppe und nahm Gesangsunterricht. Wenn sie nach Hause kam, waren die Räume sofort erfüllt von Lachen und Gesang, und man hatte das Gefühl, die Sonne ginge auf. Nach dem Abendessen saßen wir noch Stunden mit ihr in der Küche und erzählten ihr von unseren kleinen und großen Kümmernissen. Ich erinnere mich daran, dass sie stets das Beste in uns sah und uns vor anderen über den grünen Klee lobte. Mein holpriges Englisch entlockte ihr Begeisterungsstürme – doch das gab mir Selbstvertrauen. Am Ende meines Austauschjahres sprach ich fließend Englisch. Sie war voller Neugierde und wollte alles wissen über mein Leben in Deutschland, meine Freunde, meine Gedanken und Einstellungen – und sie war eine gute Zuhörerin. Ich genoss die Stunden, die ich mit ihr verbringen durfte, und auch heute, fast dreißig Jahre später, verstehe ich, warum Männer mit ihr zusammen sein wollen. Man muss sie lieben: ihren Charme, ihr Lachen, ihren Humor, ihre Liebe zum Leben, zu ihrer Familie, zur Musik, ihre Fähigkeiten mitzufühlen und zuzuhören. Nein, Sandy hat kein Glück gehabt. Sie hat zwei Männer zu Grabe getragen und dabei sehr viel durchgemacht. Aber ihre positive Lebenseinstellung hat sich immer wieder durchgesetzt – und nichts zieht andere Menschen mehr an als eine positive Ausstrahlung.

Es gibt keine Altersgrenze, ab der man keine Männer mehr kennen lernt, außer in unserem Kopf. Unsere Einstellungen formen das, was wir erleben. Wenn wir sagen »Ich verliere alles«, »Ich habe immer Pech«, »Mich ruft doch keiner an«, dann sind dies gefährliche Gedanken. Sie zementieren eine negative Einstellung, und das, was wir uns eigentlich nicht wünschen, bleibt bestehen oder wiederholt sich.

Mein Freund Thomas erzählte mir kürzlich voller Wut, dass er sich überlege, bei der Kommunionsfeier seiner Nichte wegzubleiben. Ich erkundigte mich nach dem Grund. »Zu jeder Familienfeier lädt mein Schwager seine Geschäftspartner und Kunden ein«, erklärte mir Thomas düster. Und empörte sich dann: »Aber das ist doch keine Familienfeier. Da sitze ich dann stundenlang neben so einem Heini und muss mir etwas anhören, das mich überhaupt nicht interessiert. Da bleibe ich doch lieber ganz weg.« Ich überlegte einen Moment. Dann sagte ich: »Was wäre, wenn du dir vorstellst, du landest dieses Mal neben jemand außerordentlich Interessantem, der dir einen wichtigen Tipp gibt?« Thomas schnaubte: »Das ist unmöglich! Und überhaupt, wieso laden sie Geschäftsleute ein, wenn es doch eine Familienfeier ist?« Das Problem war nicht zu lösen. Ich konnte praktisch zusehen, wie er seine negative Erwartungshaltung bis in alle Ewigkeiten zementierte.

Das Gegenteil ist aber auch möglich. Wenn ich auf ein Fest gehe, visualisiere ich vorher, dass ich mit interessanten Menschen in Kontakt komme und genau mit jenen Menschen zusammentreffe, die für mich wichtig sind und denen auch ich etwas zu sagen habe. Wenn ich mit jemand Bestimmtem sprechen möchte, imaginiere ich, wie ich mit diesem Menschen zusammenstehe und wir zusammen reden. Das funktioniert fast immer. Sollte ich auf einer Party einmal keinen Gesprächspartner haben, mir aber Gesellschaft wünschen, begebe ich mich in eine Ecke und denke ganz ruhig: »Ich bin offen für Kontakt.« Meist spricht mich nach wenigen Minuten jemand an oder ich habe selbst die Möglichkeit, mit jemandem ins Gespräch zu kommen.

Unsere Einstellung gegenüber einer anderen Person ist

stark davon geprägt, was wir über ihn gehört haben, besonders, wenn wir keine eigenen Erfahrungen mit dieser Person gemacht haben. Neulich berichtete mir meine Mutter von der Herzoperation eines ihrer Bekannten. Sofort trat eine Kette von negativen Gedankenassoziationen über ihn bei mir auf. Als ich den Hörer auflegte, wurde mir bewusst, was ich gedacht hatte, und ich wunderte mich über mich selbst. Normalerweise reagiere ich mitfühlend. Dann fiel mir auf, dass ich den Bekannten meiner Mutter kaum persönlich kannte, wir waren uns nur zwei oder drei Mal auf großen Festen begegnet und hatten uns nicht mehr als begrüßt und die Hand geschüttelt. Alles, was ich über ihn wusste, kam aus zweiter Hand, und es waren keine sonderlich positiven Informationen gewesen. Dennoch machte mich die Sache stutzig. Ich urteilte bzw. verurteilte jemanden also leichtherzig, obwohl ich keinerlei persönliche Erfahrungen mit ihm verband. In diesem Moment fiel es mir wie Schuppen von den Augen: Wir tun es ständig. Wir lesen über jemanden in der Zeitung und formen uns unsere Meinung. Wir hören etwas über jemanden und schieben ihn in unserem Herzen in ein negatives Kästchen oder in ein positives. Da wir mehr Negatives als Positives hören, besitzen wir wahrscheinlich mehr negative als positive Kästchen für die Personen, die wir kaum oder nur sehr wenig persönlich kennen.

An diesem Punkt wurde mir klar, wie negativ Klatsch wirkt. Immer wieder wird in irgendeiner Frauenzeitschrift behauptet: Klatsch sei gesund. Das ist Schwachsinn. Klatsch ist Gift. Gift für unsere Herzen, Gift für unsere Beziehungen und Gift für unser Bewusstsein. Wie wenig wissen wir manchmal über einen Menschen und verurteilen ihn doch. Aber wenn wir alles über ihn wüssten, wenn wir alle seine Ängste, Sorgen, Probleme kennen würden, dann hätten wir Mitgefühl. Denn es gibt kein menschliches Gefühl, das nicht jeder von uns in der einen oder anderen Form schon selbst erlebt hat.

Vor einiger Zeit nahm ich an einem Seminar teil, in welchem wir lernten, das »Vaterunser« auf Aramäisch, in der Muttersprache von Jesus, zu singen und zu tanzen. Da ich gerne Mantras singe, aber nur Sanskrit-Mantras kenne, wollte ich gerne ein Mantra lernen, das mit Christus zu tun hat. Das Seminar fand in einem Schloss statt, das mitten in einem Park mit uralten Bäumen liegt. Am Nachmittag des ersten Tages versammelte sich die Gruppe im Speisesaal des Hauses zum Begrüßungskaffee. Ich fühlte mich spontan zu einer Frau mit einer roten, wuscheligen Löwenmähne hingezogen, deren ganze Person wie eine kräftige Farbe leuchtete. Zum Kaffee setzte ich mich neben sie, erfuhr ihren Namen – Anita –, und wir befanden uns bald in einer angeregten Unterhaltung. Immer wieder wurde unser Gespräch jedoch von der Lautstärke einer Frau unterbrochen, die direkt neben uns Platz genommen hatte. Sie war Anfang fünfzig, groß und schwer und verbreitete um sich herum eine Menge Lärm und Bewegung. Offensichtlich kannte sie einige der Seminarteilnehmer von einer früheren Veranstaltung. Wann immer sie ein bekanntes Gesicht erblickte, stieß sie einen Mark erschütternden Schrei aus: »Du hier – nein – das gibt's doch gar nicht, das ist ja nicht möglich.« Sie sprang auf, stieß dabei fast ihren Stuhl um und fiel dem Betreffenden um den Hals, als hätten sie sich zum letzten Mal während eines Fliegerangriffs im Zweiten Weltkrieg gesehen und danach aus den Augen verloren. Nachdem sich ihr Freudentaumel drei oder vier Mal wiederholt hatte, warfen Anita und ich uns einen leicht entnervten Blick zu.

Elke – so hieß sie – beschäftigte mich auch weiterhin. Sie war laut und tollpatschig und kam überall zu spät. Ich fand sie unmöglich. Einen halben Tag lang wehrte ich mich standhaft. Dann tat ich das, was ich in solchen Fällen letztendlich immer tue: Ich entschloss mich, sie zu mögen. Und ich entschied mich, meine Wahrnehmung in Bezug auf ihre Person zu erweitern. Sobald ich diese beiden Entschlüsse gefasst hatte, passierten, wie immer, die seltsamsten Dinge. Die Seminarleiterin forderte uns am Ende des Tages auf, mit der Person, die links von uns im Kreis steht, das Abendessen zu verbringen und einander aus unserem Leben zu erzählen. Links von mir im Kreis stand Elke – wer sonst! Nach dem Abendessen gingen wir in dem wunderschönen Park spazieren und blieben schließlich unter einer mächtigen Buche, die aus zwei Bäumen zusammengewachsen war, stehen. Elke war in einer verzweifelten Lage. Sie war seit zwanzig Jahren verheiratet. Vor zwei Jahren hatte ihr Mann ihr gestanden, dass er ein uneheliches Kind habe und die Mutter dieses Kindes immer noch liebe. Seither schienen Elke ihre Ehe und überhaupt die zwanzig Jahre vollkommen wertlos – eine einzige Lüge. Der gemeinsame Sohn war bereits groß und aus dem Haus gezogen. Sie selbst wagte nicht zu gehen, da sie wirtschaftlich von ihrem Mann vollkommen abhängig war und nie einen Beruf erlernt hatte. Sie sprach von ihm wie von einem Fremden. Seit zwei Jahren lebten sie in dem gemeinsamen Haus, sie oben, er unten, ohne ein Wort miteinander zu reden. Elke fühlte sich ungeliebt und verachtet. Gleichzeitig war sie zornig auf das Leben, auf ihren Mann, die verlorenen Jahre, die gescheiterte Ehe. Während sie mir all dies erzählte, war sie witzig und schrecklich laut und schonungslos ehrlich mit sich selbst. In meinem Herzen stieg tiefes Mitgefühl auf. Hatte ich denn nicht gesehen, dass diese Lautstärke zu ihrem Witz und ihrer Ehrlichkeit gehörte? Hatte ich nicht gespürt, dass ihr lautes und übertriebenes Gebaren einer verzweifelten Suche nach Liebe und Anerkennung entsprang? Jetzt konnte ich all das erkennen. Wir unterhielten uns eine

Stunde, und die alte Buche hörte zu. Am Ende umarmten wir uns und jeder nahm einen anderen Weg zurück zum Schloss.

»Walk a mile in somebody else's shoes…«, sagen die Amerikaner – »Lauf eine Meile in den Schuhen von jemand anderem…« Ich ging sehr langsam. Ich hatte anderthalb Kilometer in Elkes Schuhen zurückgelegt. Meine Füße schmerzten und mein Herz war weich wie Butter.

Falsche Vorstellungen

Wenn man damit beginnt, seine Gedanken zu beobachten und auszuwählen, stößt man eines Tages unweigerlich auf verborgene Glaubenssätze. Verborgene Glaubenssätze bewegen sich nicht an der Oberfläche unseres Denkens. Wir verstecken sie tief in unserem Innersten, denn sie ummänteln einen tiefen Schmerz.

Diesen Schmerz haben wir in aller Regel als kleine Kinder empfangen, manchmal sogar schon als Embryos im Mutterleib. Wir haben das, was die Erwachsenen in unserer allernächsten Nähe über uns dachten oder für uns empfanden, als »Wahrheit« begriffen und verinnerlicht. Wohlgemerkt: Es ist nicht die Wahrheit. Wir bauen unsere Glaubenssätze auf einer Wahrnehmung auf, die nicht der Wahrheit über unser Wesen oder unsere Wirklichkeit entspricht.

Meine Tochter Lovis, die zehn Jahre alt ist, hat Angst, vor dem Schlafengehen auf die Toilette zu gehen, wenn es dort dunkel ist. Aus Spaß begann ich, jedes Mal, wenn ich ihr das Licht anmachte, die Tür aufzureißen und zu rufen: »Klo-Geist, erhebe dich!« Ich wollte ihr eigentlich klarmachen, dass es nichts gibt, wovor sie sich fürchten musste und schon gar keine Gespenster – aber ich erreichte das Gegenteil. Meine ältere Tochter Camilla hatte eine Entspannungskassette von mir gehört, und als sie für Lovis eines Abends das Licht auf der Toilette anmachen sollte, öffnete sie die Tür und rief:

»Klo-Geist, entspanne dich – entspanne dich, Klo-Geist.« Lovis weigerte sich, auf die Toilette zu gehen, weil der Geist ja noch dort säße, jetzt sogar ganz entspannt. So fand ich heraus, dass der Geist für sie real war. Lovis geht in die vierte Klasse und ist ein sehr selbstbewusstes, willensstarkes und realistisches Kind. Dennoch glaubt sie, auf unserer Toilette wohne ein Gespenst.

Wenn man einem Kind sagt, es sei böse, glaubt es dies. Viele Botschaften unserer Nächsten werden jedoch nicht verbal ausgesprochen, sie hängen im Raum. Das Feld zwischen zwei Personen, von dem ich im Eingangskapitel schrieb, ist immer vorhanden. Auch Kinder »wissen« um unsere Gedanken, Gefühle, Empfindungen ihnen gegenüber. Auch aus diesem »Wissen« setzen sich unsere Glaubenssätze zusammen.

Als ich in der Lage war, meinen ersten wirklichen großen und tief sitzenden negativen Glaubenssatz über mich zu erkennen – und aufzulösen und ins Positive zu wenden –, veränderte sich mein Leben dramatisch. Es wurde auf so vielen Ebenen geheilt, dass ich es kaum glauben konnte. Mir schien, als hätte ich einen Zauberstab erhalten. Den Prozess des Findens und Auflösens habe ich in meinem Buch »Der Christus-Meister oder der Himmel in meinem Herzen« bereits geschildert. Deshalb möchte ich Ihnen von der Auflösung meines zweiten großen Glaubenssatzes erzählen.

Es passierte etwa vier Jahre später. Ich hatte meine dreijährige Lehrzeit bei Pedro de Souza zu Ende gebracht und wohnte seit einigen Jahren wieder in München. Wie fast jedes Jahr verbrachte ich die Weihnachtszeit und den Januar in Goa.

Als ich mit meinem Mann und den Kindern am Heiligen Abend bei meiner lieben Freundin und goanischen Vermieterin Natty eintraf, war ich zutiefst erschöpft. Ich hatte in diesem Jahr besonders viel gearbeitet und wollte nur noch eines: ausruhen und Ferien machen.

Bereits am Abend unserer Ankunft kam Pedro de Souza aus der Stadt, um uns zu begrüßen, frohe Weihnachten zu wünschen und mit uns am Strand spazieren zu gehen. Als wir uns verabschiedeten, drückte er mir einen Artikel aus einer indischen Zeitung in die Hand. »Könntest du diesen Artikel für mich übersetzen?«, fragte er mich. Ich nickte mechanisch und nahm den Artikel. Doch kaum war ich im Haus, brach ich fast in Tränen aus. Ich hatte in diesem Jahr hauptberuflich als Journalistin und Schriftstellerin gearbeitet. Nebenher hatte ich Vorträge für de Souza organisiert und eigene Seminare gehalten. Mein Mann und ich hatten eine Lese-Reise auf die Beine gestellt, und de Souza und ich waren mit dem »Christus-Meister« durch verschiedene Buchhandlungen in Deutschland getourt. Zudem hatte ich noch viele Menschen massiert, meinen Gebets- und Meditationskreis geleitet und natürlich meine Kinder und meine Familie betreut und den Haushalt geführt. Ich war vollkommen am Ende meiner Kräfte, und mir war vage klar, dass es im nächsten Jahr nicht so weitergehen konnte. Und jetzt gab mir de Souza an meinem Ankunftstag in Goa sofort wieder Arbeit! Ich konnte es nicht fassen. Er musste doch spüren, wie erschöpft ich war!

Am nächsten Tag gingen wir an den Strand. Während meine Familie wie jedes Jahr in höchster Freude kleine Babybananen, Kokosnüsse und frische Ananas probierte, im Meer schwamm und im Liegestuhl entspannte, hing ich missgelaunt über meinem Artikel. Aber ich kratzte meine letzten Reste Willenskraft zusammen und schrieb eine einigermaßen gelungene Übersetzung. Am nächsten Tag übergab ich de Souza die Blätter. »So schnell?«, fragte er mich und stopfte die Blätter achtlos in die Tasche seines Hemdes.

Einige Tage später stellte de Souza mir ein junges Pärchen

110

vor. Sie wollten ihn in seiner Arbeit unterstützen. De Souza engagiert sich in Goa für verschiedene Projekte und soziale Einrichtungen, unter anderem für das Projekt einer Engländerin, welche sich um die streunenden und oft sehr kranken Strandhunde von Goa kümmert. Das junge Paar wollte versuchen, in Deutschland Geld für das Hundeprojekt zu sammeln. Sie waren sehr verliebt und erschienen mir extrem lässig. Ein paar Mal waren wir mit ihnen verabredet, und sie kamen entweder zu spät oder überhaupt nicht. Innerlich begann ich zu grummeln.

Ein paar Mal ließ de Souza uns allein, und die Atmosphäre zwischen mir und der jungen Frau kühlte auf den Nullpunkt ab. Dauernd gähnte sie und war müde und warf sich in eine der Strandhängematten. Ich dachte: »Du meine Güte, sie hat gerade acht Wochen Ferien hinter sich!« Eines Abends, als wir zusammensaßen und den Sonnenuntergang beobachteten, fragte ich bissig: »Wie kannst du um diese Uhrzeit eigentlich noch müde sein?« Ich verurteilte sie innerlich, aber ich fühlte mich nicht wohl dabei.

Normalerweise pflege ich keine Beziehungen, in denen ich dauernd negative Gedanken habe. Ich lebe das, was ich predige.

Also setzte ich mich am Abend in meinem Zimmer auf mein Bett und praktizierte die Was-Frage. »Was passiert zwischen uns?« Ich bekam ein Bild von mir eingespielt, über das ich beinahe lachen musste. Schmallippig, mit zusammengepressten Zähnen, eine Art Megäre, die jedem, der ausschläft, es sich wohl ergehen lässt und das Leben genießt, am liebsten die Augen auskratzen würde. Aus meinem tiefsten Inneren stieg die Frage auf: »Ist dies die Frau, die du sein möchtest?« Und: »Wie verträgt sich das mit der Liebe?« Es vertrug sich überhaupt nicht! Dadurch, dass ich so verbissen für das »Gute« arbeitete, missgönnte ich allen anderen Menschen

111

ihren Müßiggang. Und ich konnte sie auch nicht lieben. Ich erreichte also eigentlich das Gegenteil dessen, was ich erreichen wollte.

Das Bild der Megäre blieb noch eine Weile bei mir hängen. Ich erzählte der jungen Frau von meiner Meditation. Sehr oft schon habe ich festgestellt, dass Knoten in Beziehungen am einfachsten durch Ehrlichkeit aufgelöst werden können. Wir machten einen langen Spaziergang am Strand, und sie berichtete mir aus ihrer jüngsten Vergangenheit. Sie hatte ein halbes Jahr in einer amerikanischen Großstadt gelebt und mit Slumkindern gearbeitet und erst beim Nachhausekommen gemerkt, dass sie sich dabei vollkommen überfordert hatte. Direkt nach ihrer Rückkunft war sie mit Verdacht auf Gebärmutterhalskrebs ins Krankenhaus eingeliefert und operiert worden. Sie hatte ihren geschiedenen Eltern nichts von der Diagnose erzählt und die Operation ganz allein durchgestanden. Nun war sie in Goa, um sich zu erholen. Ich konnte gar nicht fassen, wie sehr ich wieder einmal einen Menschen falsch eingeschätzt hatte. Doch inzwischen waren wir uns nicht mehr böse. Wir wurden sogar Freundinnen.

Mein Mann und meine Kinder fuhren nach Deutschland zurück, wo die Schule wieder anfing, während ich noch bei de Souza blieb. Wir hielten Vorträge an indischen Schulen und planten neue Seminare und Workshops, die in Goa stattfinden sollten. Kurz bevor ich zurückflog, bekam ich heftige Zahnschmerzen.

Es war eine Zahnwurzelentzündung, die ich zu Hause in Deutschland drei Monate lang alleine behandelt hatte, bevor ich zum Zahnarzt gegangen war. Obwohl viele mich für verrückt halten, versuche ich fast alle meine Krankheiten zunächst selber zu behandeln und auszuheilen. Ich habe gute Kenntnisse über alle möglichen naturheilkundlichen, homöopathischen, biochemischen und ayurvedischen Heilmittel, und ich vertraue meiner sehr guten Intuition. An der Zahnwurzelentzündung dokterte ich jedoch weitgehendst erfolglos herum.

Allerdings fand ich heraus, was mein Zahn mir mitteilen wollte. Ein ganzes Jahr lang war ich mit zusammengebissenen Zähnen herumgelaufen und hatte »die heilige Sabine« gespielt. Ich hatte gearbeitet, geschrieben, Vorträge gehalten, Menschen angerufen, die mir depressiv oder in Not erschienen, und immer wieder Massagen verschenkt, wenn ich das Gefühl hatte, jemand könne sie brauchen. Ich hatte mich für den Rest der Menschheit eingesetzt und mich für jeden unbeantworteten Hilfeschrei auf dieser Welt persönlich verantwortlich gefühlt. Aber ich war erschöpft, überarbeitet und hatte damit begonnen, Menschen zu verachten, die sich für nichts engagieren und nur an sich und ihr Wohlergehen denken. Ich ging nicht den Weg der Liebe. Hier saß ich nun mit meinem entzündeten Zahn und dachte über mein Leben nach. Irgendetwas lief schief.

Schließlich kam ich auf einen sehr tief sitzenden inneren Glaubenssatz. Er lautete: »Ich muss mir meine Liebe und meine Existenz erst verdienen.«

Ich war das zweite Kind meiner Mutter, und mein Vater setzte alles daran, meine Geburt zu verhindern. Er versuchte sogar, meine Mutter zu erpressen, damit sie eine Abtreibung vornehmen lasse. Aber sie blieb stur – und ich wurde geboren. Ich glaube, dass Embryos um diese Vorgänge »wissen«, natürlich nicht auf einer intellektuellen oder vernunftbetonten Ebene. Sie erspüren mehr das Feld, sie wissen, ob sie willkommen sind, ob sie geliebt werden, ob ihre Existenz in Gefahr ist. Fast meine ganze Kindheit hindurch habe ich versucht, mir die Liebe meines Vaters zu »erarbeiten«, aber es funktionierte nicht.

Ich muss hier, meine Leser mögen mir dies zugestehen,

113

einen Absatz für meine Mutter einfügen, die es überhaupt nicht leiden kann, wenn ich »Familiengeheimnisse« ausplaudere, und die bis heute glaubt, ich hätte meinem Vater nicht verziehen und wolle mich bis ans Ende aller Tage über ihn beschweren. Ich habe meinem Vater schon lange »verziehen«. Er war damals ein ehrgeiziger junger Mann mit einem aufstrebenden Geschäft, der viele triftige Gründe hatte, ein zweites Kind abzulehnen. Heute verehre und danke ich meinem Vater dafür, dass er mich aufgezogen und sein ganzes Leben hart dafür gearbeitet hat, dass es mir auf der materiellen Ebene nie an irgendetwas mangelte.

Doch zurück zu meinem Satz. Ich durfte nicht einfach nur »sein«, mein Dasein, meine Ankunft war nicht die reine Freude, sondern eine zusätzliche Belastung. Ein zweites Baby erfordert eine größere Wohnung, mehr Geld, Zeit und Energie. Ich muss daraus geschlossen haben, dass ich mir meine Existenz erst verdienen müsse. Und ebenso, dass ich mir meine Liebe verdienen müsse. Ich bekam sie nicht umsonst. Solche Entschlüsse oder Ansichten über das Leben vollziehen sich nicht über den Intellekt. Ein Kind kommt meist auf einer tiefen, inneren, nicht bewussten Ebene zu einer bestimmten Ansicht, einem Glauben über das Leben und seinen eigenen Platz darin.

Von klein auf hatte ich das Gefühl, ich müsse schöner, perfekter, fleißiger sein als meine Schwester. Ich musste etwas vorweisen. Für die Liebe meines Vaters musste ich hart arbeiten. Ich bekam sie dennoch nicht. Es war nicht so, dass er mich nicht liebte, aber ich spielte in seinem Leben nie eine Rolle.

Das Aufsteigen meines negativen Glaubenssatzes »Ich muss mir meine Liebe erst verdienen« löste Wellen von Erkenntnis in mir aus. Ich musste mein ganzes Leben neu überdenken. Was tat ich denn wirklich aus freien Stücken und was

114

nur, um mir meine Liebe zu verdienen? Anfangs war ich zutiefst verwirrt. Alle meine Beziehungen, alles, was ich getan hatte, schien mir auf einem falschen Fundament aufgebaut.

Nachts träumte ich davon, dass jemand mein Haus abreißen wolle. Es war ein sehr schönes, herrschaftliches altes Haus, aber die Bauarbeiter warteten schon unten an der Straße, um es abzureißen.

Und so verabschiedete ich mich von einer weiteren Illusion: Ich hatte gar nicht so uneigennützig gehandelt, wie ich immer dachte. Ich war einfach nur von meinem Glaubenssatz angetrieben worden. Dieser Satz war zwar der Motor meines Ehrgeizes und brachte mich dazu, vielen Menschen zu helfen und viel zu leisten, aber er machte mich auch unglücklich, erschöpft und letztlich – lieblos. Eine Megäre. Die »heilige Sabine« zerfiel zu Staub.

Auf der Straße sah ich zwei alte Nonnen mit zusammengekniffenen dünnen Lippen, die Gesichter zermürbt von allzu vielen Pflichten und zu wenig Freude und Leichtigkeit im Leben. Irgendwann hätte ich auch so ausgesehen. Aber liebende Gesichter, das wusste ich, sahen anders aus.

Doch was nun? Wie sollte es weitergehen? Wie sollte ich denn jetzt lieben?

Ich träumte, ich stünde im Regen, weil jemand mein Haus abgerissen hatte. Aber dann kamen einige kräftige junge Männer und bauten ein Partyzelt für mich auf. Wenigstens stand ich nicht mehr im Regen!

Ich durchlief eine Zeit, in der ich mich wie ein kleines Kind, ein Narr, fühlte. Spirituell gesehen stand ich wieder einmal ganz am Anfang. Es war nicht das erste Mal in meinem Leben, und ich hatte das sichere Gefühl, dass es auch nicht das letzte Mal sei. Wie zum Trost bekam ich einige sehr tiefe Einsichten: »Liebe ist kein Gefühl, sondern eine Grundeinstellung zum Leben – eine Geisteshaltung. Wenn du dir diese

115

Grundeinstellung, diese Geisteshaltung zu Eigen machst, kannst du nicht aus der Liebe herausfallen. Das Gefühl ist nur das Sahnehäubchen. Du musst nicht dauernd Sahne essen.«

Meine Basis war nicht richtig ausgerichtet gewesen. Ich hatte zwar geliebt, aber der Ursprung war doch Angst gewesen: die Angst, nicht zurückgeliebt zu werden, keine Daseinsberechtigung zu haben, wenn ich nicht genug arbeitete, genug liebte.

Aber: »Liebe ist absolut frei«, behauptete meine Eingebungsstimme. »Liebe manipuliert nicht und Liebe lässt sich nicht manipulieren. Du kannst dich auch nicht zwingen zu lieben, das ist ebenso ein Zwang wie zu erwarten, dass andere dich zurücklieben.« Jetzt war ich vollends verwirrt.

Wenn ich meine Gedanken auswählte, negative Gedanken über jemanden hinauswarf und positive einlud – war das nicht auch eine Art Zwang? Zwang ich mich dann nicht dazu, positiv über jemanden zu denken, um ihn letztlich lieben zu lernen? In diesem Fall, so erfuhr ich, arbeitete ich nur an meiner Basis, an meiner Geisteshaltung. Die Geisteshaltung der Liebe ist immer: Verständnis, Mitgefühl und Einfühlungsvermögen gegenüber dir selbst und deinem Nächsten.

Das Feld pflügen

Warum ist es so wichtig, negative innere Überzeugungen aufzuspüren und aufzulösen?

Was immer wir in der Tiefe unseres Herzens über uns glauben, wird Wirklichkeit. Wir erschaffen das, wovon wir überzeugt sind. Es ist also wichtig, herauszufinden, wovon wir überzeugt sind. Einige unserer Überzeugungen kennen wir, sie befinden sich an der Oberfläche unseres Denkens, andere sind unbewusst. Tief sitzende negative innere Glaubenssätze sind praktisch immer unbewusst. Indem wir sie bewusst machen, verlieren sie sofort an Macht. In meinem Fall arbeitete ich ein paar Mal mit positiven Sätzen wie: »Ich bin vollkommen und werde geliebt, so wie ich bin.« Aber es war kaum notwendig. Wenn man einmal erkannt hat, dass man eine »Wahrheit« über sich falsch verstanden hat, dass es also keine Wahrheit ist, bricht die alte Überzeugung in sich zusammen. Man ist frei und hat, wie Herr Quaero aus der Geschichte, wieder einmal einen Sandsack an Gewicht verloren.

Interessanterweise hatte ich bei jedem Loslassen eines tief sitzenden Glaubenssatzes auch körperlich das Gefühl, leichter und durchsichtiger zu werden. Solche Phasen der Umwandlung und des Loslassens gehen oft mit Verwirrung, Wut, Tränen und Krankheitsprozessen einher. Als ich mich einmal fürchterlich darüber beschwerte, schenkte mir meine innere Stimme folgende Einsicht:

»Du bist wie der Bauer, der sein Feld pflügt. Das Pflügen ist immer harte Arbeit, schweißtreibend, anstrengend, schwer, aber nicht unbedingt verwirrend, wenn du einmal begreifst, was du gerade tust. Du bereitest den Boden vor. Steine müssen gelockert und an den Rand geworfen werden. Wo Steine sind, darunter kann nichts wachsen. (Ich verstand: Meine negativen inneren Glaubenssätze waren wie riesige Gesteinsbrocken auf dem Feld. Andere, vielleicht kleinere Steine, waren meine verknoteten Beziehungen oder wenn ich jemandem etwas nicht verzeihen konnte.)

Berühre die Steine mit dem Zauberstab deines Geistes, und sie werden sich auflösen! (Diese Formulierung entzückte mich: Der Zauberstab meines Geistes! Denn es stimmte ja, durch Achtsamkeit gegenüber meinen Gedanken, durch das Auflösen von Knoten mit ›The Work‹ und der ›Was-Frage‹, durch meine Bereitschaft, mir mein Leben immer wieder anzusehen und anderen zu verzeihen, löste ich die Steine auf meinem Feld auf.)

Der kluge Bauer bestellt regelmäßig sein Feld. Im Frühjahr pflügt er und säubert den Boden. Du wirst auf deinem Feld nach und nach immer weniger Steine finden. Die Arbeit wird leichter. Und du bekommst Erfahrung als Bauer. Mit jedem Jahr weißt du mehr.

Wenn du den Boden gelockert hast, bringst du die richtigen Nährstoffe in den Boden. (Dies waren also positive Gedanken, Affirmationen, innere Bilder und Visionen, aber auch gute Werke.) Und dann lässt du Mutter Natur machen. Was du auf gutem Boden gesät hast, wird auch eine gute Ernte bringen.

Immer klagst du, wenn es ans Pflügen geht. Es ist aber notwendige Arbeit. Manche arbeiten mit der Hand, andere mit der Schaufel, wieder andere setzen sich auf einen Traktor. Ich habe nichts gegen moderne Technik. Setz dich auf einen Traktor, wenn dir das die Arbeit erleichtert. Mach es dir leicht.« (Der »Traktor«, so verstand ich, waren all die Techniken, die mir dabei halfen, Glaubenssätze, Muster, Programmierungen und negative Gedanken aufzulösen.)

Nach dieser Eingebung wurde mir die Arbeit des Pflügens leichter. Wenn wir nichts tun und unser Feld voller Steine lassen, stoßen wir uns dauernd die Zehen und auf unserem Feld kann nichts wachsen. Diese uralten Bilder waren für mich sofort einsichtig und verständlich.

Äußere Schönheit und innerer Glaube

Ich bin davon überzeugt, dass jede Frau schön ist. Es gibt keine hässlichen Frauen. Aber wir sind nicht in der Lage, dies zu glauben. Dafür gibt es viele Gründe. Einer der wichtigsten: Unser Schönheitsideal ist genormt. Wenn ich Frauenzeitschriften durchblättere, bin ich entsetzt darüber, welches Schönheitsideal Frauen hier aufgedrückt wird.

Die Fotomodelle, mit denen die Mode-Industrie arbeitet, sind zwischen 14 und 21 Jahre alt. 80 Prozent dieser jungen Mädchen haben schwer wiegende Essstörungen (Magersucht und / oder Bulimie), da sie ein Gewicht halten müssen, das in keiner Weise ihrer Knochenstruktur entspricht. Fotomodelle aus den USA haben spätestens mit 16 Jahren etwa zwei Schönheitsoperationen hinter sich; Fett-Absaugen an den Oberschenkeln und Nase-Verkleinern gehören dabei zu den häufigsten. Als ich eine mit mir befreundete Agentin befragte, wer diesen krankhaften Zustand eigentlich aufrechterhalte, sagte sie: »Der Kunde wünscht das so. In kleinen Größen schauen die Kleider besser aus als in großen.« Natürlich: In Schuhgeschäften werden die Schuhe auch in Größe 36 und nicht in Größe 42 ins Schaufenster gestellt. Dennoch gab mir dieser Satz zu denken. Noch vor vierzig oder fünfzig Jahren zu Zeiten von Marilyn Monroe und Jane Russell durften Frauen einen schönen, weiblichen Körper haben. Und die Kleider verkauften sich ebenfalls gut. Frauen haben es immer geliebt, sich modisch anzuziehen, und haben immer Geld für Kleider ausgegeben, auch als die Models noch nicht wie Skelette aussahen.

Wenn ich heute eine Modezeitschrift durchblättere, fröstelt es mich. Nie und um nichts in der Welt möchte ich so aussehen wie diese armen, verhungerten, knochigen Geschöpfe auf den Fotos. Ich finde in diesen Fotos keine Harmonie und keine Ästhetik. Die meisten Mädchen sind blass, krank, körperlich zerrüttet, viele von ihnen nehmen Drogen, ebenso wie die Fotografen. Zum Glück gibt es einige wirklich rühmliche Ausnahmen wie etwa Claudia Schiffer und Cindy Crawford – die tatsächlich Harmonie, Gesundheit und Ästhetik ausstrahlen.

Hinzu kommt für mich, dass die meisten Models Teenager sind, fast im Alter meiner Tochter – ich aber bin eine sehr schöne, sehr weibliche Frau um die vierzig.

Solche Frauen tauchen in der Modewelt nicht mehr auf. Sie sind dort bereits mumifiziert. Und dennoch lebe ich sehr intensiv und fühle mich schöner, weiblicher, selbstbewusster und gesünder als mit zwanzig. Obwohl die Frauenzeitschriften uns ständig suggerieren, dass sie eine Art Freundin für uns sind, habe ich Schwierigkeiten, das zu glauben. Viele Jahre lang habe ich für Frauenzeitschriften gearbeitet, und einige Chefredakteurinnen und Redakteurinnen sind gute Freunde von mir. Im Textteil haben viele dieser Frauen ein ausgezeichnetes Gespür für die Psychologie und das Wesen von Frauen, ebenso wie für ihre Wünsche und Sehnsüchte. Aber im Modeteil und auf den Fotostrecken wird all dies zunichte gemacht. Warum?

Mode ist Zeitgeist. Der Zeitgeist besteht mit einer kindlichen, wilden und oft sehr dummen Vehemenz darauf, dass die Dinge so oder so sein müssten: dick oder dünn, schwarz oder weiß, kariert, gestrickt, gelockt, unbedingt mit Pelz oder unbedingt ohne Pelz, je nachdem, was der Zeitgeist gerade verlangt. Es ist ein sehr kindliches Spiel, das mit einem verzweifelten Ernst gespielt wird, als ahnten die Menschen, die sich damit beschäftigen, dass diese Spiele keinerlei Bedeutung haben. Der Zeitgeist ist eine Art Götze, den man anbeten kann oder nicht. Wir werden am Ende unseres Lebens unseren eigenen Wert nicht daran messen, ob wir zu einer Party in einem pinkfarbenen oder in einem blauen Rock erschienen sind. Wir werden herausfinden, was wirklich zählt, und Stil- und Geschmacksfragen werden wahrscheinlich nicht auf unserer Liste stehen.

Eine Geschichte aus dem Osten: Ein Schafhirt begegnete einem jungen Mädchen, das ein klappriges, altes Pferd am

Zaum führte. »Wo willst du denn mit dem alten Klepper hin?«, fragte der Schafhirt. »Ach, wir gehen in die Stadt«, antwortete das Mädchen, »ich habe einen Sattel aus Goldbrokat für ihn anfertigen lassen.« »Du liebe Güte«, erregte sich der Schafhirt, »warum willst du einen Sattel für zwanzig Goldstücke auf einen Klepper legen, der nicht mal ein halbes Goldstück wert ist? Investier lieber in ein besseres Pferd!«

Das Pferd ist unser Wesen. Der Schafhirt meint, wir sollten lieber an der Veredelung und Vervollkommnung unseres Wesens arbeiten als an Äußerlichkeiten. Aber wir können beides haben, ein edles Pferd und einen wunderschönen Sattel. Doch dafür müssen wir eine gefestigte Geisteshaltung haben, wir müssen Prioritäten setzen, wir müssen unterscheiden lernen zwischen Zeitgeist und wahren Werten, die immer gültig sind.

Modemacher und Moderedaktionen leben in einer Welt für sich, die rigoros vom Zeitgeist regiert wird. Es gibt kein Entkommen aus dieser Welt: Denn entweder man ist drinnen oder man ist draußen, man ist »in« oder »out«. Wenn man drinnen sein will, unterwirft man sich den Gesetzen einer wirklichkeitsfremden Kunstwelt. Die Schönheit, die hier proklamiert wird, ist zerstörerisch. Sie zerstört Teenager, junge Mädchen, die noch nicht viel vom Leben wissen, geistig, seelisch und körperlich.

Meine Tochter Camilla, die zum Glück mit einem gesunden Selbstbewusstsein ausgestattet ist, erzählt mir, dass sich in ihrer Klasse fast alle Mädchen zu dick finden und dass es bei ihnen bereits mehrere Fälle von Magersucht gibt. In Zeitschriften wie dem »Stern« wird von diesem Phänomen in großen Aufmacherreportagen berichtet. Doch zwei Seiten weiter befindet sich dann eine seitenlange Fotostrecke mit minderjährigen, abgemagerten Models in verzerrten Posen. Das ist Zeitgeist! Und das ist auch ein sicheres Zeichen von mangeln-

121

der Integrität. Wir zeigen Missstände auf und zementieren sie zwei Seiten später. Wir leben nicht das, was wir sagen. Und das ist einer der Gründe, warum unsere Kinder zu Recht rebellieren und uns nicht glauben. Wir sind keine guten Vorbilder.

In der Grundschule meiner Tochter Lovis wurde in dem Fach Heimat- und Sachkunde auch Ernährungslehre durchgenommen. Sie kam stolz nach Hause und erklärte mir ausführlich, dass sie von nun an mehr Obst und Gemüse essen wollte. Die Kinder hatten alle gesunden Lebensmittel auf eine große Seite zeichnen und bunt anmalen müssen. Im Schulkiosk der Grundschule meiner Tochter wird nicht ein einziges dieser gesunden Nahrungsmittel angeboten: Den Kindern werden Pommes und Pizza, Schokoriegel und Weingummi verkauft. Auch dies ist ein klarer Fall von mangelnder Integrität. Wie können Kinder uns vertrauen? Wie können wir glauben, dass sie das, was wir lehren, auch annehmen, wenn die Wirklichkeit ganz anders aussieht? Erwachsene verkaufen Kindern im Unterricht ein Wissen, welches, sobald sie auch nur den Schulflur hinuntergehen, ad absurdum geführt wird – von den gleichen Erwachsenen. Wir predigen, aber wir handeln nicht danach.

Doch zurück zur Mode. Einer meiner raren Ausflüge in die Welt der Modemacher hat mich einiges gelehrt. Vor einigen Jahren schrieb ich gemeinsam mit meinem Mann für eine Frauenzeitschrift einen Artikel über Shiatsu. Wir sollten bei einem Shiatsu-Therapeuten eine partnerschaftliche Shiatsu-Massage lernen und dann darüber schreiben. Der Artikel sollte mit Fotos von uns, den Autoren, und dem Shiatsu-Therapeuten während unserer gemeinsamen Arbeit illustriert werden, und so wurden wir zu einem Termin ins Fotostudio bestellt. Der Fotograf arbeitete normalerweise nur mit professionellen Models. Nachdem ich etwa anderthalb Stunden geschminkt worden war, kam er in die Garderobe, taxierte mich abschätzend und sagte zu der Make-up-Artistin: »Kannst du da nicht noch irgendetwas machen?« Ich blickte mich im Spiegel an. Unter all der Schminke sah mein Gesicht fremd aus. Der Fotograf und ich begegneten uns zu keiner Minute auf einer menschlichen Ebene. Er hatte mich noch nicht einmal begrüßt. Für ihn war ich eine Art Möbelstück, das er verkaufen musste. Und ich sah nicht so aus wie die Möbel, die er normalerweise verkaufte. Ich wollte mich wehren, irgendetwas sagen. Ich war es nicht gewohnt, als Möbel behandelt zu werden. Aber ich schloss meinen Mund. Er musste mich fotografieren und für den Rest des Nachmittags würde er mich wie ein zweitklassiges Möbelstück behandeln, das er unter Einsatz seines ganzen Könnens wie ein erstklassiges würde aussehen lassen müssen. Und so geschah es.

Ich ging jedoch aus dieser Erfahrung ziemlich unberührt und ohne größeren Schaden an meinem Selbstwertgefühl hervor. Warum? Ich glaubte dem Fotografen nicht. »Das Wesentliche ist für die Augen unsichtbar, man sieht nur mit dem Herzen wirklich gut«, lässt Saint-Exupéry den kleinen Prinzen sagen. Das glaube auch ich.

Die Schönheit, die ich vermittle und die ich ausstrahle, ist nicht zerstörerisch. Sie nährt sich aus einer inneren Quelle, aus meinen guten Gedanken, meinem Herzen, meiner Liebe und meinem Mitgefühl für mich selbst und für andere. Oftmals haben mich Menschen in Seminaren, ja sogar auf der Straße angesprochen, um mir zu sagen, wie angenehm meine Ausstrahlung ist, wie schön ich bin oder was für ein Charisma ich habe. Diesen Menschen glaube ich. Ihr Blick war nicht betrübt. Sie taxierten mich nicht wie ein Möbel, sondern wie einen lebendigen Menschen.

Wenn Sie meinen Weg der inneren und der äußeren Schönheit einschlagen, dann investieren Sie zunächst in das Pferd und dann erst in das Zaumzeug. Denn der Weg führt immer von innen nach außen. Die Schönheit, die ich anstrebe, beruht auf einem Gleichgewicht zwischen Herzensqualitäten und äußerer Darstellung, einem Gleichgewicht zwischen innerem Selbstwertgefühl und öffentlichem Auftritt. Wenn wir unsere inneren Quellen anzapfen, müssen wir das Alter nicht fürchten. Eine seelenschöne Frau hat auch im Alter eine starke Ausstrahlung.

Es gibt viele Wege, die dorthin führen, und im Laufe dieses Buches werde ich alle die, die mir sinnvoll und praktisch erscheinen, aufzeigen. Doch der Geist, unsere Gedanken und Überzeugungen sind der Ausgangspunkt. Ob Sie schön sind oder nicht, ist zunächst eine reine Glaubensfrage. Wenden Sie sich ab von den Medien, den Models und dem Zeitgeist und eine Weile lang sich selbst zu.

Wenn Ihnen bei dem Satz »Ich bin eine strahlend schöne Frau« der Atem stockt und Sie innerlich den Kopf schütteln, liegt dort wahrscheinlich ein negativer Glaubenssatz verborgen. Ich kann Ihnen nicht sagen, wo die Wurzel zu diesem Glaubenssatz liegt. Aber Sie finden es heraus, wenn Sie über Folgendes nachdenken:

- Wie war Ihre Beziehung zu Ihrer ersten großen Liebe – Ihrem Vater? Liebte er Sie? Erinnern Sie sich an Bemerkungen, die er über Ihr Aussehen machte?
- Wie wichtig war Ihrer Mutter ihr eigenes Äußeres? Pflegte sie sich? Welche Ansichten und Werte gab sie Ihnen mit im Bezug auf Körper, Aussehen und Sexualität?
- Gab es Geschwister, Freundinnen, Vorbilder in Ihrem Leben, deren Äußeres Sie bewunderten? Wurden Sie als Kind wegen irgendeines körperlichen Merkmals gehänselt?

Kinder haben keine Wertvorstellungen über ihren Körper. Als kleine Kinder sind wir unschuldig. Unsere Körper sind wunderbar, sie dienen uns zum Klettern, Hüpfen, Laufen, Raufen und sind ein ständiger Quell der Freude für uns. Kein Kind denkt: »Oh, meine Beine sind zu kurz, mein Po ist zu dick!« Diese Urteile übernehmen wir entweder von Erwachsenen, älteren Geschwistern oder von älteren Kindern im Kindergarten oder in der Schule. Hier werden die ersten und am tiefsten sitzenden negativen Glaubenssätze geboren. Immer sind sie verbunden mit einer Art Trauma: Wir sind gehänselt worden, wir fühlten uns unverbunden, allein oder auch anders als die anderen. Wir fielen aus dem Paradies. Aus diesem Grund ist die Wirkung negativer Glaubenssätze so stark. Natürlich haben wir auch viel Gutes über uns und unsere Körper gehört. Aber diese Komplimente waren nicht mit einem Trauma, mit Tränen oder emotionalen Schmerzen verbunden. Nicht immer gelingt es uns, das auslösende Moment für unser Trauma zu finden. Das ist auch nicht notwendig.

Ersparen Sie sich jahrelange Therapien. Wenn Sie damit beginnen, alle negativen Gedanken, die Sie über Ihr Äußeres hegen, auszuschalten und dafür positive Gedanken einladen, werden Sie nach einer Weile ganz von allein auf Ihre tief sitzenden Glaubenssätze und Überzeugungen stoßen.

Es ist nicht notwendig, im Schlamm zu wühlen. Sie müssen sich nur konsequent dem Licht zuwenden und die Schatten verschwinden von allein.

Unser Unterbewusstsein funktioniert ähnlich wie ein Computer. Vielleicht hat Ihr erster Freund Ihnen beim ersten Mal im Bett gesagt, dass er Ihre Beine zu dick findet. Das ist eine typische negative Programmierung. Sie ist als ein negatives Programm in Ihrem Unterbewusstsein gespeichert. Sie können sie nicht löschen. Das ist nicht möglich. Sie können sie aber mit positiven Eingaben überlagern. Vielleicht haben Sie viele Komplimente über Ihren Busen bekommen. Wenn Sie sich an diese erinnern, verliert nach und nach die andere Bemerkung an Gewicht und an Bedeutung. Das Prinzip ist immer das Gleiche: Sie betonen nicht das Negative. Sie suchen nicht die Schatten. Sie wenden sich dem Licht zu, und der Schatten verschwindet.

Ich selbst habe einen kleinen Busen und müsste längst ein Trauma deswegen haben. Aber ich liebe meinen Körper. Ich habe wundervolle lange Beine, und mein Busen passt gut zu dem Rest meiner Figur. Wir sind wie aus einem Guss. Alle Körperteile von mir gehören zusammen und bilden eine harmonische Einheit – etwa so, als wären wir eine Familie. Wir halten zusammen. Niemand wird ausgestoßen, ausgelacht, verhöhnt oder als minderwertig erachtet. Jeder hat seine Funktion, seinen Stolz, seine Vorzüge. Wenn ein Sexpartner jemanden aus meiner Familie nicht mag, ist das definitiv sein Problem. Denn ich liebe meine Familie.

Eine meiner Lieblingsaffirmationen über mein Aussehen lautet: »Meine Schönheit fließt von innen nach außen, ich habe Charisma und ich habe Kraft.« Sagen Sie sich auch ab und zu: »Ich bin kostbar und schön.«

Imaginieren Sie sich dabei tatsächlich als strahlend, schön, kostbar wie ein funkelnder Diamant. Diese Visualisation wird Ihnen leichter fallen, wenn Sie liebevoll sind und Ihre Gedanken ohnehin immer wieder reinigen. Sie können sich dann tatsächlich in sich selbst verlieben, und dies ist die Grundlage, auf der Sie andere lieben können.

Überwältigende Gefühle

Manchmal kommen Menschen in meine Seminare und fragen mich: »Was machst du mit deinen Gefühlen? Bist du nicht auch manchmal neidisch oder eifersüchtig? Wirst du nie wütend?«

Antwort: »Oh, ja!« Gerade weil ich diese Gefühle so gut kenne, bin ich seit jeher hoch interessiert an allen Methoden, die mir helfen, besser damit umzugehen. Was ich Ihnen in diesem Kapitel vorstellen möchte, sind meine »Best-of-Methoden«, um mit überwältigenden Gefühlen wie Sorge, Ärger, Wut, Neid und Eifersucht zurechtzukommen.

Unsere Gefühle werden durch unsere Gedanken angefeuert, insofern hat mir das Training der »Gedankenselektion« immer wieder geholfen, übermächtige Gefühle in den Griff zu bekommen. Gefühle wie Sorge, Eifersucht, Neid entstehen fast immer auf Grund einer negativen Gedankenspirale. Ein übermächtiges Gefühl, mit dem ich öfter zu tun habe, ist die Sorge um meine Kinder.

Im letzten Winter, kurz nach der Zeitumstellung, als es gerade begann, sehr früh dunkel zu werden, waren meine Kinder im Kino. Ich wusste nicht, dass der Film Überlänge hatte, und machte mir große Sorgen, als sie nach zweieinhalb Stunden immer noch nicht zu Hause waren. Mein Mann und ich fuhren zum Kino und versuchten, die beiden zu finden. Der Film lief allerdings in einer großen Kinoanlage mit min-

127

destens sechs Ausgängen, Cafés und Restaurants. Beständig strömten Leute ein und aus, unsere Kinder waren jedoch nicht dabei. An der Kasse erfuhren wir, dass der Film bereits aus war. Jetzt geriet ich erst recht in Panik. Die Gedanken, die sich in meinem Kopf beständig im Kreis drehten, lauteten etwa so: »Alle Kinder sitzen um diese Uhrzeit sicher zu Hause, nur meine nicht. Ich hätte ihnen nie erlauben dürfen, in einen Film zu gehen, der erst so spät endet. Ich sehe kein einziges Kind mehr allein auf der Straße. Niemand in der Großstadt lässt seine minderjährigen Kinder noch auf die Straße, wenn es dunkel wird. Nur ich. Ich bin eine schlechte Mutter. Wenn ihnen etwas zustößt, werde ich mir das nie verzeihen. Vielleicht hat jemand sie angesprochen? Oder sogar ins Auto eingeladen?«

All diese Gedanken ließen meine Angst, Sorge und Panik immer noch mehr aufflammen. Ich war nicht in der Lage, meine Gedanken zu stoppen oder zu ändern, und so wurde ich von dem Gefühl der Angst und der Sorge überflutet. Ich saß schluchzend im Auto, während mein Liebster beruhigend auf mich einredete. Er behauptete, die Kinder hätten wahrscheinlich einen anderen Weg nach Hause genommen und seien längst dort. So war es dann auch.

Wenn Sie Sorge, Wut, Ärger frühzeitig stoppen wollen, dann achten Sie auf Ihre Gedanken. Sehr oft ist die Wirklichkeit überhaupt nicht so, wie wir sie uns in Gedanken vorstellen. Der Partner, der zu spät kommt und den wir vor unserem inneren Auge bereits im Krankenhaus vermuten oder wahlweise beim Sex mit einer anderen Frau, steht tatsächlich nur im Stau. Die Kinder, die wir bereits entführt wähnen, sitzen vor einer Tüte Pommes frites bei MacDonald's. Mit unseren Gedanken projizieren wir eine Zukunftsvision, die so nie eintritt.

Einige sofortige Maßnahmen, die man treffen kann: 1. Die

Spirale der negativen Gedanken stoppen. (»Ich entsage diesen Gedanken.«) 2. Sich seines Atems und seines Körpers bewusst werden und zurück in den jetzigen Moment kommen. 3. Sich fragen: »Werde ich heute in einem Jahr noch über die Sache nachdenken, mir Sorgen machen, mich ärgern?«

Bei kleineren Vorfällen können diese Maßnahmen aus dem geistigen Erste-Hilfe-Koffer sofort wirken. Im oben beschriebenen Fall war ich jedoch nicht mehr in der Lage, meine Gedanken zu ändern. Ich konnte meine Gedanken nicht stoppen und öffnete damit meinen Gefühlen von Angst und Sorge Tür und Tor.

Eine Methode, um mit allmächtigen Gefühlen umzugehen, hat der amerikanische Psychologe Roger J. Callahan gefunden. Er beschreibt sie ausführlich in seinem Buch »Der unwiderstehliche Drang«. Ich habe erst vor einigen Monaten damit begonnen, sie an mir selbst auszuprobieren, und festgestellt, dass sie ausgezeichnet funktioniert.

Als ich kürzlich wieder einmal meine Tochter suchte, probierte ich sie gleich aus. Lovis war an einem regnerischen Sonntagnachmittag mit einer Freundin zum Spielplatz gegangen, und als ich sie dort wieder abholen wollte, waren beide verschwunden. Mein Sorge-Symptom setzte sofort ein, aber ich achtete dieses Mal sehr stark auf meine Gedanken. Während die ersten Angstgefühle in mir aufstiegen, klopfte ich mit den Fingerkuppen meiner Hände auf einen Punkt unterhalb meiner Augen. Sofort wurde ich ruhiger. Ich wiederholte diese und noch eine andere weiterführende Methode von Dr. Callahan, während ich die Plätze absuchte, an denen die beiden Mädchen vielleicht spielten. Als ich nach Hause ging, ohne sie gefunden zu haben, war ich erstaunlich ruhig. Mein Mann kam mir kurz vor dem Haus entgegen, um mir zu sagen, dass die Kinder bereits zu Hause seien.

Callahans Methode besteht im Wesentlichen daraus, dass

man bestimmte Stellen unter den Augen, an der Hand, auf der Brust zart klopft, während man sich in der Situation befindet – oder sich die Situation vorstellt, die normalerweise die überwältigenden Gefühle auslöst. Obwohl sich bei dieser Behandlung eine Verbindung zu den Akupunkturpunkten der chinesischen Medizin und zur Kinesiologie findet, gibt es aus medizinischer Sicht keine Erklärung für den Erfolg von Callahans Methode. Ich habe allerdings immer wieder festgestellt, dass Therapien und Verfahren, die von Schulmedizinern verhöhnt wurden, bei mir und in meiner Umgebung ausgezeichnete Resultate erbrachten, und verlasse mich seither fast nur noch auf meine eigenen Erfahrungen. Die Wissenschaft der heutigen Zeit ist zu langsam und zu konservativ für meinen aufgeschlossenen, neugierigen und forschenden Geist.

Nicht immer werden wir jedoch von unseren Gefühlen überwältigt. Manchmal ist es genau umgekehrt, wir unterdrücken unsere Gefühle. Dann wiederum ist es wichtig, diese wahrzunehmen.

Neulich ging ich zu einem Vortrag in einer Buchhandlung. Eine Freundin von mir hatte den Vortrag für ihren Lehrer organisiert. Ich kenne ihren Lehrer von einem Seminar und schätze ihn sehr. Dennoch war ich an dem Thema des Abends nicht sonderlich interessiert. Doch ich folgte ihrer Einladung, um ihr eine Freude zu machen. Da ich selbst immer wieder Vorträge organisierte, weiß ich, wie sehr man bekannte Gesichter zu schätzen weiß und wie wichtig es ist, ein volles Haus zu haben.

An diesem Abend wurde der Vortrag jedoch von einem Mann gehalten, der mir gänzlich unbekannt war. Er war in allerletzter Minute als Ersatz eingesprungen, weil der Lehrer meiner Freundin krank geworden war. Der Vortrag des Ersatzmannes war entsetzlich langweilig und bot keinerlei neue

Informationen für mich. Ich ärgerte mich furchtbar, dass ich gekommen war. Zudem fiel es mir schwer, meine Gedanken im Zaum zu halten, und innerlich kritisierte ich den Redner unentwegt. Nach etwa zehn Minuten, in denen ich immer ärgerlicher und kritischer wurde, rief ich innerlich laut »Stopp!«. Dann fragte ich mich: »Was tue ich hier? Was passiert gerade?« Ich horchte einfach nur still in mich hinein und auf meine Gefühle. Zu meinem Erstaunen stieg ein tiefes Gefühl der Enttäuschung aus meinem Herzen auf. Ich hatte es bisher noch gar nicht wahrgenommen und verdrängt. Eine innere Stimme ermunterte mich, das Gefühl zuzulassen und ihm Raum zu geben. Ich gab mich also meiner Enttäuschung hin, die sich als ein seltsam wehmütiges Ziehen in meiner Herzgegend äußerte. Nach einigen Minuten löste sich das Gefühl auf.

Nun verstand ich: ich hatte mich zu diesem Vortrag aufgerafft, allerdings auch darauf gefreut, den Lehrer meiner Freundin wiederzusehen, den ich als einen charismatischen, humorvollen und hellsichtigen Mann kennen gelernt hatte. Als er nicht da war, war ich enttäuscht, hatte aber dieses Gefühl sofort wieder verdrängt. Erst nachdem ich das Gefühl der Enttäuschung zugelassen hatte, konnte ich meinen Ärger über die langweilige Veranstaltung überwinden.

Manche Gefühle kann ich leicht ausleben, es fällt mir nicht schwer, traurig zu sein und zu weinen. Aber ich habe einige Jahre dazu gebraucht, um zu lernen, mit meiner Wut umzugehen.

Vor etwa einem Jahr befand ich mich in einer Situation, in der ich bis zur Erschöpfung versucht hatte, das Richtige zu tun, aber immer wieder gegen »die Wand« gelaufen war. Das Schicksal schien mir einfach jede Antwort und jede Lösung auf mein Problem zu verweigern. Ich wurde ungeheuer zornig auf Gott oder wer immer mir die Antwort auf meine Fragen verweigerte. Kaum hatte ich gewagt, mir einzugestehen, dass ich tatsächlich wütend auf Gott war, geschah etwas Seltsames. Ich erhielt innere Führung, wie ich mich verhalten sollte, um meine Wut auszuleben, und hatte plötzlich das Gefühl, mich in der Hand des besten Therapeuten der Welt zu befinden.

Ich war bebend vor Wut und Zorn nach Hause gekommen. Meine Tochter war bereits zu Hause und wartete auf das Mittagessen. Ich sagte zu ihr: »Camilla, ich bin furchtbar wütend. Es hat nichts mit dir zu tun, aber ich muss mich jetzt erst mal abreagieren. Ich gehe jetzt in mein Schlafzimmer und wenn du mich schreien und toben hörst, sei nicht besorgt und komm nicht herein. Ich muss allein sein.« Camilla grinste nur. Zum Glück sind meine Kinder mit vielen »Verrücktheiten« ihrer Mutter vertraut – und respektieren sie.

In meinem Zimmer boxte ich eine Weile lang auf ein altes Polsterkissen ein und schrie und tobte dabei. Es war merkwürdig, wirklich laut zu schreien, denn mein Zimmer geht auf einen Hinterhof hinaus, und ich bin mir bewusst, dass man auch bei geschlossenen Fenstern meine Schreie hört. Das bremste mich ein wenig, aber dafür boxte ich umso fester.

Schließlich hatte ich genug davon und ging im Zimmer auf und ab. Dabei geriet ich ins Stampfen und eine Weile lang stampfte ich wie verrückt auf den Boden. Es begann, Spaß zu machen. Ich spürte, wie eine mächtige Energie von meinem Kreuzbein aus die Wirbelsäule hochstieg. Ich hatte schon oft gelesen, dass Wut eigentlich eine Form von Energie ist, aber jetzt konnte ich dies zum ersten Mal körperlich nachvollziehen. Es fühlte sich äußerst kraftvoll und positiv an – als käme ich zum ersten Mal wirklich in meine eigene Kraft.

Ich legte »Has anybody seen my Baby?« von der »Bridges-to-Babylon«-CD der Rolling Stones auf und begann zu tanzen. Tanzen ist für mich seit jeher der beste Weg, um meine

Gefühle herauszulassen. Diesmal drehte ich die Musik auf volle Lautstärke und tanzte und schrie, bis ich atemlos und vollkommen erschöpft auf dem Fußboden liegen blieb. Und dann begann ich zu weinen. Eine Flut von Tränen strömte aus meinen Augen und spülte den Schmerz und das Gift der Enttäuschung aus meiner Brust und aus meinem Herzen.

Danach kochte ich Mittagessen für meine Tochter. Nach dem Essen begab ich mich auf einen langen Spaziergang in den Englischen Garten. Mein Geist war jetzt so ruhig und klar wie die Oberfläche eines stillen Sees, und in dieser Haltung empfing ich tiefe Einsichten über mich und mein Leben, die mir vieles erklärten und mich zutiefst berührten.

Seit diesem Vorfall verstehe ich, dass Wut ein Gefühl voller Kraft und Energie ist. Wenn wir diese Kraft gegen jemanden richten, kann sie viel Schaden anrichten. Wenn wir aber lernen, diese Energie zu kanalisieren, können wir sie für uns selbst nutzen.

Manchmal muss man seiner Wut sagen: »Warte noch ein Weilchen, bis wir zu Hause sind«, aber dann will sie irgendwann angehört und gelebt werden.

Wir befinden uns in einer Gesellschaft, in der es schwierig ist, seine Wut kontrolliert auszuleben. Das fängt schon damit an, dass es keinen Ort gibt, an dem man wirklich schreien kann. Wie oft schon habe ich mir »Schrei-Räume« in meinem Leben gewünscht! Und es gibt auch keinen Platz in der freien Natur, an dem man ungestört sitzen und aus vollem Herzen schluchzen und weinen kann. Zumindest nicht, wenn man wie ich in der Großstadt wohnt. Aber Not macht erfinderisch. Ich habe festgestellt, dass Stampfen, Schreien, Boxen, Tanzen, Schlagzeug-Spielen und leichtes Joggen gute Katalysatoren sind, um Wut herauszulassen. Die Musiktherapeutin Stephanie Merritt empfiehlt heftiges Dirigieren (z.B. nach Beethovens Ouvertüre zu Egmont). Ich habe das noch nicht ausprobiert, kann mir aber vorstellen, dass es sehr wirksam ist, vor allem, wenn man mit klassischer Musik vertraut ist. Die große Sterbeforscherin Elisabeth Kübler-Ross ließ in ihren Seminaren die Teilnehmer mit einem Knüppel auf alte Telefonbücher einschlagen.

Ist das albern? Im ersten Moment schon. Aber wenn man es tut, fühlt es sich irgendwann mittendrin vollkommen gesund an. Die Wut entpuppt sich als Energie und Kraft, die man für sich nutzen kann. Man segelt mit dem Wind, statt sich gegen den Sturm zu stemmen. Man nutzt etwas, statt es zu verdammen. Und das Beste ist: Wann immer man seine Wut kanalisiert ausgelebt hat, gerät man in einen sehr klaren Zustand, in dem man plötzlich ganz leicht Erklärungen und Lösungen für seine Probleme findet.

Das Boxkissen in meinem großen leeren Schlafzimmer wird inzwischen auch sehr häufig von meinen Kindern benutzt. Ich ermuntere sie dazu, ihre Wut und ihre Gefühle in das Polsterkissen zu boxen und so laut zu schreien, wie sie wollen. Oft dauert so ein Ausbruch nicht länger als zwei, drei Minuten und dann liegen sie still in meinen Armen und sind zufrieden. Meist erfahre ich gar nicht genau den Hintergrund ihrer Wut. Gerade Kinder müssen in der Schule sehr oft ihre Gefühle unterdrücken. Manchmal wissen sie nicht genau, welche Gefühle das waren, aber darauf kommt es nicht an. Unser Boxkissen ist ohnehin ein guter und verschwiegener Freund.

Ein Gefühl, das mich immer wieder plagt, ist Neid. Ich kann sehr neidisch sein auf Menschen, die es meiner Ansicht nach »geschafft« haben, während ich furchtbar viel arbeiten muss, um Erfolge auf der mittleren Ebene zu erzielen. Vielleicht muss ich das Wort »Neid« noch ein wenig besser definieren. Wenn ich neidisch bin, missgönne ich einer anderen Person nicht ihr Glück, ihren Erfolg oder ihren Reichtum. Ich will all das nur ebenfalls haben. Neidgefühle sind unange-nehme Gesellen. Sie verursachen mir das Gefühl, schlecht zu sein, klein zu sein, minderwertig zu sein. Sie bringen mich dazu, die andere Person herabzusetzen, damit ich wenigstens ein bisschen größer werde.

Neulich sagte ich zu meinem Mann über eine Buchauto-rin und Kollegin von mir, die ich kennen gelernt hatte und die eine bekannte Bestsellerautorin ist: »Oh, ich möchte nie mit ihr tauschen. Sie lebt ganz allein, sie hat keine Familie, sie schreibt dreizehn Stunden am Tag – und ist wahrscheinlich furchtbar unglücklich.« Später, als ich darüber nachdachte, ging mir auf, dass aus mir nur der Neid gesprochen hatte. Ich wusste nicht, ob sie glücklich war, sie hatte eigentlich nicht besonders unglücklich auf mich gewirkt. Vielleicht wünschte sie sich auch gar keine Familie. Aber hier saß ich am Küchen-tisch und fällte Urteile über ihr Leben. Ich musste sie ein we-nig kleiner machen, um mir nicht gar so unscheinbar und nichtig als Autorin vorzukommen. Wenigstens sollte sie ein unbefriedigendes Privatleben haben, während ich mich im Reichtum meiner Familie sonnte!

Ich habe den »Neid« schon oft in meinem Inneren hin und her gewendet wie eine seltsam glänzende Münze. Wofür könnte ich sie benutzen? Ist sie überhaupt für irgendetwas gut? Genau genommen zeigt mir mein Neid die Richtung: »Das ist es, was du im tiefsten Innersten deiner Seele auch willst!« Ich wollte zwar nie allein, ohne Partner und ohne Kinder sein, aber ich wollte immer den Erfolg, den Bestseller. Ich wollte auch von meinem Verlag umschmeichelt, einge-laden, gehegt werden, wie das beste Pferd im Stall, der »Ren-ner«.

Ich kann mich nicht erinnern, wo ich es gelesen habe, aber ich fand den Vorschlag genial: Immer wenn wir etwas sehen, das wir innerlich abwerten, obwohl wir es schön finden und gerne selbst hätten, sollen wir uns sagen: »Das wär doch was für mich!« Sie schlendern also ganz gelassen an einem Jaguar vorbei, segnen den Besitzer, der gerade einsteigt und sagen sich: »Das wär doch auch etwas für mich!« Stimmt.

Wenn mir jemand vor meiner Nase eine Parklücke wegschnappt, sage ich jedes Mal laut: »Dies ist ein sicheres Zeichen dafür, dass es hier viele Parkplätze gibt und dass die Fluktuation recht hoch ist.« Tatsächlich finde ich fast immer kurz darauf einen anderen frei werdenden Parkplatz. Das Prinzip ist immer das gleiche. Statt uns innerlich in eine Mangelsituation zu begeben und damit Mangel in unserem Leben zu manifestieren, verkünden wir die Fülle. Und ziehen so die Fülle an.

Vielleicht werden Sie nie so schön aussehen wie die Frau, die Sie beneiden. Aber wenn Sie Ihre Energie von der anderen Frau abziehen und auf sich selbst richten, können Sie eine ganze Menge für sich und Ihr Aussehen tun. Die andere Frau ist dann nur eine Quelle der Motivation für Sie. Sie können sich hinsetzen und ihr ein kleines Dankeschön zusenden. Denn sie hat Sie auf den Weg gebracht.

Unsere Gefühle, und gerade allmächtige Gefühle, werden durch unsere Handlungen verstärkt. Dies ist ein wichtiges Prinzip, das man kennen muss, denn es wirkt überall im Guten wie im Schlechten.

Ich wurde als kleines Kind von einem Pudel gebissen und hatte seither Angst vor Hunden. In den Jahren, in denen ich auf dem Land wohnte, gewöhnte ich mir an, täglich spazieren zu gehen. An einem regnerischen Nachmittag ging ich einen Feldweg entlang, als mich ein großer Hund ansprang und dabei wütend knurrte. Ich erstarrte zu einem Eiszapfen. Es war eine Angstreaktion, aber, wie ich hinterher hörte, das Beste, was ich tun konnte. Der Besitzer war weit und breit nicht zu sehen. In meiner Not sang ich innerlich den Satz, der mir seit vielen Jahren in Fleisch und Blut übergegangen ist: »Gottes Liebe fließt in mir und strahlt von mir zu anderen aus« – und tatsächlich, der Hund ließ von mir ab und sprang davon. Obwohl mir nichts passiert war, ging ich nicht mehr spazieren. Diese »unterlassene« Handlung verstärkte meine Angst noch. Ich begann um alle Hunde einen großen Bogen zu machen. Aber innerlich war mir klar, dass ich lernen musste, meine Angst zu überwinden. Ich musste wieder spazieren gehen. Anfangs zwang ich mich, auf der gleichen Straßenseite zu bleiben, wenn ich einem frei laufenden Hund begegnete. Dann begann ich Hunde, die mir einigermaßen Vertrauen erweckend erschienen, öfter zu streicheln. Jede dieser kleinen Mut-Handlungen machte mir mehr Mut. Schließlich ging ich auch wieder spazieren.

Traumatische Erinnerungen sind mit sehr tiefen Gefühlen verbunden. Je intensiver das negative Gefühl, umso mehr Gewicht hat es. Man kann solch ein Gefühl nicht rational oder logisch widerlegen. Man könnte mir Statistiken vorlegen, wie viel Hunde es gibt und wie viel Prozent der Menschheit von einem Hund gebissen werden – aber es würde mein Gefühl kaum ändern. Meine Erfahrung sagt: Ein Hund ist gefährlich und bedeutet für dich Angst, Schock und Schmerz. Die einzige Möglichkeit, solch einen Glauben zu widerlegen, ist, neue, positive Erfahrungen mit Hunden zu sammeln, welche die alten Erfahrungen widerlegen. Ich kann zwar das alte traumatische Erlebnis nicht löschen, aber ich kann sozusagen »neue Leitungen legen«, die zu neuen positiven Erfahrungen führen. Je mehr ich in dieser Hinsicht unternehme, desto mehr schrumpft meine Angst.

Depressive Menschen neigen dazu, nichts zu tun. Sie ziehen sich zurück, sagen Termine ab, stellen das Telefon auf Anrufbeantworter. Alle diese »Nicht-Handlungen« verstärken die Depression. Sie müssten das Umgekehrte tun: Verabredungen treffen, sich gut anziehen, mit Menschen in Kontakt bleiben, um aus der Depression wieder herauszukommen.

Wenn Sie glauben, nicht in der Öffentlichkeit reden zu können, und sich bei jeder Gelegenheit davor drücken, dann verstärken Sie diesen negativen Glauben in sich. Obwohl diese negative Überzeugung möglicherweise noch nicht einmal von Ihnen selbst stammt. Nirgendwo ist das Auflösen solcher Programmierungen besser beschrieben als in dem Buch »Der Ozeanfrosch« meines Lehrers Pedro de Souza.

Neulich las ich in einem Buch von einem Mann, der erst mit 46 Jahren herausfand, dass er musikalisch war. Eine Musiklehrerin hatte im ersten Schuljahr zu ihm gesagt: »Du bist komplett unmusikalisch.« Seither war er der festen Überzeugung, er könne keinen geraden Ton herausbringen. Als er 46 Jahre alt geworden war, hörte ihn eine Bekannte, die professionelle Sängerin war, zufällig singen. »Du hast eine wunderbare Stimme«, sagte sie zu ihm, »wenn du sie professionell geschult hättest, hättest du Sänger werden können.« Daraufhin begann der Mann in einem Kirchenchor mitzusingen und übernahm bald darauf eine Solostimme.

Wenn wir also einen negativen Glauben über uns ablegen wollen, müssen wir Handlungen ausführen, die diesen Glauben entwaffnen. Ebenso ist es mit allmächtigen Gefühlen. Wenn ich allmächtige Gefühle entwaffnen will, darf ich keine Handlungen unternehmen, die dieses Gefühl noch anfeuern. Wenn Sie auf jemanden sauer sind und beständig darüber reden, werden Sie immer wütender werden.

Eifersucht. Ich weiß, dass Eifersucht, gerade in der Partnerschaft, für viele ein allmächtiges Gefühl ist. Ganz früher dachte ich, es sei irgendwie schick, eifersüchtig zu sein, da ich es als ein Indiz für Leidenschaft wertete. Heute sehe ich das allerdings nicht mehr so.

Das Leben auf dem spirituellen Weg hat mir immer wieder unmissverständlich klargemacht, dass Liebe nicht das Geringste mit Besitzansprüchen zu tun hat. Im Gegenteil, wahre Liebe und Besitzansprüche schließen einander aus.

Am meisten lernte ich über Eifersucht in meinen tantrischen Seminaren. Als mein Mann und ich begannen, Tantra-Seminare zu besuchen, wurden wir sehr schnell mit unserer sexuellen Lust auf einen anderen Partner konfrontiert. Wir waren seit etwa sechs Jahren ein Paar und liebten uns sehr. In den ersten Seminaren blieben wir eng beieinander. Wir führten alle Übungen und Massagen gemeinsam durch und gerieten nur auseinander, wenn eine größere Übung mit der ganzen Gruppe anstand. Viele Menschen glauben, bei Tantra-Seminaren handelte es sich um eine Art spirituellen Swinger-Club. Dies entspricht aber nicht meinen Erfahrungen. Obwohl man sich in tantrischen Übungen, zum Beispiel durch bestimmte Massagetechniken, manchmal näher kommt als beim Sex, werden innerhalb der Seminare niemals Übungen praktiziert, die zum Sex führen. Dies ist ein ungeschriebenes Gesetz aller Tantraschulen und war auch hier nicht anders.

Doch im Umfeld einer Gruppe, die an ihrer Sexualität arbeitet, Hemmungen abbaut, sich sowohl in der Kommunikation über Sex als auch im körperlichen und energetischen Bereich sexuell schult, wurde uns unsere ständige Zweisamkeit bald lästig. Wir schielten nach anderen Partnern. Wir beobachteten neidisch, wie aufregend all diese Übungen für Paare waren, die sich noch nicht so gut kannten wie wir. Schließlich erlaubten wir uns gegenseitig einige Übungen, die nicht allzu intim waren, mit fremden Partnern. Bald schon gingen wir noch einen Schritt weiter. Im zweiten Zyklus eines sehr intensiven Jahrestrainings fanden wir uns praktisch zu keiner einzigen Übung mehr zusammen. Das brachte einige Probleme mit sich, aber wir blieben in ständiger Kommunikation darüber. In jeder Pause, zu jedem Spaziergang und bei jedem Essen trafen wir uns und steckten unsere Grenzen neu ab.

Eines Tages geschah während einer Tantra-Übung etwas Seltsames. Ich hatte die Übung mit meinem Partner bereits beendet, und er hatte den Seminarraum verlassen, um sich einen Schluck Wasser zu holen. Mein Blick schweifte durch den Raum mit den Paaren, die sich aufeinander konzentrierten, und blieb schließlich bei einem Paar hängen. Es war mein Mann in zärtlicher Umarmung mit einer fremden Frau. Mein Herz war in diesem Moment ganz weit. Seit jeher habe ich es so empfunden, dass Tantra in der Lage ist, die Sexualität mit dem Herzen zu verbinden. Ich lauschte in meinen Körper hinein und fand, dass er satt und zufrieden war, ganz und gar angefüllt mit Liebe. Dann warf ich wieder einen Blick auf das Gesicht meines Liebsten. Auch in seinen Zügen konnte ich Glück, Zufriedenheit, Ekstase lesen. Und in diesem Moment machte etwas bei mir »Klick«. Ich war glücklich, weil er glücklich war. Meine Liebe für ihn war groß genug, dass er glücklich sein durfte, egal mit wem, egal unter welchen Umständen.

Diese außergewöhnliche Erfahrung konnte ich nicht andauernd wiederholen. Schwierig wurde es in unserer Beziehung immer, wenn einer von uns zu einem Tantra-Treffen ging, während der andere zu Hause blieb und die damals noch kleinen Kinder hütete. Kam der eine dann freudestrahlend und ekstatisch zurück, während der andere ein stressiges Regenwochenende mit zwei Kleinkindern hinter sich hatte, war der Knatsch vorprogrammiert. Wir bemühten uns zwar stets um Ausgewogenheit, aber die Diskrepanz zwischen dem, was jeder von uns erlebt hatte, war riesig und nicht leicht zu überwinden.

Dennoch haben die sechs Jahre Tantra, die wir gemeinsam

140

und auch manchmal nicht gemeinsam durchlebten, unsere Beziehung entscheidend verändert. Wir sahen uns unsere sexuellen Gelüste an, statt sie zu verdrängen. Wir kommunizierten ständig über das, was wir gerade empfanden, und machten vorsichtige, kleine Schritte in eine Richtung, die uns beiden mehr Freiheit ermöglichte. Dabei schlossen wir andauernd neue Verträge über unsere Liebe und unsere Freundschaft ab, denn wir wollten unsere Beziehung nicht zerstören. Sie erhielt oberste Priorität, während wir uns gleichzeitig erlaubten, Dinge auszuleben, von denen wir schon lange geträumt hatten.

Ich glaube nicht, dass unsere Beziehung für immer frei von Eifersucht sein wird; dies scheint mir ein allzu menschliches Gefühl zu sein. Aber wir führen eine sehr reife, sehr erwachsene und sehr freie Beziehung, um die uns praktisch jeder, der uns näher kennen lernt, beneidet.

Die Wurzel von Eifersucht, wie auch von Neid, Wut und Sorge, ist immer Angst. Die Angst einer Frau, ihren Partner an eine andere zu verlieren, ist heute immer noch gekoppelt an Existenzangst. Jahrhundertelang waren Frauen in der patriarchalen Gesellschaft davon abhängig, einen Mann zu haben, um zu überleben. Bis heute ist die gesellschaftliche und wirtschaftliche Stellung einer Witwe in arabischen Staaten oder in Indien ungesichert und katastrophal. Frauen wurde eingeredet, dass sie ohne Mann »nichts« sind und dass sie ohne Mann nicht überleben können.

Obwohl dies in der modernen westlichen Gesellschaft nicht mehr zutrifft und viele Frauen wirtschaftlich unabhängig sind, wirkt in uns noch die alte Angst. Doch kann auch bei uns der »Verlust« des Mannes mit starken Einbußen einhergehen. Allein erziehende Mütter bewegen sich oft am Rande der Armutsgrenze. Sie können sich kein Auto, keine Urlaube, keine teure Kleidung mehr leisten.

141

Viele Frauen haben Angst, älter zu werden und ihre sexuelle Attraktivität zu verlieren, weil sie Sorge haben, ihr Mann könne sich einer Jüngeren zuwenden. Beispiele dafür gibt es mehr als genug.

Ich selbst genieße es, im Herbst in der Abenddämmerung Spaziergänge mit meinem Mann am Isar-Ufer zu unternehmen. Wir suchen einsame Wege auf, um möglichst wenig Menschen zu begegnen und die Schönheit der Natur zu genießen. Nie im Leben käme ich jedoch auf die Idee, diese Wege allein zu gehen. Ohne einen Mann an meiner Seite hätte ich Angst. Einen Mann zu haben bedeutet für eine Frau auch ganz konkret Schutz vor anderen Männern.

Die verschiedensten Ängste der Frauen, ihren Mann zu verlieren, sind also durchaus berechtigt. Es ist gut, sich diese Ängste anzusehen, sie zuzulassen, zu verstehen, anzuhören, vielleicht sogar aufzuschreiben und dann beiseite zu legen. Wir können alle möglichen Versicherungen abschließen, aber nicht mit dem Leben. Es ist unvorhersehbar und wirft uns immer wieder auf uns selbst zurück: auf unseren Mut, unsere Fähigkeit zur Veränderung, unsere Kraft, unsere Talente, unsere schier grenzenlosen Möglichkeiten, dem Leben immer wieder eine positive Wendung zu geben.

Eifersucht bei Männern hat einen anderen Hintergrund als bei Frauen. Sie hat bis zum heutigen Tage etwas mit Besitz zu tun. Wenn ein Mann einem anderen Mann die Frau, sprich: seinen Besitz, stiehlt, hat dieser das Recht, sich dagegen zu wehren. Statistisch gesehen werden die meisten Morde innerhalb von Familien und Beziehungen aus Eifersucht begangen. Eifersucht gehört damit auf jeden Fall zu den allmächtigen Gefühlen. Gibt es ein Mittel dagegen?

Nur wenn wir unsere Geisteshaltung ändern. Nur wenn wir aufhören zu glauben, dass es an irgendetwas einen ständigen Mangel gibt: an Männern, an Frauen, an Liebe, an sexueller Erfüllung, an Wohlstand. Wenn Sie in einem ständigen Überfluss an sexueller Erfüllung, an männlicher oder weiblicher Energie und Zuwendung, an Liebe und Wohlstand lebten – würden Sie dann noch eifersüchtig sein? Wohl kaum.

So erging es mir an jenem Abend im Tantra-Training, als ich meinen Mann in den Armen einer anderen Frau sah und mich über seine Entspannung und sein Glück ebenso freuen konnte wie über meines. Ich war satt. Ich besaß alles in Hülle und Fülle. Alle Männer dieses Trainings waren bereit gewesen, mir meine Wünsche nach Zärtlichkeit und männlicher Energie zu erfüllen. In diesem paradiesischen Zustand, in dem ich alles besaß und mich nicht nur mit der männlichen Energie, sondern auch mit dem ganzen Universum in Einklang befand, konnte ich Eifersucht nicht verstehen. Für mich war dies ein weiterer Wegweiser in meinem Leben: Wenn ich mich auf Mangel konzentriere, erschaffe ich Mangel in meinem Leben. Aber aus der Fülle meines Selbstwertgefühls, meiner Schönheit, meiner Liebe, meines Mutes und meiner Zuversicht kann ich neue Wirklichkeiten erschaffen, in denen ich nicht leiden muss.

Mein Programm:
- Überwältigende Gefühle wahrnehmen, anschauen, aufschreiben.
- Angstgefühle, Sorgen und Süchte: Probieren Sie die Klopfmethode von Roger Callahan (siehe Literaturempfehlungen).
- Sehr heftige Gefühle wie Wut ausleben, ohne jemandem damit zu schaden: joggen, tanzen, dirigieren, boxen, stampfen usw.
- »The Work« von Byron Katie und die Was-Frage (siehe S. 78 und S. 83) können helfen, die Hintergründe von überwältigenden Gefühlen zu erforschen.

143

- Gefühle werden durch Handlungen verstärkt. Merken Sie sich dieses Prinzip. Sie können Eifersucht und Wut oder Angst durch entsprechende Handlungen hoch schrauben oder durch Unterlassen dieser Handlungen herunterschrauben. Beispiel: Wenn Sie zu Eifersucht neigen und den Partner ständig per Handy kontrollieren, werden Sie noch eifersüchtiger werden.
- Neid weist mir den Weg zu meinen Zielen.
- Eifersucht basiert auf Angst. Was glaube ich zu verlieren, wovor habe ich Angst? Inwiefern haben meine Verlustängste mit meiner Kindheit zu tun (z. B. mit der Angst vor dem Verschwinden von Vater oder Mutter)?

Sich wertvoll fühlen

Immer wieder wird über Selbstwertgefühl gesprochen und geschrieben. Aber was ist Selbstwertgefühl? Für mich ist es ein tiefes Wissen darum, dass ich liebenswert, einzigartig und wertvoll bin, so wie ich gerade bin. Der Nebensatz »so wie ich gerade bin...« ist wichtig, denn normalerweise ist unser Selbstwertgefühl abhängig von vielen Faktoren: wie wir gerade aussehen, ob wir einen Partner an der Seite haben oder nicht, ob wir Kinder besitzen, Freunde haben, Erfolg haben. Es ist schwierig, sein Selbstwertgefühl aufrechtzuerhalten, wenn man sich hässlich fühlt, eine Niederlage eingesteckt hat, der Partner zu einer Freundin gezogen ist. All diese Faktoren sind äußerer Natur, und wir können sie nicht immer kontrollieren: Job, Ehe, Aussehen – egal wie strahlend wir angefangen haben, die Situation kann sich ändern. Und was wird dann aus unserem Selbstwertgefühl?

Vor einigen Jahren wurde mir klar, dass ich mein Selbstwertgefühl aus mir selbst heraus entwickeln musste. Fast mein ganzes Leben lang hatte ich es von äußeren Faktoren abhängig gemacht. Früher waren die Quellen meines Selbstwertgefühls meine Intelligenz und mein gutes Aussehen. Wenn die Männer auf der Straße mir nicht hinterherschauten, war es kein guter Tag für mich. Hin und wieder wurde mir das klar, und so rebellierte ich an manchen Tagen gegen mich selbst: Dann ging ich schlampig angezogen und unge-

145

schminkt aus dem Haus und erwartete auch nicht, dass jemand mir Blicke zuwarf. Wenn es doch jemand tat, war ich verblüfft.

Auch in Bezug auf meine soziale Position, meine gesellschaftliche Stellung, meinen Stellenwert als Journalistin und Autorin war mein Selbstwertgefühl viele Jahre lang starken Schwankungen unterworfen. Phasenweise hatte ich das Gefühl, ein Niemand zu sein, immer wieder von vorn anfangen zu müssen.

Als ich einmal sehr niedergeschlagen war und mir zutiefst wertlos vorkam, fragte mich die Stimme meiner Eingebungen: Was ist wertvoll in deinem Leben?

Eine Fülle von Situationen und Ereignissen zog an meinem inneren Auge vorbei: meine Familie und meine Kinder. Ich habe meine Kinder jahrelang liebevoll aufgezogen. Meine Beziehung zu meinem Mann. Seit dreizehn Jahren führen wir eine tiefe, ehrliche, von Zuneigung, Liebe und Loyalität erfüllte Ehe. Meine Beziehung zu meinem Lehrer Pedro de Souza, der mich gelehrt hat, ein Licht zu sein für die Menschen um mich herum, für meine Freunde, Nachbarn, die Menschen, die in meine Seminare kommen, für die Leser meiner Artikel und Bücher. Ich konnte sehen, dass ich ein Licht bin für meine Verwandten, meine Schwester, meinen Vater und meine Mutter, ja selbst für die Menschen, die für mich als Kindermädchen und Reinigungskraft gearbeitet haben.

Es war, als zeige Gott selbst mir mein Licht – und es hatte nichts damit zu tun, wie viel Bücher ich verkaufte, wie alt mein Auto war, welche Kleider ich trug. Ich konnte meinen Reichtum erfassen und war überwältigt davon. Ich verstand, dass ich mir die Werte in meinem Leben selbst erschuf und dass es für mich darum ging, bei meinem eigenen Wertesystem zu bleiben.

Ich konnte meinen Wert nicht an den Bestsellerlisten, nicht

in den Augen anderer Männer, nicht an der Marke meines Autos, nicht an der Einrichtung meines Büros, nicht an meiner gesellschaftlichen Stellung ablesen. Nichts davon zeigte mir, wer ich wirklich bin. Auch wenn ich das phasenweise und in den Zeiten niedrigen Selbstwertgefühls immer wieder glaubte. Es war eine geistige Verirrung. Nur meine Freundschaft, meine Liebe, meine Beziehung zu meinen Kindern, meinem Mann, meinem Lehrer, meinen Freunden, meiner Verwandtschaft, meinen Lesern, zu den Menschen, die mich umgaben und mit denen ich zusammentraf, konnten mir Auskunft darüber geben, wer ich bin und welchen Wert ich habe.

In dem sehr empfehlenswerten Buch von Dean Ornish, »Heilen mit Liebe«, fand ich folgenden Auszug aus einem Interview mit dem Schauspieler Ralph Finnes, der die männliche Hauptrolle in dem mit mehreren Oscars ausgezeichneten Film »Der englische Patient« spielte. Der Interviewer hatte Finnes gefragt: »Fühlen Sie sich durch Ihre Berühmtheit und Ihren Erfolg nicht von Ihrem früheren Leben und von den Menschen, die Sie geliebt haben, isoliert?«

»Erfolg?« Finnes schaute den Interviewer vernichtend an. »Materiellen Erfolg? Weltlichen Erfolg? Persönlichen, emotionalen Erfolg? Die Menschen, die ich als erfolgreich betrachte, sind auf Grund der Art und Weise erfolgreich, wie sie mit ihrer Verantwortung gegenüber anderen Menschen umgehen, wie sie in die Zukunft blicken und was sie mit ihr anfangen wollen.

Ich bezeichne Menschen nicht auf Grund ihres Geldes oder ihres gesellschaftlichen Erfolges als erfolgreich, sondern weil sie als Menschen über viel Lebensenergie verfügen und ihr Leben dem Zusammenwirken mit anderen Menschen verschrieben haben – mit ihren Müttern und Vätern, ihrer Familie, ihren Freunden, geliebten Menschen, Freunden, die sterben, und Freunden, die geboren werden. »Erfolg?«, wiederholte er nachdrücklich. »Wissen Sie nicht, dass es dabei nur darum geht, anderen Menschen seine Liebe zu zeigen? Nicht, um damit Schlagzeilen zu machen, sondern im alltäglichen Leben. Nach und nach, bei allem, was man tut, mit jeder Geste und jedem Wort.« Solche Worte sind nicht gerade häufig aus Hollywood zu hören. Ich fand sie absolut überwältigend.

Als ich heute Morgen aus dem Haus trat, ging gerade die Sonne auf. Es war ein fast unwirklich intensives, rötlich strahlendes Licht. Ich entdeckte eine Möwe in der Luft, die wie eine orange glühende Fackel durch das klare Blau des Himmels stieß. Dann fiel mein Blick auf ein altes Gebäude aus den Sechzigerjahren, der Schandfleck in unserer Straße, in der sonst nur herrschaftliche Altbauten aus der Jahrhundertwende stehen. In diesem außerordentlichen Morgenlicht, das wie warmer Honig an den Häuserwänden hinabrann, sah der Kastenbau zum ersten Mal schön aus. Ich konnte meinen Blick nicht davon wenden. Mir wurde klar, dass ein solches Licht alles schön macht und dass in einem solchen Licht nichts auf dieser Welt jemals hässlich sein könnte.

Eine meiner Lieblingspassagen von Jesus ist diese: »Ihr seid das Licht der Welt. Es kann die Stadt, die auf einem Berg liegt, nicht verborgen sein. Niemand zündet ein Licht an und setzt es unter einen Scheffel, sondern auf den Leuchter, damit alle, die hineingehen, das Licht sehen. Also lasst euer Licht vor den Leuten leuchten, dass sie eure guten Werke sehen und euren Vater im Himmel preisen.«

An einem Freitagnachmittag war ich bei meiner Kosmetikerin Hannelore. Sehr oft nahm ich den letzten Behandlungstermin, den sie in der Woche anbot. Als Hannelore ihr Geschäft aufmachte, gehörte ich zu ihren ersten Kundinnen. Das ist jetzt fast fünfzehn Jahre her, und natürlich haben wir uns längst angefreundet und duzen uns. An diesem Freitagnachmittag war sie sehr bewegt und erzählte mir vom Tod ihres Vaters. Sie war in einer Nacht- und Nebelaktion von München nach Kiel an sein Krankenbett gefahren und überglücklich gewesen, ihn noch lebend anzutreffen. Er war dann zwar im Krankenhaus, aber im Kreise seiner großen Familie auf eine sehr harmonische Weise gestorben. Wir redeten während der gesamten Behandlung über die Umstände seines Todes. Als ich bereits bezahlt hatte und gehen wollte, sprach Hannelore immer noch über ihn. Ich war ihre letzte Kundin, und so hatte sie Zeit. Doch ich war in großer Eile, denn ich hatte für diesen Abend Gäste zum Abendessen eingeladen und noch nicht einmal die notwendigen Lebensmittel dazu eingekauft. So verabschiedete ich mich ein wenig abrupt, obwohl ich spürte, dass sie noch einiges auf dem Herzen trug.

Kaum war ich auf der Straße, dämmerte mir, dass ich einen Fehler gemacht hatte. Während ich hastig mein Gemüse einkaufte, wusste ich auch schon, was es war: Ich hatte meine Prioritäten vergessen, ich hatte nicht darauf geachtet, worum es wirklich geht in meinem Leben.

Hannelore brauchte keinen Trost von mir. Ihre Familie hatte am Bett des Vaters gebetet; sie war davon überzeugt, dass er sich an einem Ort befand, an dem es ihm gut ging und er glücklich war. Trotzdem hätte ich in ihrem Salon bleiben sollen, bis sie sich alles von der Seele geredet hatte. Es gab für mich in diesem Moment keine andere Aufgabe, als dort zu sein und ihr zuzuhören. Sie brauchte einen Zeugen für all das, was ihr in den letzten Tagen widerfahren war. Sie benötigte einen Menschen, der mit dem Herzen lauschte, mitfühlte, mitempfand, was geschehen war und welche Bedeutung dies in ihrem Leben hatte. Das war es, worum es für mich ging: im richtigen Moment, am richtigen Ort zu tun, was die Liebe gerade gebietet.

Selbst wenn mir, wie in diesem Fall, immer wieder Fehler

dabei unterlaufen, ist dies die Hauptquelle meines Selbstwertgefühls: die Liebe, die ich für mich selbst und für andere habe. Ich bin stolz auf mich, wenn ich es geschafft habe, jemandem zu verzeihen. Ich bewundere mich dafür, dass ich immer wieder bereit bin, die Knoten in meinen Beziehungen aufzulösen. Ich liebe mich für die unzähligen Male, wo ich liebevoll reagiert habe – in Bezug auf mich selbst ebenso wie anderen gegenüber. Ich bin davon überzeugt, dass man in der Lage sein muss, sich in sich selbst zu verlieben, um ein gutes Selbstwertgefühl zu haben. Ich glaube nicht, dass korrupte Politiker sich wirklich in sich selbst verlieben können. Ich kann mir auch nicht vorstellen, dass Menschen, die andere unterjochen oder schikanieren, sich selbst lieben. Es gibt keine Hölle im Jenseits, es gibt nur eine Hölle im Diesseits, und dieser Weg führt mitten hinein. Was man anderen antut, tut man sich selbst an. Denn wir sind nicht so sehr voneinander getrennt, wie es scheint. Hass, Verachtung, Hochmut, extremes Konkurrenzdenken erzeugen ein starkes Gefühl der Trennung. Wir fühlen uns abgeschnitten von den anderen, wir verlieren das Gefühl der Einheit. Ich habe oft festgestellt, dass z. B. zynische Ärzte die Achtung vor sich selbst verloren haben. Sie können die Person, die sie selbst sind, auf den Tod nicht leiden, wissen aber nicht, wie sie das ändern können. Es ist aber immer der gleiche Weg: sich selbst lieben, also zu einem Menschen werden, den man selbst liebenswert finden kann, und gleichzeitig andere lieben. Der Weg, der zum Gefühl der Einheit, des Verbundenseins mit allen Menschen zurückführt, ist der Weg ins »Himmelreich«. Es ist ein inneres Himmelreich, ein innerer Ort der Liebe und des Friedens, der sich in unseren äußeren Beziehungen spiegelt.

Im Frühjahr dieses Jahres kam mein Lehrer Pedro de Souza nach München. Er hält hier regelmäßig Vorträge, die ich für ihn organisiere. Dieses Mal wohnte er nicht bei mir, sondern bei einer Dame, die ein größeres Haus besitzt und ihm ein eigenes Zimmer mit Bad zur Verfügung stellen konnte. Ich war ein bisschen enttäuscht, sah aber ein, dass es für uns alle eine günstige Lösung war.

Wie immer holte ich de Souza ab. Auf der viereinhalbstündigen Autobahnfahrt regnete es ohne Unterbrechung, und ich war ziemlich angestrengt und erschöpft, als wir bei Charlotte eintrafen. Als wir in den Flur traten, stand eine große Menge Plastiktüten mit Gemüse im Flur herum. Ich trug de Souzas Taschen ins Haus, während Charlotte ihm sein Zimmer zeigte. Sie war sehr nervös. Viele Menschen spüren, dass de Souza ein außergewöhnlicher Mensch ist, und sind entsprechend aufgeregt, wenn sie mit ihm zusammentreffen. Auch mir war es früher so ergangen.

In einem Winkel meines Herzens hatte ich gehofft, Charlotte hätte bereits ein Essen für uns vorbereitet. Aber dem war nicht so. Da es bereits sehr spät war und wir noch nicht gegessen hatten, sah ich mir seufzend die Einkaufstüten im Flur an. Mein Lehrer legt sehr großen Wert auf die richtige Ernährung, er ist ein Wissenschaftler und Spezialist auf diesem Gebiet und hält sich streng an seine eigenen Regeln. Ich wählte ein paar einfache und schnell zuzubereitende Gemüse aus und ging in die Küche. Charlotte folgte mir. Sie redete beständig auf mich ein, während ich versuchte, mich in der fremden Küche zurechtzufinden. Mein Kopf schmerzte, während ich Brettchen, Messer, Töpfe und die passenden Gewürze suchte. Nicht alles, was ich brauchte, war vorhanden, und mir wurde klar, dass ich improvisieren musste. Während ich also versuchte, ein frisches, vitaminreiches Essen für meinen Lehrer in einer fremden Küche auf den Tisch zu zaubern, ließ Charlotte mir keine Ruhe. Sie stellte Fragen über Fragen, schnitt problematische Themen aus der Vergangenheit an, warf den Speiseplan beständig um, öffnete hier noch eine Tüte, zerrte dort noch eine Ingwerwurzel oder eine Avocado hervor. »Und hier habe ich auch noch kleine rote Peperoni, willst du die auch noch haben?« Sie fing alles Mögliche an, ohne es zu Ende zu bringen, und war alles in allem eine ständige Behinderung für mich. Es wurde immer schlimmer, und ich bekam das Gefühl, wir würden nie etwas auf den Tisch bringen. In meinem Kopf hämmerten die Schmerzen, ich hatte meine Periode bekommen und ich wusste, dass in den nächsten Tagen noch unzählige Dinge für mich zu tun waren. Als ich spürte, dass mein Stress so groß war, dass ich kurz davor war zu explodieren, hielt ich plötzlich inne: »Worum geht es hier eigentlich?«, fragte ich mich.

Ging es darum, ein perfektes Essen zu kochen, oder ging es um die Art und Weise, wie wir zusammenarbeiteten? Was gebot die Liebe? Ich legte mein Küchenmesser beiseite, ließ die Zwiebeln in den Töpfen schmoren und umarmte Charlotte. Ich hielt sie ganz fest und sagte: »Hey – ich weiß, dass du gerade sehr nervös und aufgeregt bist. Aber du brauchst dir keine Sorgen zu machen. Alles wird wunderbar klappen.« Wir standen einige Minuten, vielleicht waren es auch nur Sekunden, in der Küche zwischen den zischenden und dampfenden Töpfen, und mit uns stand die Zeit still. Ich dachte bei mir: »Selbst wenn das Essen jetzt verbrennt, du hast genau das Richtige getan!« Das Essen verbrannte nicht. Tatsächlich war es eines der schmackhaftesten Essen, die ich jemals gekocht habe.

Neale Donald Walsh bietet in seinen wunderbaren »Gespräche mit Gott«-Büchern zwei sehr hilfreiche Fragen an. »Was würde Liebe jetzt tun?« und »Wer will ich wirklich sein?« Diese beiden Fragen haben mir schon oft geholfen, mich in unstimmigen, konfliktreichen Situationen auf mich selbst und meinen Wert zu besinnen.

Ein paar Fragen und Anregungen für Ihr Notizbuch:
- Was ist wirklich wertvoll in meinem Leben?
- Worauf kann ich stolz sein?
- Kann es sein, dass mein mangelndes Selbstwertgefühl manchmal auf die »falschen« Werte zurückzuführen ist?
- Welche gesellschaftlichen Werte versuche ich gerade zu erfüllen, die vielleicht nicht meine eigenen sind?

Wenn Sie nicht wissen, wer oder was in Ihrem Leben wertvoll ist, empfehle ich Ihnen diese Meditation, mit der ich immer wieder erstaunliche Einsichten in mein Leben gewonnen habe:
- Setzen Sie sich in eine für Sie günstige und bequeme Meditationshaltung, im Schneidersitz, auf einem Stuhl oder auf Ihr Bett. Konzentrieren Sie sich eine kleine Weile lang auf Ihren Atem, dann auf Ihren Körper, Ihre Haltung, Ihr Herz und dann fragen Sie sich: »Wenn ich nur noch drei Monate (wahlweise auch sechs Monate) zu leben hätte, was würde ich dann tun? Wen würde ich noch treffen wollen? Mit wem würde ich Zeit verbringen und reden wollen? Was würde ich unbedingt zu Ende bringen wollen?«

Diese Meditation hat mich immer wieder sehr nahe an das gebracht, was für mich in diesem Moment meines Lebens wirklich wichtig ist. Ich konnte an ihr ablesen, welche Freundschaften für mich wertvoll sind und welchen Lebensprojekten ich mehr Aufmerksamkeit widmen wollte. Sehr oft fand ich heraus, dass ich einfach nur noch mehr Zeit mit meinem Mann oder mit meinen Kindern verbringen wollte.

Sich selbst feiern

Wenn ich mich in der Natur umschaue, begegne ich überall überwältigender Schönheit. Die Natur schmückt sich und feiert ihre Schönheit in immer neuen Farben, Formen und Stoffen. Obwohl es für viele biologische Vorgänge nicht notwendig wäre, ist die Schönheit der Natur überfließend und verschwenderisch. Die Evolutionsbiologie war lange Zeit der Ansicht, dass jeder Schmuck eines Tieres, jede farbenprächtige Blüte einer Blume einem bestimmten Zweck in seiner Evolution diene. Neueste Forschungen scheinen dies jedoch teilweise zu widerlegen. Das heißt: Nicht jeder Schmuck, nicht jede Farbe im Tier- und Pflanzenreich dient einzig und allein Zwecken der Entwicklung und Fortpflanzung. In ihrem ebenso brillanten wie köstlichen Buch »Frau – eine intime Geografie des weiblichen Körpers« erzählt die Wissenschaftsjournalistin und Pulitzerpreisträgerin Natalie Angier folgende Geschichte: Nancy Burley, eine Dozentin für Evolutionsbiologie an der Universität von Kalifornien in Irvine, verkleidete männliche Zebrafinken. Dem einen verpasste sie eine hohe weiße Vogelkochmütze, dem anderen eine prächtige rote. Danach passierte etwas Verrücktes: Die Finkenweibchen rissen sich um die Finkenmännchen mit den weißen Kochmützen, ließen jedoch die Finkenmännchen mit den roten Kochmützen links liegen. Weil Otto Normalfink, so wie er in der Natur ausgestattet ist, keinerlei Kopfschmuck trägt,

154

konnte die weiße Kochmütze kein Indikator für zebrafinkische Männlichkeit und entsprechend tolles Erbgut sein. Trotzdem waren die Finkinnen verrückt nach den Männchen mit den weißen Kochmützen. Normalerweise teilen sich Zebrafinken die Brutpflege. Aber wenn Frau Fink eine weiße Kochmütze ergattert hatte, erlaubte sie ihrem Gatten zu faulenzen und sich zudem noch mit anderen Weibchen herumzutreiben. Ganz anders erging es jenen Zebrafinkenmännchen, die mit einer herrlichen roten Kochmütze versehen worden waren. Die Armen hatten keine Chance. Niemand weiß, warum, aber rote Kochmützen sind bei Finkinnen einfach mega-out. Gelang es einem Rotbemützten doch einmal, ein Weibchen zur Paarung zu verführen, dann musste er sich ranhalten, sich bis zur Erschöpfung bei der Brutpflege und Fütterung engagieren, sodass ihm keine Zeit mehr für außereheliche Affären blieb, für die er ohnehin keine Partnerin gefunden hätte.

Das Fazit der Forscherin Nancy Burley: »Der Mensch verfügt über einen erlesenen Sinn für Ästhetik. Unsere Fähigkeit, ein impressionistisches Gemälde zu schätzen, kann nicht als zweckmäßig bezeichnet werden. Wie ich die Sache sehe, ist es genau das, was wir beim Zebrafinken beobachten. Die Vorlieben sind ästhetisch begründet, nicht durch Nützlichkeitsdenken. Sie besitzen keinerlei praktisches Korrelat.«

Für manche Naturschönheiten gibt es keine vernünftigen, zweckmäßigen Begründungen. Sie sind da, um sich selbst zu feiern.

Lassen wir uns diesen Satz auf der Zunge zerfließen: Sie sind da, um sich selbst zu feiern! Tun wir das? Feiern wir unsere Schönheit? Feiern wir uns selbst? Wann entdecken wir endlich wieder das Gefühl, dass es Spaß macht, sich zu schmücken, zu schminken und gut anzuziehen? Und wann sind wir endlich wieder in der Lage, den Stress, die Konkurrenz, das Verkrampfte daran abzulegen und uns einfach nur kindlich an dem zu erfreuen, was wir als schön empfinden? Die Natur konfrontiert uns mit einer Fülle von Schönheiten: Ist ein Zebra schöner als ein Goldfisch? Ist das Rot der Rose dem zarten Grün eines Farnkrauts überlegen? Sind die Augen der Katze interessanter als die Augen der Eule? Es gibt so viel Schönheit in der Natur, und jede ist anders.

Nur wir wollen die Schönheit zementieren, festlegen, in eine Schublade packen und mit einem Etikett versehen. Darin wiederum ähneln wir den Zebrafinkinnen: Nur weiße Kochmützen sind schön! Aber wir sind Menschen, ausgestattet mit Phantasie, mit einem grenzenlosen Geist und einem tiefen Empfinden für Unterschiede, Fülle, Farben, Formen und Vielfalt.

Frauen, die damit beginnen, ihre ganz eigene individuelle Schönheit zu leben, sind immer attraktiv. Ich erkenne solche Frauen schon von weitem, sie leuchten in ihrer eigenen Farbe.

In einem Seminar zu meiner Massageausbildung begegnete ich einer recht korpulenten Frau Mitte fünfzig. Carola hatte ein rundes, schönes Gesicht und war immer sorgfältig geschminkt. Ich mochte sie, dennoch gab es des Öfteren eine Art Kräftemessen zwischen uns, das ich mir nicht recht erklären konnte. Als das Seminar beendet war und die Gruppenmitglieder sich voneinander verabschiedeten, sagte sie zu mir: »Ich weiß, dass du eine Königin bist. Aber ich bin auch eine Königin – hast du das nicht bemerkt?« Ich nickte wortlos. Sie hatte Recht. Ihr Gang, ihre Haltung, ihre Ausstrahlung waren die einer Königin. Carola trug stets außerordentlich wertvolle Stoffe in Rot und Dunkelgrün, die ihr Eleganz und Würde verliehen. Obwohl sie in keiner Weise den gängigen Schönheitsidealen entsprach, war sie eine strahlende und beeindruckende Erscheinung und sich ihres Wertes jeder Minute bewusst.

Frauen wie Carola geben mir den Glauben an die Macht und die Kraft der weiblichen Energie zurück. Sie lassen sich nicht unterdrücken und leben ihre Schönheit auf ihre eigene Weise.

Kennen Sie das auch? Es ist ein regnerischer Morgen. Sie sind traurig und deprimiert und kommen kaum aus dem Bett. Dem grauen Tag und Ihrer Laune entsprechend, beschließen Sie, die Kleidung vom Vortag anzuziehen, sich nicht die Haare zu waschen, obwohl es nötig wäre, und sich nicht zu schminken. Auf dem Weg zur Arbeit kommen Sie sich hoffnungslos unattraktiv vor. Dies bestärkt wiederum Ihr Gefühl, dass dies einfach nicht Ihr Tag ist.

Selbstbewusstsein, Ausstrahlung und gute Laune wirken immer in beide Richtungen, von innen nach außen und von außen nach innen. Ein bisschen Lippenstift, ein roter Schal oder eine neue Frisur kann uns sofort aufmuntern, dem Tag einen ganz neuen Schwung geben.

Oft ermuntere ich Frauen, eine Haartönung auszuprobieren, sich etwas mehr zu schminken oder mehr auf ihre Kleidung zu achten. Nicht weil ich glaube, dass man mit einem neuen Mantel oder einer neuen Frisur ein stabiles Selbstwertgefühl bekommen kann. Aber wenn man bereits an seinem Selbstwertgefühl arbeitet, dann kann ein neues Outfit, eine schickere Frisur und ein bisschen Schminke zusätzlich Wunder wirken.

Wir manifestieren, dass wir uns lieben und uns etwas wert sind. Es ist, als sagten wir: »Seht her, ich fühle mich wertvoll.«

Wenn man bereits ein gutes Selbstwertgefühl hat – oder damit beginnt, es zu entwickeln –, dann wird schöne Kleidung und ein gepflegtes Äußeres das Selbstwertgefühl noch verstärken. Man wird sich noch besser, noch wertvoller fühlen. Wenn man kein gutes Selbstwertgefühl hat, kann auch die herrlichste, neueste Garderobe einem nicht das Gefühl geben, dass man ein wertvoller Mensch ist.

Dasselbe gilt übrigens auch für Geld. Wenn Sie bereits ein glücklicher und guter Mensch sind, wird Geld Sie nicht unglücklich machen und nicht verderben. Im Gegenteil: Sie werden voraussichtlich noch glücklicher werden und mit Ihrem Geld viel Gutes tun. Wenn Sie aber unglücklich und verwirrt sind oder noch keine festen Prinzipien im Leben haben, wird ein Haufen Geld Sie möglicherweise noch verwirrter und noch unglücklicher werden lassen. Warum? Sie können sich jetzt alles leisten, jeder Charakterschwäche, jeder Sucht nachgeben, und so blähen sich diese negativen Eigenschaften auf. Es gibt in der Welt der großen Stars unzählige Beispiele dafür. Andererseits: Positive Eigenschaften eines Stars, die sich mit Geld, Macht und Erfolg paaren, können außerordentlich viel in der Welt bewirken. Robert Redford, Sting, Paul McCartney, Richard Gere und die inzwischen verstorbene Audrey Hepburn sind wunderbare Beispiele dafür.

Geld oder gutes Aussehen sind neutral: Wir können es für uns benutzen, oder es kann sich gegen uns wenden, je nachdem, wie es in unserem Inneren aussieht. Deshalb setze ich in meinem Training die innere Schönheit an die erste Stelle.

Der amerikanische Präsident Abraham Lincoln hat einmal gesagt: »Wenn man über 40 ist, trägt jeder Verantwortung für sein Gesicht.« In einem Buch, in dem der indische Lehrer Osho über Jesus spricht, fand ich folgende tiefsinnige Bemerkung dazu: »Ich stimme zu. Absolut wahr. Wenn du über 40 bist, trägst du Verantwortung für dein Gesicht. Es zeigt, wie du gelebt, geliebt, dir Sorgen gemacht hast. Es zeigt, wie du dich benommen hast, wie du mit anderen umgegangen bist. Es zeigt, wie viel Unglück oder wie viel Ekstase du dir zugestanden hast. Es ist deine Autobiografie. Aber erst, wenn du über 40 bist. Dann bist du für dein Gesicht verantwortlich.«

Diese Worte haben mir zu denken gegeben. Seither schaue ich die Menschen in der U-Bahn mit einem neuen Blick an. Es ist kein Urteil darin. Ich entdecke, wie Sorgen und Pessimismus die Mundwinkel nach unten ziehen. Ich erkenne, dass zu viel Fernsehen und Computer die Augen verschleiern. Resignation und Hoffnungslosigkeit äußern sich in hängenden Wangen, hängenden Schultern, hängender Haltung.

Fällt mein Blick dann auf Kinder, erstaunt mich ihr wacher Blick. Ihr Gesichtsausdruck, ihre Körperhaltung drücken Motivation, Eifer, Neugierde, Mut und Lebensfreude aus. Und jedes Mal frage ich mich: Was haben wir auf dem Weg verloren? Oder besser gesagt, wie viele Herr-Quaero-Lasten haben wir auf unserem Weg durchs Leben aufgenommen?

Aber manchmal sehe ich auch Frauen oder Männer mit klarem Blick und einem offenen Gesicht. Ihre Mundwinkel streben ein wenig nach oben, und ihre Lippen scheinen jederzeit bereit, sich zu einem Lächeln zu öffnen. Dann gebe ich Abraham Lincoln Recht: Wir sind selbst verantwortlich für unser Gesicht.

Jedes Jahr verbringe ich ein paar Tage im Sommer mit meiner Mutter, meiner Schwester, ihrem Freund und ihren Kindern und meiner Familie an einem See in Österreich. Wir wohnen in einem Hotel, das zu dieser Jahreszeit fast nur mit Stammgästen besetzt ist. Die Feriengäste kennen sich untereinander, da sie jedes Jahr wiederkommen. Eine Frau unter den Gästen, der Einfachheit halber will ich sie einfach Frau Bach nennen, ist besonders auffällig. Frau Bach ist Anfang fünfzig und eine sehr sportliche und gepflegte Erscheinung. Ihr Körper ist vom Bodybuilding durchtrainiert, ihre Haare sind immer gut geschnitten und perfekt blond gefärbt. Ihre Hände und Fußnägel sind immer manikürt, sie ist immer geschminkt, immer gut frisiert und immer tadellos angezogen, um nicht zu sagen gestylt. Ich habe sie zu keiner Tages- oder

Nachtzeit jemals mit verwuschelten Haaren oder ohne Lippenstift, ohne Schmuck oder auch nur mit einer Plastiktüte in der Hand gesehen. Obwohl sie eine auffallende, attraktive Erscheinung ist, war ich von ihrer Perfektion und ihrem tadellosen Äußeren stets unangenehm berührt. Ich hatte das Gefühl, ihre Schönheit verursache einen enormen Stress, ihr selbst, aber auch anderen Frauen um sie herum. Wenn ich sie ansah, hatte ich den Eindruck, sie arbeite hart für ihre Schönheit, zu hart nach meinem Dafürhalten.

Da ich mich auch innerlich immer wieder mit Schönheit beschäftige, fragte ich mich: Warum empfinde ich diese Schönheit als hart und anstrengend? Was gefällt mir daran nicht? Ich meditierte darüber und bekam folgende Eingebung: »Frau Bach ist wie eine Soldatin, die mit ihrem Körper um Liebe und Anerkennung kämpft. Ihr kämpft alle mit unterschiedlichen Mitteln: mit eurem Körper und eurem Aussehen, mit Geld oder mit Macht und Ansehen. Es ist ein gnadenloser Kampf, ein Hauen und Stechen. Die Quelle ist nicht Freude und Überfluss.

Wenn du auf die Erde kommst, gibt es scheinbar von allem nicht genug – nicht genug Nahrung, Liebe, Anerkennung, Wärme, Zärtlichkeit. Und dann beginnst du zu kämpfen mit den Mitteln, die dir zur Verfügung stehen: Kraft, Stärke, Intelligenz, Aussehen, Witz, Humor. Sieh den erbitterten, verzweifelten Kampf in Frau Bach und dann lass los und liebe.«

Ich fragte mich, wie es mir gelingen könne, einen solchen Kampf zu vermeiden. »Du wirst so lange kämpfen, bis du lernst, dass du alle Liebe und alle Anerkennung bereits hast. Du trägst sie in dir als Samen. Du musst diesen Samen nur entwickeln und weitergeben. Dann wirst du auch hier auf der Erde leben wie im Paradies.«

Die Botschaft war klar. Ich muss Liebe und Anerkennung in mir selbst entwickeln, sie aber auch an andere weitergeben.

Wieder einmal die »Liebe deinen Nächsten wie dich selbst« – Botschaft von Jesus, die mir in immer neuen Varianten überall auf meinem Weg begegnet.

Nichts bereitet mir selbst mehr Freude, als Frauen innerhalb oder nach meinem Seminar aufblühen zu sehen. Am dritten und letzten Tag eines Wochenendseminars strahlen die meisten Teilnehmerinnen in einem ganz neuen Licht. Warum? Statt einander zu verurteilen und in Kästchen zu stecken, haben sie sich kennen gelernt, einander Mitgefühl, Verständnis und Liebe entgegengebracht. Sie haben sich gegenseitig anerkannt, aufgebaut und inspiriert. Schönheit ist jetzt in ihrem Geist, und Schönheit strahlen sie aus. Auch ich durchlaufe immer wieder diesen Prozess, der mich reinigt, klärt und leuchten lässt und mir immer wieder neue Aha-Erlebnisse beschert.

Teil II

Der praktische Weg

Mein wunderbarer Körper

Beste Freunde

Obwohl die Gesetze des Geistes die Grundlage meines Trainings für innere Schönheit sind, bin ich mir doch bewusst, dass wir in einer physischen Welt leben, einer Welt zum Anfassen. Unsere geistige Arbeit und die Arbeit mit der Materie müssen zusammenfließen, wenn wir gute Ergebnisse erzielen wollen. Einfacher ausgedrückt: Es reicht nicht aus, ein schönes Haus zu visualisieren. Irgendwann müssen wir damit anfangen, es zu bauen.

In meinen Seminaren erlebe ich nur wenige Frauen, die mit ihrem Körper wirklich zufrieden und glücklich sind. Zudem habe ich festgestellt, dass Frauen mit Übergewicht, egal wie selbstsicher sie sich nach außen hin geben, Probleme damit haben, sich auszuziehen, ihren Körper zu zeigen und ihm Liebe zufließen zu lassen, zum Beispiel in Form von Massagen und anderen Streicheleinheiten. Sie schämen sich ihres Körpers.

Das ist keine gute Grundlage für eine liebevolle Beziehung. Stellen Sie sich vor, Sie hätten ein Kind, dessen Sie sich schämen. Sie verstecken es, wo Sie nur können. Sie lassen es oft allein zu Hause. Sie mogeln sich irgendwie darum herum, es Ihren Verwandten, Nachbarn und Freunden vorzustellen. Sie spielen selten mit ihm. Sie lassen es auch nicht mit anderen

Kindern spielen, denn es ist irgendwie – anders. Wie alle ungeliebten Kinder wird Ihr Kind durch mangelnde Zuneigung, Aufmerksamkeit und Anerkennung tatsächlich hässlicher als die anderen Kinder. Manchmal bestrafen Sie es dafür, dass es so hässlich ist. Dadurch wird Ihr Kind aber keineswegs hübscher, sondern eher widerspenstig. Es ist jetzt trotzig und aufsässig, und Sie fragen sich oft, wie Sie es verdient haben, an so ein Kind zu geraten.

Wie auch bei wirklichen Kindern kenne ich kein besseres Mittel zur Erziehung als Liebe und Anerkennung.

Durch die Schwangerschaft mit meiner zweiten Tochter Lovis, die bei ihrer Geburt knapp fünf Kilo wog, riss die Haut an meinem Bauch, und mein Bauchnabel wurde eigenartig schrumpelig. Ein paar Jahre lang vermied ich es, Bikinis anzuziehen. Während meiner Ausbildung in Ganzheitlicher Massage wurde ich jedoch auf ungewöhnliche Weise wieder mit der Mitte meines Körpers konfrontiert. Ein Abschnitt unserer Massageausbildung beschäftigte sich einzig und allein mit dem Bauch, denn wir lernten, einander Bauchmassagen zu geben. Nun musste ich diesen leicht lädierten Teil meines Körpers herzeigen und den Blicken der angehenden Massagetherapeuten präsentieren. Ich weiß nicht, wie viele Hände zur Heilung meines Bauches beitrugen. Es waren warme Männerhände und weiche Frauenhände. Jedes Paar Hände behandelte dieses ungeliebte Teilstück meines Körpers mit Achtung, Respekt und Liebe. Der Bauch merkte sich das. Er wurde glatter. Sein Selbstbewusstsein schien sich von Massage zu Massage zu verbessern, denn sogar der Bauchnabel hob sich wieder ein wenig an. Diese Erfahrung lehrte mich, dass alles, was wir von uns isolieren und abtrennen wollen, immer hässlicher und abstoßender wird. Nur indem wir es umarmen und zu uns hereinholen, können wir es heilen.

166

Auch heute noch massiere ich meinen Bauch häufig mit duftenden Ölen. Ich habe zudem in mein eigenes Yoga-Übungsprogramm zu Hause eine Reihe von wohl tuenden und leicht straffenden Bauchmuskelübungen eingebaut, die über die Jahre viel bewirkt haben. Natürlich ziehe ich auch längst wieder Bikinis an. Das ist ein weiterer, wichtiger Punkt meiner Heilung.

Massagen sind wunderbar, um das Körperselbstwertgefühl anzuheben. Reine Sportmassagen halte ich zu diesem Zweck für weniger geeignet. Ich empfehle alternative Formen wie die Ganzheitliche Massage nach Touchlife (Adresse siehe Anhang), die ich selbst gelernt habe, aber auch Shiatsu, Tantsu, Rebalancing, ayurvedische Synchronmassagen, hawaiianisches Lomi-Lomi etc. Hier wird normalerweise mit sehr viel Liebe, Achtsamkeit und Respekt gearbeitet, und unser Geist und unser Körper spüren dies.

In meinen eigenen Seminaren rate ich den Frauen, nicht an duftenden Körperölen zu sparen und sich hin und wieder selbst liebevoll zu massieren. Da ich es nicht schaffe, mir jeden Tag eine Ganzkörpermassage zu gönnen, habe ich mir angewöhnt, einzelne Körperteile zu verwöhnen. Manchmal massiere ich nur meinen Bauch oder mein Gesicht. In meinem Büro steht eine Flasche Rosmarin-Haarwasser, und wenn ich eine Denkpause einlegen muss, massiere ich meine Kopfhaut. Wenn ich abends zu müde bin, um irgendetwas zu erledigen oder zu lesen, stelle ich mir Musik an und massiere meine Füße.

Oft sehe ich Frauen im Schwimmbad, die ihren Körper eincremen, als würden sie ein Auto waschen. »Ja, er bekommt sein Fett, aber mehr ist nicht drin«, ist die Botschaft, die sie ihrem Körper übermitteln. Warum sollten wir ihn nicht lieben und als unseren besten Freund betrachten, ihn, der so viel für uns tut?

167

Ich rede häufig mit meinem besten Freund, wenn ich ihn massiere – allerdings nicht laut, sondern in Gedanken. Beim Massieren sage ich ihm, wie schön ich ihn finde und wie stolz ich auf ihn bin. Und ich lasse Liebe durch meine Hände fließen, wenn ich ihn massiere, ebenso wie ich auch andere Körper mit Liebe und Achtsamkeit massiere.

Liebevoll berührt

Im 13. Jahrhundert führte der deutsche Kaiser Friedrich II. ein Experiment durch. Er wollte herausfinden, welche Sprache ein Kind spricht, wenn es aufwächst, ohne dass jemand mit ihm kommuniziert. Die Neugeborenen, die für dieses Experiment ausgewählt wurden, ließ er von Ammen versorgen, welche die Kinder nicht liebkosen und nicht mit ihnen reden durften. Alle Kinder starben, bevor sie alt genug waren, um sprechen zu können.

In einer Studie von 1915 starben in zehn Waisenhäusern alle Kinder unter zwei Jahren, obwohl die hygienischen Bedingungen zufrieden stellend und die Ernährung ausreichend war. Die Babys waren aber kaum berührt und niemals liebkost worden, da man eine Ausbreitung von Infektionskrankheiten befürchtete.

Im Touch Research Institute in Miami hat man herausgefunden, dass Frühgeborene, die täglich drei liebevolle Massagen erhielten, schneller zunahmen und das Krankenhaus eher verlassen konnten, als Frühchen, die keine solche Behandlung erhielten. Auch vergewaltigte Frauen, Aids-Kranke und Depressive sprachen auf unterschiedlichste Art und Weise ausgezeichnet auf Massagen an.

Liebevolle Berührungen senken unseren Stresspegel, vertiefen die Atmung, beruhigen den Herzschlag, begünstigen einen tiefen Schlaf und beeinflussen unsere Stimmungen und Gefühle positiv.

Die Haut ist unser größtes Sinnesorgan. Tausende von Sinneszellen leiten die Berührung über Nervenbahnen an das Gehirn weiter, wo entsprechende Neurohormone produziert werden, die unsere Stimmung beeinflussen. Man geht davon aus, dass liebevolle Massagen eine Oxytocin-Ausschüttung im Gehirn freisetzen. Oxytocin ist jenes Liebeshormon, das beim Stillen und beim Orgasmus den Körper überflutet.

Ich habe festgestellt, dass dieses Hormon offenbar auch in mir freigesetzt wird, wenn ich andere massiere. Oft fühle ich mich mitten in der Massage von Liebe durchströmt.

Es gibt unzählige wissenschaftliche Experimente, die belegen, wie wichtig Berührung für den Körper ist. Viele dieser Versuche wurden mit Tieren unternommen, aber man braucht nicht allzu viel Phantasie, um zu erkennen, dass sich die Ergebnisse auch auf den Menschen übertragen lassen. Wissenschaftler haben entdeckt, dass im Gehirn von Menschenaffen, die sich gegenseitig das Fell säubern und liebevoll pflegen, schmerzstillende und glückserzeugende Endorphine freigesetzt werden.

In dem bereits erwähnten Buch »Heilen mit Liebe« des amerikanischen Kardiologen Dean Ornish fand ich folgende Studie: Eine Gruppe von Kaninchen erhielt cholesterinreiche Nahrung, um zu überprüfen, inwieweit Cholesterin das Fortschreiten von Arteriosklerose (Arterienverkalkung) begünstigt. Alle Kaninchen waren genetisch vergleichbar, daher erwartete man, dass das Ausmaß der Verkalkung bei allen etwa gleich groß sein würde. Dies war jedoch nicht der Fall. Einige Kaninchen zeigten eine viel stärkere Verkalkung als andere. Die Wissenschaftler fanden keine Erklärung. Schließlich entdeckte man des Rätsels Lösung. Die Laborantin, welche die Tiere versorgte, hatte mit den Tieren, die sich in den unteren

169

Käfigen aufhielten, gespielt und sie beim Füttern gestreichelt. Die Tiere in den oberen Käfigen, welche bis zur Decke hoch gestapelt waren, hatte sie nur mit Nahrung versorgt, da es unbequem und schwierig war, an sie heranzukommen.

Das Experiment wurde wiederholt. Wieder erhielten alle Kaninchen die gleiche Nahrung. Dieses Mal bekamen jedoch einige Gruppen von Kaninchen eine Sonderbehandlung: Sie wurden jeden Tag eine halbe Stunde aus dem Käfig genommen, man sprach mit ihnen, spielte mit ihnen und streichelte sie beim Füttern. Diese Kaninchen – so stellte man bei der Obduktion fest – litten unter 60 Prozent weniger Arterienverkalkung als jene, die einfach nur Nahrung erhalten hatten.

Forscher an der kanadischen McGill University fanden heraus, dass Jungtiere von Ratten, die häufig von ihren Müttern gepflegt und beleckt wurden (dies ist die Form der »Liebesmassage« bei Ratten), in Leistungstests besser abschnitten als der Nachwuchs von liebloseren Müttern. Man glaubt, dass sich die bereits im Frühstadium erhaltene Fürsorge positiv auf die Entwicklung bestimmter Regionen im Gehirn dieser Rattenjungen auswirkt. Bei den Rattenkindern der liebevollen Rattenmütter war der Hippocampus, jener Teil des Gehirns, der für räumliches Denken und Gedächtnis zuständig ist, durch eine höhere Anzahl von Synapsen verschaltet. Vereinfacht ausgesprochen: Die Hirntätigkeit war bei diesen Jungratten reger, ihre Intelligenz besser und ihre Leistungen höher.

Jede Pflanze, jedes Tier, jedes Lebewesen in diesem Universum spricht positiv auf liebevolle Kommunikation, liebevolle Zuwendung und liebevolle Berührung an. Auch die Auswirkungen sind immer ähnlich: Alle Lebewesen scheinen durch eine solche Verhaltensweise stärker, gesünder, sozial verträglicher und sogar intelligenter zu werden.

Mit dem Körper reden

Manchmal bedanke ich mich vor dem Einschlafen bei meinem Herzen, meiner Leber, meinem Magen, meinem Darm oder meinen Zellen für die gute Arbeit, die sie für mich leisten. Oft vermittle ich meinem Körper das Gefühl, dass wir eine Familie sind: Wir gehören zusammen, wir ziehen an einem Strang, keiner wird ausgeschlossen, und wenn einer krank oder schwach ist, dann helfen ihm die anderen, bis es ihm wieder besser geht. Das sind unsere Familienregeln, ziemlich ähnlich wie die Familienregeln, die bei mir zu Hause herrschen.

Es nützt nichts, ein Mal im Leben mit seinem Körper zu reden, wenn es ihm gerade furchtbar schlecht geht. Wie in jeder guten Beziehung muss man ständig füreinander da sein und die Kommunikation aufrechterhalten.

Vor etwa zwei Jahren bekam ich kurz vor dem Sommerurlaub heftige Zahnschmerzen. Ich hatte noch Zeit, zum Zahnarzt zu gehen, aber als ich in der Praxis anrief, stellte sich heraus, dass mein Zahnarzt schon in den Ferien war. Da ich größtes Vertrauen in meinen Zahnarzt setze und die Vertretung nicht kannte, beschloss ich zunächst einmal, mit meinem Zahn zu reden. Ich erklärte ihm, dass es für uns beide besser sei, auf unseren Zahnarzt zu warten, und bat ihn, sich bis nach den Ferien zu gedulden. Die Zahnschmerzen verschwanden. Ehrlich gesagt vergaß ich unsere Abmachung. Doch kaum war ich wieder zu Hause, meldete sich mein Zahn. Inzwischen war auch mein Zahnarzt wieder in der Praxis. Ich machte sofort einen Termin aus und bedankte mich bei meinem Zahn, dass wir so gut kooperiert hatten.

Ich habe auch schon mit meiner Gebärmutter darüber kommuniziert, dass meine Periode sich um einige Tage verschiebt, wenn ich gerade eine größere Veranstaltung zu be-

171

wältigen habe. Dies tue ich nicht allzu häufig, denn alles im Körper hat seinen Rhythmus, den es zu respektieren gilt. Aber auch mein Unterleib arbeitet mit mir zusammen.

In der chinesischen Medizin gelten die Gebärmutter und die Eierstöcke als ein Palast. Ich lasse öfter goldenes Licht von oben in den Palast hineinfließen und verbinde mich so mit den zentralen Organen meiner Weiblichkeit.

Neueste Forschungen in der Medizin haben aufgedeckt, dass unser Magen und unser Herz eine Art eigenständige Intelligenz oder, wenn man so will, ein eigenes Gehirn besitzen. Organe kommunizieren mit dem Gehirn über chemische Botenstoffe, so genannte Neuropeptide. Gefühle und Gedanken setzen eine bestimmte Menge an diesen chemischen Stoffen frei, die dann von so genannten Rezeptormolekülen, also Empfängern dieser Botschaft, aufgenommen werden. Bisher glaubte man, dass nur das Gehirn und das Nervengewebe Empfänger für Neuropeptide besäßen. Inzwischen weiß man, dass diese chemischen Botenstoffe überall im Körper empfangen, aber auch – und dies ist das wirklich Sensationelle – produziert werden können. Das heißt, auch der Magen, das Herz, die Lunge, die Gebärmutter haben »Gefühle« und drücken diese sogar aus. Man kann sagen, dass der gesamte Körper Gefühle wahrnimmt und ausdrückt oder, wie es die Frauenärztin Christiane Northrup in ihrem Buch »Frauenkörper, Frauenweisheit« formuliert: »Sämtliche Körperteile können denken und fühlen.« Wenn sämtliche Körperteile denken und fühlen können, sind wir auch in der Lage, mit diesem Körperbewusstsein zu kommunizieren. Wir können also einen Dialog beginnen.

Kürzlich erklärte mir mein Magen, nachdem ich mir die Mühe gemacht hatte, eine Weile lang in ihn hinein zu lauschen, dass er mit dem Ärger, den ich dauernd hinunterschlucke – wahrscheinlich wieder einmal in dem Bemühen, die »heilige Sabine« zu spielen –, nicht gut fertig würde. Ich müsste Wege finden, meinen Ärger auszudrücken, damit nicht ständig alles bei ihm abgeladen wurde. Ich war sehr froh, diese Botschaft zu bekommen, bevor mein Magen mir dringlichere Nachrichten in Form von Schmerzen oder Geschwüren schicken müsste.

Da Ihre Gedanken und Ihre Gefühle chemische Stoffe im Körper freisetzen und diesen somit auf allen Ebenen beeinflussen, sollten Sie solche Gedanken und Glaubenssätze vermeiden: »Bei Föhnwetter habe ich immer Kopfschmerzen.« »Diese Behandlung ist extrem schmerzhaft.« »Meine Blase ist schwach.« »Zwei Mal im Jahr bekomme ich eine große Erkältung.« »Auf Orangensaft reagiere ich allergisch.« »Mein Herz ist nicht belastbar.« Jeder Gedanke erschafft Wirklichkeit. Jeder Gedanke bewirkt etwas und wirkt auf Ihr Körperbewusstsein ein. Jeder Ihrer Glaubenssätze wird sich bestätigen.

In England gab man einer Gruppe von Männern ein harmloses Mittel, erklärte ihnen aber, es handele sich um eine neue Chemotherapie gegen Krebs. Die Hälfte aller Männer verlor daraufhin ihre Haare. Auch hier wirkte lediglich ein negativer Glaubenssatz: Bei einer Chemotherapie verliert man seine Haare.

In meiner eigenen Umgebung zementieren die Menschen ihre negativen Glaubenssätze bezüglich ihres Körpers – und fühlen sich durch die anschließenden Krankheiten in ihren negativen Glaubenssätzen bestätigt. Suggerieren Sie Ihrer Blase, dass sie schwach ist, wird sie schwach bleiben. Sie helfen ihr in keiner Weise, indem Sie diese Schwäche bestätigen und damit real machen und bekräftigen. Sagen Sie stattdessen: »Meine Blase wird immer stärker, und ich finde Mittel und Wege, sie darin zu unterstützen.«

Krankheiten eines Organs sind wie Hilfeschreie oder Briefe, die dieses Organ an uns abschickt. Wir müssen unbedingt still werden und lernen zuzuhören, was es sich wünscht und welche Balance wir verletzt haben, dass dieses Organ so aus dem Rhythmus gekommen ist.

Oft drückt der Körper ein Gefühl aus, das wir auf der geistigen Ebene noch nicht wahrgenommen haben. Von einer befreundeten Kollegin bekam ich einmal eine Massage des oberen Brustkorbs. Mittendrin begann ich zu weinen. Es war, als lösten sich Gefühle aus dem Gewebe, die dort fest saßen und sich nun sanft befreien und auflösen konnten. Ich ließ die Tränen fließen und bat meine Freundin, einfach weiterzumassieren. Danach fühlte ich mich wunderbar leicht und von einer Last befreit. Ich hatte verdrängt, wie schmerzlich der Abschied von einem guten Freund für mich war, der sich neu verheiratet hatte und alle Brücken hinter sich abbrechen wollte und deshalb auch unsere Freundschaft beendete.

Körperliche und seelische Probleme setzen sich im Körpergewebe fest. Deshalb kann es passieren, dass wir, sobald wir geistig einen Konflikt gelöst haben, auch die körperlichen Beschwerden los sind. Es ist aber auch umgekehrt möglich, über körperliche Therapien seelische Konflikte aufzuspüren und dann aufzulösen.

Schmerzen, die wir erkannt, benannt und aufgelöst haben, kehren nicht mehr zu uns zurück. Wir haben, um noch einmal auf Herrn Quaero zurückzukommen, abermals einen Sandsack von unseren Schultern gelassen.

Wenn ich andere Menschen massiere, steigen vom Körper meines Klienten oft Gefühle zu mir auf. Es ist, als sprächen die Körperteile zu mir. Ich muss aber sehr fein eingestimmt sein, um ihre Sprache zu verstehen, denn sie vermitteln sich mir als ein Gefühl. Neulich lag eine Klientin auf meiner Massageliege, deren Beckenbereich Enttäuschung und Resignation signalisierte, während der Nacken eine unbändige Lebenslust verströmte. Ich konnte mir auf diese beiden wi-

174

dersprüchlichen Empfindungen keinen Reim machen. Als ich nach der Massage meine Wahrnehmungen mit der Klientin teilte, war sie in höchstem Maße erstaunt, denn diese beiden widersprüchlichen Gefühle entsprachen exakt ihrer gegenwärtigen Lebenssituation. Sie war enttäuscht über die Situation mit ihrem Freund. Ihre Hoffnung auf eine längere Beziehung oder gar Heirat hatte sich zerschlagen. Andererseits verspürte sie einen starken Freiheitsdrang und überlegte sich, zu einem längeren Arbeitsaufenthalt nach Amerika zu gehen.

Wie Sie über Ihre Lunge, Ihr Herz oder Ihre Gebärmutter denken, ist diesen Organen nicht gleichgültig. Es könnte sein, dass Sie eine verzweifelte Lunge, ein vernachlässigtes Herz oder eine traurige Gebärmutter besitzen. Wenn Ihnen etwas wehtut, fragen Sie doch einfach mal nach. Ich lege mich dafür lang hin und gehe in eine tiefe Entspannung. Oft lege ich dabei eine Hand auf die Stelle, die schmerzt. Dann konzentriere ich mich auf diese Stelle in einer zutiefst liebevollen, aber auch neutralen, achtsamen Art und stelle die Frage: »Was schmerzt dich?« Oder auch: »Was kann ich für dich tun?« Oder: »Hast du eine Botschaft für mich?« Bleiben Sie still und lauschen Sie. Seien Sie nicht allzu kritisch und lassen Sie sich überraschen. Vielleicht denken Sie bei den aufkommenden Bildern, Botschaften und Erinnerungen manchmal: »Ach, das habe ich mir jetzt nur ausgedacht!« Das macht nichts. Nehmen Sie diese Botschaft ernst. Und je öfter Sie sich darin üben, mit verschiedenen Körperteilen und Organen zu kommunizieren, umso besser werden Sie diese verstehen.

Es ist nicht so, dass nur wir etwas für den Körper tun. Sobald wir mit dem Körper richtig kommunizieren, tut er auch wieder etwas für uns. Weiße Blutzellen können morphinähnliche schmerzlindernde Stoffe produzieren – sodass wir Schmerzen ohne Medikamente besänftigen oder auch ganz beseitigen können.

Das heißt, der Geist beeinflusst massiv unsere körperlichen Empfindungen, Abläufe, Heilprozesse etc. Aber im Gegenzug hilft der Körper auch wieder dem Geist. Er stellt auf biochemischem Wege Stoffe her, die uns beruhigen und uns schmerzunempfindlich machen können.

Der britische Forschungsreisende David Livingstone beschrieb 1844, wie er in Afrika von einem Löwen angegriffen wurde und erst in letzter Sekunde gerettet wurde: »Der Löwe brüllte dicht an meinem Ohr, dann schüttelte er mich, wie ein Dachshund eine Ratte schüttelt. Diese Erschütterung verursachte eine Art Betäubung. Sie versetzte mich in einen träumerischen Zustand, worin ich keine Empfindungen von Schrecken und kein Gefühl von Schmerz verspürte... Das Schütteln hob die Furcht auf und ließ keine Regungen von Entsetzen aufkommen... als sei ich einer teilweisen Narkose unter Chloroform ausgesetzt worden.«

Die Erklärung für Livingstones Zustand ist eine massive Ausschüttung von Endorphinen als Reaktion auf den enormen Stress, dem er durch den Löwenangriff ausgesetzt war. Damit der Körper morphiumähnliche Substanzen herstellt, die den Schmerz lindern und die Angst auflösen, bedarf es offensichtlich eines sehr starken physischen oder psychischen Traumas. Die Natur oder der Körper hält also Narkotika für uns bereit, wenn wir dieser zutiefst bedürfen.

Von einem Mann, der von einer Lawine verschüttet wurde und erst nach ein paar Stunden gerettet werden konnte, erfuhr ich eine ähnliche Reaktion. Er beschrieb mir, dass ihn nach den ersten Momenten der Panik eine gewisse Gleichgültigkeit befiel. Er war sich bewusst, dass es vor ihm eine »Wand« gab. Diese »Wand« beunruhigte ihn jedoch nicht, er fühlte sich im Gegenteil beinahe zu ihr hingezogen. Nach diesem Vorfall machte ihm der Tod keine Angst mehr.

Der Körper kann den Geist nicht nur auf biochemi-

176

schem Wege beruhigen und narkotisieren, sondern auch erhellen.

Wenn ich Yoga gemacht habe oder gelaufen bin, kann ich sehr klar denken. Einfache Atemübungen, wie zum Beispiel der im Tantra häufiger praktizierte Feueratem, haben mir in der nachfolgenden Ruhepause oft tiefe geistige Einsichten geschenkt. Diese Klarheit und Hellsichtigkeit des Geistes verdanke ich den vorhergehenden Körperübungen. Ist der Körper dann ganz entspannt oder entsprechend energetisiert, kann sich der Geist entfalten. Es besteht also ein ständiger Austausch zwischen Körper und Geist, den wir im Positiven nutzen können.

Früher, als ich diese Gesetze noch nicht studiert hatte, war ich oft wütend auf ein Körperteil, wenn es nicht richtig funktionierte oder schmerzte. Heute nehme ich mich dieses Körperteils besonders an. Ich sende Liebe dorthin. Ich lausche, ich frage nach, was ich tun kann. Ich bitte den Rest des Körpers um Unterstützung.

Wenn Sie bereits eine medizinische Vorbildung haben und sich dann noch auf Ihre Intuition verlassen, ist der Erfolg am größten. Wir brauchen Vorkenntnisse, über die wir dann erhellende Einsichten erhalten können. »Der Zufall bevorzugt den vorbereiteten Geist«, schrieb der Chemiker Louis Pasteur, der das Konzept der Schutzimpfung entwickelt hat. Man könnte auch sagen: Wir bekommen Einsicht, wenn wir entsprechende Vorkenntnisse besitzen.

Die Phantasie für Heilung, Schönheit und Gesundheit nutzen

Eine Heilmeditation, die sich in meinem Leben als besonders nützlich und wirkungsvoll erwiesen hat, ist diese: Ich entspanne mich und suche meinen inneren Garten auf, von dem ich auf Seite 88 bereits erzählt habe. In diesem Garten habe ich kraft meiner Phantasie verschiedene Orte angelegt, an denen meine Heiler wohnen. Sie haben die unterschiedlichsten Gestalten. Einer meiner Heiler ist ein großer Bär, der in einem Kaltdschungel wohnt. Er hilft mir oft bei Erschöpfungszuständen. Es gibt in meinem Garten auch eine Heilerin, die mit Kräutern arbeitet. Nachdem ich angefangen hatte zu joggen, tat mir eine Zeit lang mein linkes Knie weh. Ich ging zu ihr und bat um Rat. Sie legte einen Verband mit einer schlammigen, braunen Masse an und bat mich, diesen über Nacht um mein Knie zu lassen. Als ich am nächsten Morgen aufwachte, waren meine Knieschmerzen vollständig verschwunden und kamen auch nicht mehr wieder.

In meinen Seminaren habe ich schon die ungewöhnlichsten Heilungen erlebt, wenn Teilnehmer auf diese Phantasiereise gingen. Ein Teilnehmer ließ sich seine heraufziehende Grippe von zwei Baumelfen heilen, die ihn mit einer nussartigen Essenz versorgten. In derselben Nacht schwitzte er sehr stark und fühlte sich fiebrig. Am nächsten Morgen war er vollkommen gesund.

Phantasiereisen sind kein Ersatz für einen Arztbesuch,

wenn man anhaltende Schmerzen hat. Man kann sie anwenden, wenn man im Krankenhaus liegt und Schmerzen hat oder wenn man gerade keine Möglichkeit besitzt, einen Arzt aufzusuchen. Unsere Phantasie-Heiler bauen Panik und Stress ab und lösen im Körper biochemische Prozesse aus, die den Schmerz stillen und die Heilung vorantreiben. Sie sind vor allem für Menschen da, die bereit sind, mit ihrem Körper eine lebenslange Freundschaft aufzubauen, und die wissen, dass alles, was sie denken und fühlen, sich auch in ihrem Körper niederschlägt.

Als ich vor einigen Jahren mit sehr starken Zahnschmerzen aus Indien zurückkehrte, überstand ich die Reise nur, indem ich meinen Zahn geistig narkotisierte. Ich suggerierte ihm durch ständige Affirmationen, dass er schmerzunempfindlich würde, und gab ihm – in meiner Vorstellung – mit der Zungenspitze ein narkotisiertes Mittel ein. Nach einer Weile wurden der Zahn und das ganze Gebiet um ihn herum taub, als hätte ich eine Spritze erhalten. Der Zahn wurde dadurch nicht geheilt, aber ich war in der Lage, den Flug gut und ohne Schmerzmittel zu überstehen. Solche Selbstprogrammierungen sind ein wichtiges geistiges Heilmittel, das uns immer und überall zur Verfügung steht und lebensrettend sein kann, wenn gerade kein Arzt oder keine Betäubung zur Verfügung steht.

Verantwortung für den eigenen Körper übernehmen

Ich kenne nur sehr wenige Ärzte, die eine gute Beziehung zu ihrem eigenen Körper haben. Eine Frauenärztin, die ich nur ein einziges Mal aufsuchte, sagte mir, sie nähme seit Jahrzehnten die Pille, damit sie ihre Periode nicht spüre und besser arbeiten könne. Eine solche Ärztin ist für mich nicht wirklich im Kontakt mit sich selbst, ihrem Körper und ihrer Gesundheit, und ich bezweifele, dass ihre Ratschläge mir viel nützen würden.

Kaum ein Mediziner ist wirklich daran interessiert, Ihnen ein paar Yogaübungen zu zeigen, mit denen Sie auf effektive Art etwas gegen Menstruationsbeschwerden und nebenher noch etwas für Ihre Flexibilität und Ihren Hormonhaushalt tun können. Warum? Es kostet Zeit, es bringt kein Geld, und es ist wissenschaftlich nicht nachgewiesen. Niemand hat Interesse daran, solche Zusammenhänge wissenschaftlich zu erforschen, denn niemand verdient daran. Solange man kein Medikament herstellen kann, das irgendjemand kauft, ist die Sache uninteressant. Mehr noch, sie wird zumeist klein und lächerlich gemacht und als unwissenschaftlich disqualifiziert. Solche Zusammenhänge muss man erkennen und begreifen, wenn man gesund leben möchte.

Deshalb war ich immer wieder dazu gezwungen, meine eigenen Forschungen zu betreiben. Einige der effektivsten Heilmethoden, die ich kenne, die Homöopathie, die Biochemie, die Naturheilkunde, die Kinesiologie, einige Anwendungen aus dem Ayurveda, aus der chinesischen Medizin und bestimmte Massagen und alternative Körpertherapien, verursachen nur minimale Kosten. Die Menschen, die sich diesen Methoden verschrieben haben, tun dies in den allermeisten Fällen aus Hingabe zum Heilen und leben dafür nahe am Existenzminimum. Unser Gesundheitssystem zwingt sie dazu.

Vor einigen Jahren brachte ich eine sehr schmerzhafte und langwierige Entzündung am Bein von einer Reise durch Asien mit. Die Wunde musste jeden Tag gesäubert und neu verbunden werden, und zu diesem Zweck war ich gezwungen, am Wochenende eine Praxis aufzusuchen, die auf Notfälle spezialisiert war. Dort traf ich dann auf wechselnde

Ärzte mit ebenso wechselnden Ansichten über meine Entzündung. Ich gab ihnen die Weisungen meines Hausarztes weiter, dass die Wunde nur gespült und neu verbunden werden musste, doch eines Tages geriet ich an eine noch junge Ärztin, die mich anherrschte. »Wollen Sie mir etwa vorschreiben, was ich zu tun habe?« Ich rappelte mich von der Liege hoch und humpelte zur Tür. »Unter diesen Umständen können wir nicht zusammenarbeiten«, sagte ich mit zitternder Stimme. »Dies ist mein Bein und mein Körper, und ich werde Sie auf keinen Fall tun lassen, was Sie wollen.« Diese Frau wollte Macht ausüben, aber nicht heilen. Die besten Heiler, die ich kennen gelernt habe, sind äußerst demütige Menschen. Da die Ärztin jedoch sah, dass ich bereit war, die Praxis auch ohne Verband zu verlassen, wurde sie etwas ruhiger. Sie reinigte die Wunde, verband sie und entließ mich wortlos. Es war das einzige Mal, dass diese Prozedur mir starke Schmerzen bereitete.

Ich verlange von keinem Arzt, dass er Verantwortung für meinen Körper übernimmt. Ich halte dies für eine falsche Einstellung. Ein Arzt ist für mich ein Ratgeber, der mit mir zusammenarbeitet, etwa so wie ein guter Anwalt. Er kann mich vortrefflich beraten, mir gute Tipps geben, doch die letzten Entscheidungen, was zu tun ist, treffe immer ich.

Die Ärzte, die eine gute Beziehung zu ihrem eigenen Körper und zu ihrem Beruf haben, sind häufig selbst durch schwere Krankheiten oder Krisen gegangen und haben hieraus die Konsequenzen gezogen. Ein befreundeter Arzt, bei dem ich mich einer Elektroakupunktur unterzog, litt bereits während des Medizinstudiums ständig an Allergien. Kein Medikament konnte ihm helfen, bis er für sich selbst einen Ernährungsplan entwickelte, der vor allem Weizenprodukte aus seiner Nahrung ausschloss. Es gelang ihm, sich selbst zu heilen, und seither betreibt er eine gut gehende Praxis, die sich auf die Heilung von Nahrungsmittelallergien und Immunschwäche spezialisiert hat und die erfolgreich mit Elektroakupunktur, Kinesiologie und einem speziellen Ernährungsplan arbeitet.

Vieles von dem, was ich persönlich erfahren habe und von dem ich hier schreibe, bereitet Schulmedizinern und Wissenschaftlern nachgerade Bauchschmerzen. Ich habe mich oft gefragt, warum dies so ist, und bin schließlich zu folgender Erkenntnis gekommen: Die moderne Wissenschaft schließt die Faktoren Einfühlungsvermögen, Liebe und Geduld aus ihren Untersuchungen aus. Das ist verständlich. Wissenschaft braucht exakte Zahlen und berechenbare Größen. Liebe und Einfühlungsvermögen sind jedoch nicht berechenbar. Zudem ist ein Experiment, das der Wissenschaft genügen will, dem Gesetz unterworfen, dass es bei gleichen Bedingungen zu jeder Zeit, an jedem Ort, von jeder Person durchgeführt werden kann und dabei zu den gleichen Ergebnissen kommen muss.

Viele Wissenschaftler, die mit Pflanzen experimentieren, konnten diese Forderungen nicht erfüllen. Denn Pflanzen reagieren auf Liebe und Einfühlungsvermögen zwar nicht ganz so differenziert wie Tiere, aber immer noch stark genug. Pflanzen zeigen bestimmte Verhaltensweisen und Vorlieben, in Bezug auf Musik, sie können einander mit chemischen Botenstoffen vor Feinden warnen und beweisen messbare Stressaktionen, wenn sie bedroht werden. Vor allem reagieren sie jedoch auf Einfühlungsvermögen und Zuneigung. Ein Wissenschaftler, der liebevoll mit seinen »Versuchsobjekten« umgegangen ist, erhielt andere Ergebnisse als ein kühler, sachlicher, gefühlsarmer Wissenschaftler. Die Pflanzen reagierten auf die Person, die das Experiment durchführte. Dies aber wird in einem wissenschaftlichen Verfahren nicht anerkannt.

In einem Interview, das ich mit einem Wissenschaftler führte, dessen Namen ich lieber verschweigen möchte, ging es um Umfragen und Statistiken. Er hatte durch Umfragen und spezielle Fragetests, die hierfür extra entwickelt wurden, herausgefunden, dass Unfruchtbarkeit bei Frauen nicht auf psychosomatische Gründe zurückzuführen sei. Im Klartext: Die Fruchtbarkeit und Unfruchtbarkeit einer Frau hat keine seelischen oder gefühlsmäßigen Ursachen. Ich war hochgradig erstaunt. Das Material galt als wissenschaftlich abgesichert, der Professor war sich seiner Sache sicher, und ich vermied es, ihm mitzuteilen, was ich hier gern erzählen will:

In einem meiner Schönheitsseminare, das ich mit meiner guten Freundin und Yogalehrerin Rashida durchführte, kamen wir auf die Idee, den Schoß der Frauen und damit ihre Weiblichkeit zu segnen. In einer bestimmten, hierfür geeigneten Yoga-Position gingen wir bei sanfter Musik herum, legten unsere Hand auf das Geschlecht der Frauen und segneten sie. Sechs Wochen später war die erste Teilnehmerin schwanger. Ungewollt. Sie hatte das sichere Gefühl, dass unser Segnen ihres Schoßes damit im Zusammenhang stand. Etwa ein dreiviertel Jahr später war die nächste Teilnehmerin schwanger, die sich zum Glück jedoch über das Kind freute. Aus Sicherheitsgründen strich ich diesen Teil des Programms aus meinem Seminarplan.

Ich persönlich glaube nicht, dass unser Körper in irgendeiner Weise von unseren Gefühlen und unserer Seele zu trennen ist. Körper, Seele, Geist bilden ein vielschichtiges, komplexes Zusammenspiel von Kräften, das wir noch sehr, sehr lange erforschen können.

Den Körper lieben lernen

Wenn Sie wieder einmal mit Ihrer Körperform hadern, bitte ich Sie, mich in das wunderschöne irisch-römische Dampfbad im Müllerschen Volksbad in München zu begleiten. Es ist ein historisches Gebäude im reinen Jugendstil, und der Dampfbadbereich gleicht einem Tempel der Aphrodite.

Nach einem knapp zehnminütigen Besuch im Dampfbad lassen wir uns in das kreisrunde Warmwasserbecken gleiten. Wir bewundern die Kuppeldecke und die ästhetischen Formen des Raumes. Es ist herrlich hier, vor allem an einem Freitagmorgen im Winter – wenn Frauenbadetag ist. Unser Blick streift über die nackten Körper der anderen Frauen. Es sind alte und junge Körper. Keiner gleicht dem anderen. Jede Frau hat andere Brüste, einen anderen Po, andere Beine. Es gibt flache und fleischige Pos und große, kleine, hängende, birnenförmige, apfelförmige, melonenförmige, nussförmige Brüste – aber kein Paar gleicht dem anderen. Nach einer Weile hören wir auf zu urteilen und zu werten. Es sind Körper. Irgendwie ist jeder Körper auf seine Art schön und vor allem Respekt einflößend, fast wie eine Person. Ach ja, und was uns noch auffällt bei unserem Besuch: Obwohl es hier so viele Körper zu sehen gibt, sieht kein einziger weiblicher Körper so aus wie auf den Werbeplakaten für Unterwäsche. Erstaunlich, nicht wahr?

Wenn Sie also wieder einmal Ihre Körperform mit der Körperform auf irgendeinem Werbeplakat vergleichen, gehen Sie am nächsten Tag in die Sauna oder ins Dampfbad. Dort werden Sie sich nicht nur mit Ihrem eigenen Körper versöhnen, sondern mit allen weiblichen Körpern auf dieser Erde.

Den Körper glücklich machen

Wenn Sie damit begonnen haben, Ihren Körper zu mögen, gar zu lieben, werden Sie früher oder später ganz von allein und ohne jeden Druck oder Stress etwas für ihn tun wollen. So ist es, wenn man liebt. Man zwingt sich nicht, dem anderen etwas Gutes zu tun, man möchte ihm etwas Gutes tun, man wünscht sich, dass er sich wohl fühlt und dass er glücklich ist.

Aber wie mache ich meinen Körper glücklich? Natürlich kann ich nicht für Ihren Körper sprechen. Sie müssen ihn selbst fragen und gemeinsam herausfinden, was Ihnen beiden Spaß macht. Meine eigenen Erfahrungen sind nur eine Inspiration.

Solange ich denken kann, habe ich gerne getanzt, ich bin eine Tänzerin und tanze, sooft ich kann, oft auch ganz für mich allein.

Außerdem habe ich herausgefunden, dass mein Körper Yoga liebt. Ich hatte bereits mit Mitte zwanzig eine Yoga-Schule in München besucht, aber hier wurde Yoga auf eine Art und Weise vermittelt, die mich abschreckte. Die Schule gab sich ein bisschen wie eine Sekte, alles war sehr streng, man musste vegetarisch essen, um überhaupt Yoga machen zu dürfen – und wie sooft rebellierte mein freier Geist. Jahrelang war ich nicht mehr für Yoga zu erwärmen. Aus »Zufall« geriet ich etwa fünf Jahre später an meine jetzige Freundin Rashida, die Einzel- und Privatunterricht im Yoga erteilt und zu den besten, einfühlsamsten und erfahrensten Yoga-Lehrern gehört, die ich kenne. Bei Rashida gab es überhaupt keine Gesetze oder Zwänge. Sie zeigte mir, wie ich durch Yoga das Bewusstsein für meinen Körper schulen konnte. Sie half mir, auf meinen Atem zu achten. Sie lehrte mich, die Grenzen meines Körpers zu erweitern und gleichzeitig zu achten, brachte mir bei, mich zu entspannen und zu meditieren. Das alles geschah ohne großes Zeremoniell. Sie war schlicht, einfach, liebevoll, achtsam, präsent, ehrlich und zeigte damit immer wieder alle Qualitäten großer und verantwortungsvoller Lehrer.

Als ich damit begann, bei Rashida Privatunterricht zu nehmen, sah mein Körper sehr anders aus als heute. Meine Hüften waren breiter, und ich besaß einen stark gewölbten Bauch, die Schwangerschaft und die Geburt meines zweiten Kindes hatten meinen Körper ziemlich mitgenommen. Bereits nach acht Wochen Yoga begann mein liebster Mann, der mich immer und mit jeder Körperform geliebt hat, Veränderungen an mir festzustellen. Meine Hüften wurden schmaler, mein Bauch flacher. Angespornt von dieser sichtbaren und raschen Verbesserung meiner Figur übte ich jeden Abend eine Stunde Yoga und zusätzlich noch einmal in der Woche mit Rashida.

Ich machte ein kleines Ritual aus meiner Yogastunde, denn das half mir, bei der Stange zu bleiben. Ich räumte mein Zimmer vorher auf, legte langsame Musik auf und zündete eine Duftlampe an, um mich einzustimmen. Heute brauche ich alle diese Vorbereitungen nicht mehr, ich kann immer, überall und zu jeder Zeit üben, aber damals half es mir.

Nachdem ich bei Rashida ein Yoga kennen gelernt hatte, das ich jederzeit allein üben konnte und das ich als eine Art »weibliches Achtsamkeitsyoga« bezeichnen würde, lernte ich ein paar Jahre später Yoga nach der Methode des Inders B. K. S. Iyengar kennen. Man arbeitet in diesem Yoga mit vielen Hilfsmitteln, Klötzen, Stühlen, Seilen, Decken, die einem helfen, die Yoga-Stellungen so korrekt wie möglich einzunehmen und dadurch den Körper langsam aufzubauen und zu stärken. Der Gegensatz zwischen dem weiblichen Achtsamkeitsyoga von Rashida und dem eher männlichen, harten Power-Yoga von Iyengar, das ich bei einem Amerikaner namens Bob lernte, hätte nicht größer sein können. Durch Rashidas Yoga war ich schlank und flexibel geworden. Doch durch Iyengar-Yoga bekam ich Kraft und Stärke.

Statt diese beiden Yoga-Arten gegeneinander abzuwägen und zu bewerten, begann ich beide in mein Leben einzubauen. Wenn ich zu Bob gehe, lasse ich mich gerne fordern. Er ist ein phantastischer und sehr erfahrener Lehrer, der sich seinen Schülern »ins Fleisch bohrt« und die Methode von Iyengar bis in ihre tiefsten und feinsten Details beherrscht. Wenn ich allerdings auch nur einmal meine Augen bei einer Übung schließe, herrscht Bob mich an: »Was glaubst du, wo du bist? Im Nirvana? Mach deine Augen auf, zieh die Knie hoch und komm mehr auf deinen inneren Fersen zu stehen! Und verlängere die Flanken, die Flanken, Sabine. Spürst du, wie dein Schlüsselbein sich anhebt?« Bob erinnert mich ein wenig an meinen strengen Lehrer im Kinderballett, obwohl er mit Ballett nun wirklich nichts am Hut hat. Aber ich schätze ihn als einen leidenschaftlichen Yoga-Lehrer, der mich immer wieder an meine Grenzen bringt und mich motiviert, das Beste aus meinem Körper herauszuholen. Nach einer Stunde bei Bob fühlt sich mein ganzer Körper stark und quicklebendig an.

Wenn ich mich allerdings in einer Phase des weiblichen Rückzugs, der Besinnung auf meinen Körper und der Intuition befinde, halte ich mich an Rashidas Yoga. Ich schließe die Augen, lasse meinen Atem fließen und schicke Liebe in die Körperteile, die Energie und Aufmerksamkeit benötigen. Rashidas Yoga ist mein Mond und Bobs Yoga ist meine Sonne.

Es gibt unzählige Bücher über Yoga, die einem erklären, warum Yoga so gesund ist, deshalb will ich hier nicht näher darauf eingehen. Ich persönlich halte Yoga für ein Geschenk der Götter ebenso wie Tantra. Obwohl ich viele Gründe dafür anführen könnte, sind mir diese zwei am wichtigsten. Erstens: Yoga gibt Energie, etwa so, als würde ich mit meinem Körper an eine Steckdose angeschlossen. Auch wenn ich körperlich noch so niedergeschlagen und müde in eine Yogastunde hineingehe – wenn ich herauskomme, fühle ich mich energetisiert. Zweitens: Yoga ist für mich wie eine Tür zu einem klareren und ruhigeren Geist. Wenn ich Yoga gemacht habe, kann ich wunderbar meditieren, tief beten und sehr klar über mein Leben nachdenken.

Manche Menschen haben mir erzählt, dass sie durch Yoga aggressiv würden. Ein junger, sehr betriebsamer Arzt, mit dem ich befreundet bin, ging vom Yoga frustriert ins Aikido, eine japanische Kampfsportart, und fand dort alles, was er sich wünschte. Was immer wir für unseren Körper tun, um ihn glücklich zu machen, es muss uns beiden Spaß machen, sonst ist der Konflikt vorprogrammiert. Aber auch hier kann es Überraschungen geben, und nichts ist schöner, als sich zu ändern, alte Meinungen über Bord zu werfen und etwas Neues zu probieren.

Jahrelang hasste ich es, zu laufen. Ich kam immer sehr schnell aus der Puste und konnte nicht verstehen, wieso das Joggen so groß in Mode gekommen war. Ein paar Mal versuchte ich es natürlich, aber es brachte mich schier um, und mein Körper zeigte solche Stressaktionen, dass ich es für ratsam hielt, uns beide mit dieser Sportart zu verschonen. Eines Tages bekam ich ein Presse- und Rezensionsexemplar eines Gesundheitsbuches des Sportarztes der Fußballmannschaft von Bayern München, Dr. Müller-Wohlfahrt, zugeschickt. Darin listete er unter anderem alle Vorteile des Joggens auf. Das größte Entzücken bereitete mir seine Erklärung über das Kreativitätshormon ACTH. Ich zitiere:»Beim Joggen im richtigen Pulsbereich kommt es zu einem messbaren Anstieg des adrenocorticotropen Hormons ACTH. Dieses Hormon ist unverzichtbar für kreative Kopfarbeit und außerdem die einzige uns bekannte Substanz, die in der Lage ist, Fettablagerungen zwischen den Gehirnzellen wieder abzulösen. Dadurch verbessert und beschleunigt sich unser Gedankenstrom. In Fachkreisen wird ACTH daher Kreativitätshormon genannt.«

Dies allein hätte mich schon dazu gebracht, dem Laufen noch eine letzte Chance zu geben. Doch dann fand ich in einem kleinen grünen Kasten, der über das Trainingsprogramm informierte, genau die Nachricht, die mir das Laufen schon vor Jahren erleichtert und angenehm gemacht hätte: Ich brauchte nicht 30 Minuten durchzulaufen. Ich sollte, sobald ich nicht mehr könne, in ein schnelles Gehen verfallen und erst wieder mit dem Laufen beginnen, wenn mein Körper dazu bereit war.

Mit diesen guten Nachrichten im Kopf kaufte ich mir noch am selben Tag gute Laufschuhe. Ich baute mir mein eigenes Trainingsprogramm zusammen. Es bestand anfangs aus einer Mischung zwischen Joggen, Power-Walken (das heißt schnelles Gehen) und einer Verschnaufpause mit Dehnungsübungen im Mittelteil des Programms. Die Anfänge waren ziemlich kläglich. Ich schaffte nur sehr kurze Strecken, ließ mich aber nicht entmutigen. Wenn ich ins Hecheln und Schnaufen geriet, verfiel ich in schnelles Gehen.

Meine Körperfamilie war begeistert. Ich kam bei jedem Laufen richtig ins Schwitzen, und mir schien, als habe mein Körper dies vermisst, da ich im normalen Alltag nur ganz wenig schwitze und beim Yoga überhaupt nicht. Zudem wurden meine Lungen bis in die äußersten Spitzen mit Sauerstoff versorgt. Nach jedem Laufen konnte ich tiefer atmen, ich atmete in Körpergebiete hinein, die wahrscheinlich seit meiner Kindheit nicht mehr mit Sauerstoff versorgt worden waren. Mein Atem reichte jetzt bis an die hinteren Rippen des Rückens und hob die Stellen nahe den Schulterblättern, bei denen auf Engelsbildern die Flügel der Engel angewachsen sind. Ich habe nie daran gezweifelt, ein Engel zu sein. Aber nun bekam ich erstmals ein Gefühl für meine irdischen Flügel. »Der Himmel kann warten«, dachte ich, »denn jetzt lege ich hier unten erst richtig los.« Mein Leben gewann noch mehr an Qualität. Ich fühlte mich vitaler, mutiger, stärker und geistig wacher.

Inzwischen jogge ich jeden Tag etwa eine halbe Stunde, außer an jenen Tagen, an denen ich zum Yoga-Unterricht gehe. Wenn ich nicht zum Laufen komme oder das Wetter schlecht ist, nehme ich mir eine halbe Stunde Zeit für meine Yoga- und Stretching-Übungen.

30 Minuten am Tag schenke ich meinem Körper, und er belohnt mich mit einer guten Figur und einem wachen, vitalen Geist.

Menschen, die zu Depressionen neigen, rate ich immer, sich eine Sportart zu suchen, die sie nach draußen in die Natur führt und zum Schwitzen bringt. Es ist äußerst schwierig, traurig, antriebsarm und deprimiert zu bleiben, wenn man genügend Sauerstoff, Licht und Bewegung bekommt. Die Natur ist zudem eine große Heilerin. (Vorsicht: Es gibt bei einigen Menschen eine Form von Depression, die durch sportliche Überaktivität und Rastlosigkeit verdrängt wird. Wenn Sie den Verdacht haben, dass dies auf Sie zutreffen könnte, ist der obige Ratschlag für Sie ungeeignet.)

Eines meiner Lieblingsbücher handelt von einem sterbenden College-Professor namens Morrie Schwartz. Mitch Albom, einer seiner ehemaligen Schüler, der ein berühmter Sportjournalist geworden war, zeichnete seine letzten Gespräche mit seinem Lieblingsprofessor auf. Mitch besuchte seinen Lehrer ein Mal in der Woche am Dienstag, deshalb heißt das Buch »Dienstags bei Morrie«. Ich verliebte mich in Morrie bereits auf den ersten Seiten des Buches und verfolgte mit klopfendem Herzen seine Sterbegeschichte. Morrie litt an einer Krankheit des Nervensystems, die ALS (amiotrophyische Lateralsklerose) genannt wird. Bei dieser Krankheit schmelzen die Nerven weg und lassen den Körper wie einen Haufen Wachs zurück. Das heißt, man verliert nach und nach die Kontrolle über sein Fleisch und ist gegen Ende der Krankheit bewegungslos in seinem Körper gefangen. Trotz dieser furchtbaren Krankheit beschließt Morrie, das Beste aus der ihm verbleibenden Zeit zu machen. Aus der Perspektive eines Menschen, der den Tod vor Augen hat, berichtet er, welche Werte ihm wichtig sind und was sein Herz jetzt noch erfreut. Dabei erinnert er seine Leser permanent an das, was wirklich wichtig ist im Leben.

An einem Dienstag fragt Mitch seinen kranken Lehrer, ob er nicht manchmal traurig sei und sich selbst bemitleide. »Manchmal, am Morgen«, antwortet Morrie. »Ich betaste meinen Körper, ich bewege meine Finger und meine Hände – alles, was ich noch bewegen kann –, und ich betraure, was ich verloren habe. Ich betraure die langsame, heimtückische Art, wie ich sterbe. Aber dann höre ich auf zu trauern.«

»Einfach so?«, fragte Mitch.

»Ich gestatte mir, einmal richtig zu weinen, wenn ich das brauche. Aber dann konzentriere ich mich auf all die guten Dinge, die es noch in meinem Leben gibt. Auf die Leute, die mich besuchen kommen. Auf die Geschichten, die ich hören werde. Auf dich – wenn es Dienstag ist ….Mehr Selbstmitleid gestatte ich mir nicht. Ein bisschen jeden Morgen, ein paar Tränen, das ist alles.«

Ich war gleichermaßen beeindruckt wie entzückt, als ich diese Stelle las. Wie oft befinden wir uns monatelang auf seelischer Talfahrt? Wie viele Menschen, die ich kenne, sind praktisch ständig depressiv und nur sehr selten fröhlich und aktiv? Was wäre, wenn all diese Menschen zu Morries Einstellung gelängen, dessen Körper ihn jeden Tag ein bisschen mehr zu Stein werden ließ? Alle Tränen, alle Traurigkeit brachte er in einigen Minuten am Morgen hinter sich, um sich dann auf all das Gute und Schöne im Leben zu konzentrieren. Die besten Heilmittel und Rezepte sind oft nicht sonderlich spektakulär. Auch dies gehört dazu.

Manchmal, wenn ich laufe, muss ich an Morrie denken. Er hatte leidenschaftlich gern getanzt, bevor die Krankheit von

191

ihm Besitz ergriff. Aber bevor ich allzu traurig werde, zwinkert Morrie mir geistig zu und erinnert mich daran, meinen Körper und alle Bewegungen, die er so leichtfüßig ausführen kann, zu genießen. Dann jogge ich mit doppelter Freude durch den Englischen Garten und freue mich daran, dass ich laufen darf und kann!

Wenn man gerade erst damit beginnt, auf seinen Körper zu lauschen, seine Bedürfnisse zu erforschen und ihnen nachzukommen, ist es wichtig, sich seine Visionen wieder ins Gedächtnis zu rufen.

Denken Sie bitte nie: »Ich laufe nur, um ein paar Kilo von meinem fetten Bauch abzuspecken.« Weder Ihr Geist noch Ihr Körper werden sich von solchen Gedanken sonderlich motivieren lassen. Sie erklären damit Ihren Bauch zu einer Art Feind, der sich vom »Gegner« Sport bezwingen lassen soll. Das Ergebnis ist oft, dass es Ihnen ungeheuer schwer fällt, sich zu dem Sport aufzuraffen.

Erinnern Sie sich stattdessen lieber an die ideale Frau, die Sie sein möchten. Sie laufen, weil Sie eine Vision von sich haben. Sie machen Yoga, weil Sie wissen, dass Sie Ihr größtes Potenzial noch nicht erreicht haben. Sie schwimmen, fahren Rad oder gehen ins Gymnastikstudio, weil Sie wissen, dass in Ihnen eine schönere, strahlendere, schlankere, vitalere, stärkere Frau steckt. Sie werden diese Frau erschaffen, und wie jeder kreative Akt ist diese Arbeit mit Disziplin und ein bisschen Schweiß, aber auch mit Kreativität, Spaß und Phantasie verbunden. Bei all dem genießen Sie Ihren Körper mit all seinen Empfindungen. Diese Vorstellung wird Ihren Geist und Ihren Körper anspornen. Sie konzentrieren sich jetzt auf das Licht, nicht auf den Schatten.

Wie sagt der geistige Lehrer Jeru Kabbal so unnachahmlich: »Wir sind nicht auf Erden, um zu heulen und zu klagen. Wir sind hier, um zu feiern und das Leben zu zelebrieren!«

In einem Obstgeschäft in meinem Wohnviertel hängt ein großes Schild im Schaufenster: »Wollen Sie abnehmen?« Unter dieser Schlagzeile wird eine mir unbekannte Methode angekündigt. Wer nähere Informationen sucht, soll sich im Laden erkundigen. Die Frau, die das Obstgeschäft betreibt, hat starkes Übergewicht und trägt immer schwarze, fließende Kleidung, um ihre Pfunde zu kaschieren. Als das Schild erstmals auftauchte, wartete ich einige Wochen, um herauszufinden, ob die Methode bei ihr Wirkung zeigte. Allerdings konnte ich auch nach zwei Jahren noch keine Veränderung an ihr feststellen. Das Schild hängt immer noch im Schaufenster des Obstgeschäfts, und die Obstfrau ist so dick wie eh und je.

Wenn ich Frauen inspirieren will, ihr größtes Potenzial zu leben, muss ich selbst ein gutes Vorbild sein. Ich muss das, was ich predige, auch leben.

Schauen Sie sich Menschen an, die Ihnen irgendetwas verkaufen. Sehen sie jünger, schlanker, sportlicher oder vitaler aus? Einer meiner Tantralehrer war ein sexuell hoch attraktiver Mann, charismatisch, einfühlsam, dabei jedoch zutiefst männlich. Ich war mehr als interessiert, bei ihm Tantra zu lernen. Dr. Müller-Wohlfahrt, dessen Buch »So schützen Sie Ihre Gesundheit« mich so begeistert hatte, sieht gut fünfzehn Jahre jünger aus, als er tatsächlich ist. Bob, mein Yogalehrer, übt jeden Tag vier Stunden Yoga. Mein geistiger Mentor Pedro de Souza, der nicht nur ein geistiger Lehrer, sondern auch ein Ernährungswissenschaftler ist, besitzt mit 65 Jahren eine vollkommen glatte, faltenfreie Haut, von der man als Frau nur träumen kann. Von solchen Menschen lasse ich mich gern inspirieren.

Vor kurzem begleitete ich de Souza zu einem Vortrag über Ernährung in München. Eine Dame, die ihm immer wieder heftig widersprach und gänzlich andere Ansichten über Ernährung hatte als er, fiel mir besonders auf. Sie war sehr aufgeweckt und klug und besaß einen sichtlich kämpferischen Geist, aber sie hatte auch Übergewicht, und ihr Gesicht entsprach ihrem Alter. Ihre Argumente überzeugten mich daher kaum.

Manchmal frage ich mich natürlich, ob ich mich selbst nicht allzu sehr unter Druck setze, wenn meine Leser und Seminarteilnehmer nun von mir erwarten, dass ich selbst auch stets als »Mrs. Superschön und Strahlend« auf den Plan trete. Aber dann sage ich mir: Die Schönheit, die mich beseelt und die ich vertrete, besitzt eine innere Qualität. Sie ist nicht abhängig davon, dass ich rund ums Jahr topfit, makellos schön und dauergepflegt bin. Im Gegenteil. Alles, was uns als Frauen noch mehr unter Stress setzt, erscheint mir eher hinderlich. Ich bin begeistert, wenn ich ungeschminkt herumlaufe und mich trotzdem schön finde.

Auf dem Seminar einer Freundin vergaß ich einen ganzen Tag lang, mich zu schminken. Ich hatte morgens noch gejoggt, dann geduscht und kaum Zeit zum Frühstücken gefunden. Meine Haare hatte ich mit einem Gummi und zwei Nadeln hoch gesteckt, ohne auch nur in den Spiegel zu schauen. Trotzdem bekam ich an diesem Tag ununterbrochen Komplimente von den männlichen Teilnehmern der Gruppe. Für einen Mann verkörperte ich seine Idealfrau, ein anderer liebte meine Ausstrahlung, einer fand mich unglaublich attraktiv und sexy und ein vierter meinte, ich sei etwas ganz Besonderes, eine Art Fee oder Zauberin für ihn. Ich fühlte mich wie ein kleines Mädchen, das eine dieser bunt gemischten Süßigkeitstüten bekommt, von allem war etwas dabei. Erst am Spätnachmittag fiel mir ein, dass ich noch nicht einmal dazu gekommen war, einen Hauch von Lippenstift aufzutragen.

Dabei mache ich mich gern schön, und ich liebe Komplimente! Ich sage nie: »Oh, das stimmt doch gar nicht.« Oder: »Du willst mir nur schmeicheln.« Was würde mein Unterbewusstsein davon halten? Ich bedanke mich für Komplimente und bestätige sie dadurch.

Innere Schönheit ist stresslose Schönheit. Ich liebe es, auf Menschen zuzugehen, ihnen zuzuhören, sie zu motivieren, auch wenn ich zufällig gerade meine ältesten Sachen anhabe. Ich erlaube es mir, meine Haare nicht zu waschen, wenn ich mich nicht danach fühle. Ich wage es, in mich gekehrt zu sein und meinen eigenen Bedürfnissen nachzugehen, wenn ich meine Periode habe. Auch das gehört für mich zur inneren Schönheit. Es bedeutet, dass ich natürlich bleibe. Es heißt, dass ich in Kontakt mit mir selbst bin und mich nicht permanent gesellschaftlichen Normen oder der Meinung anderer unterwerfe. Es beinhaltet für mich, zu mir selbst zu stehen und auf meine inneren Werte zu vertrauen.

Die Sache mit dem Essen

Ich habe lange gezögert, bevor ich mich dazu entschloss, ein Kapitel über Ernährung in dieses Buch einzubauen.

Obwohl mein Lehrer Pedro de Souza Ernährungswissenschaftler ist und viele Menschen durch seine Naturveda-Methode schlank und gesund geworden sind, und obschon er seit vielen Jahren Ernährungsberater ausbildet, fühle ich mich nicht berufen, mit Menschen über ihre Ernährung zu sprechen.

Ich selbst habe bereits vor vielen Jahren meine Ernährung weitgehendst auf seine Methode umgestellt und bin davon innerlich überzeugt, allerdings ohne missionarischen Eifer.

Das liegt möglicherweise daran, dass Ernährung für so viele Menschen eine Glaubensfrage ist, und damit viel mehr verbunden ist als einfach nur eine Kalorienaufnahme. Nahrung hat zu tun mit Kindheitserlebnissen, Zuhause-Gefühlen, Geborgenheit, Sicherheit, Liebe, Trost, Erinnerungen. Essen ist etwas Sinnliches ebenso wie etwas Gemeinschaft Stiftendes. Essen hat unglaublich viel mit Familie und Familientraditionen zu tun.

Im alten Judentum war das gemeinsame Essen von großer Bedeutung, und auch Jesus aß oft mit seinen Jüngern, aber auch mit Zöllnern und Menschen, die in den Augen der Gesellschaft keine Achtung verdient hatten. Die Tatsache, dass er mit ihnen aß, sein Brot teilte, bedeutete, dass er sie achtete und sie umarmte, statt sie auszuschließen und zu isolieren. Aber Nahrung teilen bedeutet auch Ideen und Ansichten teilen. Wer mit Jesus aß, verinnerlichte zugleich seine Erkenntnisse und seine Lehre.

Wie wichtig und Sinn stiftend Essen für andere ist, wurde mir erst klar, nachdem ich meine Ernährung umgestellt hatte. Wie so oft in unserem gemeinsamen Leben zogen mein liebster Mann und ich an einem Strang. Als wir beschlossen, uns nach den neuen Richtlinien de Souzas zu ernähren, arbeiteten wir zusammen und nicht gegeneinander. Deshalb war es nicht allzu schwierig, in meinem eigenen Heim die Gewohnheiten zu verändern, anders einzukaufen und anders zu kochen.

Statt Brötchen, Marmelade und Eiern oder Müsli essen wir morgens Obst. Unsere Kinder bekommen im Winter Porridge (Haferflockensuppe) oder Naturjoghurt mit frischem Orangensaft oder eine Grapefruit. Im Herbst stelle ich oft noch Feigen, Datteln und Rosinen auf den Tisch. Im Sommer essen meistens alle Obst.

Allerdings erlaube ich meinen Kindern auch Cornflakes zu essen, wenn ihnen der Sinn danach steht. Meist kehren sie nach einer Weile von ganz allein wieder zu Obst, Porridge oder Naturjoghurt zurück.

Mittags koche ich regelmäßig frisches Gemüse, manchmal mit Fisch, manchmal mit weißem Hühnchen- oder Putenfleisch aus dem Bioladen. Als Fett verwende ich nur geklärte Butter, genannt »Ghee«.

Abends essen wir häufig Pellkartoffeln mit einem frischen Gemüse wie Brokkoli oder Blumenkohl. Oft essen wir abends aber auch Brot mit Putenwurst oder Tomaten. Brot und Wurst oder Käse sind nicht Teil der Naturveda-Methode de Souzas, aber ein Zugeständnis an meine Erschöpfung, wenn ich abends keine Lust mehr zum Kochen habe.

Zwei Mal in der Woche esse ich mittags in einem indischen Steh-Restaurant, in dem es zum Glück nur ein einziges Gericht gibt, welches immer frisch zubereitet wird.

Für Salate finde ich meist nur am Wochenende Zeit. Dafür presse ich meinen Kindern und mir am Nachmittag manchmal frischen Apfel- und Möhrensaft aus mit einem Schuss Weizenkeimöl oder Leinöl.

Die Naturveda-Methode von de Souza beruht auf einer leichten Trennkost, die es allerdings erlaubt, zum Beispiel Reis und Gemüse zu kombinieren. Außerdem achtet sie auf ein ausgewogenes Säure-Basen-Verhältnis im Körper, deshalb wird bei einer Ernährungsberatung nach dieser Methode der PH-Wert im Urin und im Speichel gemessen.

Als ich meine Ernährung nach dieser Methode umstellte, nahm ich innerhalb weniger Monate etwa drei bis vier Kilo ab, obwohl ich es nicht darauf angelegt hatte, da ich mich nicht als zu dick empfand. Ich bemerkte auch, dass Erkältungskrankheiten, Halsentzündungen und dergleichen nach und nach zu einem Relikt aus der Vergangenheit gehörten.

An das viele Kochen musste ich mich allerdings erst gewöhnen. Erst heute bin ich in der Lage, innerhalb von fünfundzwanzig Minuten ein vollkommen frisches vitaminreiches Gemüsegericht auf den Tisch zu zaubern.

Am Anfang war ich sehr streng und wahrscheinlich ein bisschen fanatisch mit meiner Ernährung, etwa so wie starke Raucher, die plötzlich Nichtraucher werden und sich dann mit dem Zigarettenrauch ihres Lebenspartners besonders schwer tun. Tatsächlich hilft eine gewisse Strenge am Anfang dabei, nicht so schnell wieder in die alten Gewohnheiten zurückzufallen.

So reiste ich zu einem Weihnachtsfest, das wir normalerweise immer bei meiner »Ur-Familie« verbringen – das heißt bei meiner Mutter, meiner Schwester, ihrem Freund und ihren zwei Kindern –, mit einem ganzen Korb voll frischem Gemüse und ayurvedisch-indischen Gewürzen an. Anfangs versuchte ich diplomatisch zu sein. Einen Vormittag lang kochte ich für die ganze Familie mein geliebtes Karotten-Ingwer-Gericht – aber alle zogen ein langes Gesicht. Meine Schwester hatte zusätzlich einen Topf Spaghetti Bolognese gekocht, und nun langten natürlich selbst meine eigenen Kinder schnöde zu Nudeln mit Fertigsauce. Mit sauertöpfischer Miene löffelten nur noch mein Liebster und ich unser Karotten-Ingwer-Mahl, jetzt schmeckte es uns fast schon selbst nicht mehr. Ich brauchte einige weitere Besuche und im Ganzen einige Jahre, um die Ernährungsgeschichte zwischen mir und meiner Ur-Familie zu verdauen.

Meine Mutter lehnte fast alle Gerichte, die ich bei ihr zu Hause für uns kochte, rundweg ab. Meist kochte sie für sich selbst und die Kinder ein anderes Gericht, sodass ich ganz allein auf meinem Gemüse saß, was natürlich unsinnig war. Merkwürdigerweise schmeckte ihr jedoch meine Küche, wenn sie zu mir zu Besuch kam. Endlich begriff ich: Jahrelang hatte meine Mutter für mich mit Liebe gekocht. Meine Mutter ist eine ungewöhnlich gute Hausfrau, die für ihre Küche viel gelobt wird. Wie jede richtig gute deutsche Hausfrau ist sie auf Braten spezialisiert – allerdings auch auf Geflügel wie Gans und Ente, da sie in Pommern aufgewachsen ist. Als Kinder liebten wir ihre Sonntagsbraten, als Studentin leckte ich mir alle zehn Finger, wenn ich nach Hause kam und die alten Kindheitsgerichte auf dem Tisch standen. Meine Mutter freute sich darüber und war stolz auf ihre Fähigkeiten. Wie bei jeder »Hüterin des Herdes« war dies ein Ausdruck ihrer Liebe für uns. Erst jetzt, da ich seit nunmehr vierzehn Jahren für meine Kinder koche, kann ich ermessen, wie viele Stunden ihres Lebens eine Frau mit Kindern und Familie in der Küche verbringt und wie groß daher der Ausdruck ihrer Liebe für mich war.

Als ich meine Ernährung umstellte und nun plötzlich die Nahrung meiner Mutter als »ungesund« ablehnte, empfand sie dies wie eine Ablehnung ihrer Liebe, aber auch all dessen, was sie war, und all dessen, was meine Kindheit unter ihrer Obhut, Liebe und »Nahrung« ausgemacht hatte. Wenn ich ihr Essen ablehnte, lehnte ich indirekt auch sie ab. Ich konnte mich also entweder nach den neuen Regeln ernähren und dabei lieblos sein, oder ich war liebevoll und aß bei meiner Mutter all das, was ich früher auch gegessen hatte. Ich entschied mich, nach ein paar Bauchlandungen, für die Liebe. Von nun an und bis heute esse ich alle Gerichte, die mir bei meiner Ur-Familie vorgesetzt werden. Obwohl ich seit Jahren kein Schweinefleisch mehr zu mir nehme, hätte ich auch mit Freude Koteletts vertilgt, wenn diese auf den Tisch gekommen wären.

Tatsächlich aber änderte sich auf geheimnisvolle Weise vieles, nachdem ich einmal beschlossen hatte, alles zu essen, was meine Familie kochte, und nie wieder über Ernährung zu reden. Meine Mutter begann, sich auf mich einzustellen. Sie fragte mich, was sie kochen solle. Sie schlug öfter frisches Gemüse vor. Jetzt, da ich nicht mehr mit festen Vorstellungen zu ihr kam, schien ihr plötzlich daran gelegen, mich glücklich zu machen und auf meine Essgewohnheiten einzugehen. Wahrscheinlich ist dies das Geheimnis der Liebe, das immer und überall wirkt und dessen Wege zu erforschen ich nie müde werde.

Doch die Geschichte ist noch nicht zu Ende. Viele Jahre lang galt ich in meiner Familie als diejenige, die schlecht bis gar nicht kochen konnte. Meine Schwester bemühte sich bereits als junge Frau, meiner Mutter in ihren hausfraulichen Qualitäten nachzueifern, und das brachte mich eher in eine rebellische Gegenposition. Nachdem ich mich aber, wie bereits beschrieben, mit meiner inneren Mutter versöhnt hatte, wurde ich eine sehr gute Köchin, allerdings auf der Grundlage der Ernährungsmethode von Pedro de Souza. Da er Goaner ist und die indische Küche am besten kennt, lernte ich von ihm indische und ayurvedische Gewürze zu benutzen, und mein Geschmack änderte sich in diese Richtung. Wenn Freunde zu mir kommen, sind sie von meiner Küche begeistert, und ich bekomme immer Komplimente für mein Essen.

Meine Ur-Familie konnte ich im Großen und Ganzen jedoch nur geringfügig für meine Küche und meine Ernährungsgewohnheiten begeistern. Meine Schwester liebte zwar meine Salate, aber alles in allem fehlten ihr die Sahnesaucen, die Nudeln, die Wiener Schnitzel ebenso wie Leberwurst, Käse, Marmelade und Brötchen am Morgen.

In den ersten Jahren nach meiner Ernährungsumstellung war meine Schwester bis zum Kopfschmerz gestresst, wenn ich sie besuchte. Einerseits bewunderte sie mich für meine konsequente Ernährung, andererseits setzten meine eigenen Ansprüche sie selbst unter Druck. Sie hatte große Sorge, meinen hohen Anforderungen nicht zu genügen, und kaufte Berge von Obst, Salat und Gemüse, wenn ich kam. Aber sie fühlte sich auch in ihren eigenen Essgewohnheiten von mir beobachtet und beurteilt. Und es stimmte sogar. Tatsächlich öffnete ich manchmal die Speisekammer mit einem leichten Schaudern: Da gab es Dosen. Vorgekochtes Essen. Margarine. Würstchen im Glas. Riesige Thermoskannen für Kaffee, der den ganzen Morgen bereitstand. Absolute Unmöglichkeiten in de Souzas Ernährungsplan, die – so schien es mir – seit dem Zeitalter der Dinosaurier nicht mehr in meinem Haushalt aufgetaucht waren.

Ich stand also in der Speisekammer meiner Schwester und betrachtete schaudernd die Dosenkost, und sie beobachtete, ebenso schaudernd, ihre kleine Schwester, die sich scheinbar auch die einfachsten und simpelsten Lebensgenüsse versagte. Statt Limonade trank ich Wasser, »bitte ohne Kohlensäure«, zum Kaffee brühte ich mir einen »Kinderkaffee« aus Gerste auf, beim Frühstück verschmähte ich den herrlichen holländischen Butterkäse, halbfett, »probier doch mal«, schnitt mir stattdessen Birnen und Äpfel auf, knackte ein paar Walnüsse und kramte in meiner Handtasche nach der Tüte mitgebrachter Rosinen.

Meine Töchter brachten mit der typischen Unbeschwertheit der Kinder noch mehr Dynamik in den Konflikt. Alles, was es bei meiner Mutter und bei meiner Schwester gab, verschlangen sie mit Begeisterung. Ich bekam zu hören: »Warum kochst du nicht mal so?« Oder sie beschwerten sich bei meiner Schwester: »Fleisch mit Sauce – so was Tolles gibt es bei uns zu Hause nie!« Das tat zwischendurch richtig weh, denn wenn sie zu Hause sind, lieben sie mein Essen, und ich bin furchtbar stolz darauf, dass ich immer frisch und vitaminreich für sie koche. Bei uns gibt es viel Gemüse und Fisch oder Gemüse und Kartoffeln oder einen Rohkostteller. Ich musste also höllisch aufpassen, dass Essen und Ernährungsgewohnheiten zwischen uns nicht zum Glaubenskrieg gerieten.

Am schlimmsten war es, wenn meine Mutter zu uns zu Besuch kam. Hier in meinem eigenen Heim, so fühlte ich, hatte ich das Recht, mich nach meinen Regeln zu ernähren. Doch so einfach war dies auch nicht. Sobald meine Mutter da war, ging sie einkaufen und versorgte unseren Haushalt mit all den Zutaten, die es bei uns praktisch nicht mehr gibt: Sie kaufte Leberwurst, Teewurst, Brötchen, Marmelade und deckte morgens ordentlich den Frühstückstisch, wie es sich für ihr Empfinden gehört. Sie besorgte sogar eine große Wurstdose, obwohl ich unseren Wurstverbrauch auf ein Minimum beschränke. Meine Kinder aßen also statt Obst oder Porridge schon morgens Brötchen mit Marmelade.

Brötchen mit Marmelade bestehen nur aus Zucker und Fett

und geben unserem Körper überhaupt nichts für den Tag. Sie sind einfach nur eine schlechte Essgewohnheit. Es war äußerst schwierig für mich zuzuschauen, wie meine Mutter ihre Regeln in meinem Reich ausbreitete. Inzwischen bestehe ich auch diese Prüfungen mit Gelassenheit. Sie ist selten bei uns zu Besuch, und wenn sie kommt, decke ich von vornherein den Tisch mit Brötchen, Wurst und Marmelade. Ich kann nicht verlangen, dass meine Mutter morgens nur Obst isst. Sie ist es nicht gewöhnt, und sie soll sich wohl fühlen, wenn sie bei mir ist. Wenn man jemanden lieb hat, möchte man, dass er zufrieden und glücklich ist. Ich versuche, Gerichte zu kochen, die möglichst wenig Knoblauch, Ingwer und Curry enthalten. Ich passe mich an. Nicht vollkommen, aber doch ein wenig. Dies ist meine Art, ihr zu sagen, dass ich sie liebe.

Normale Diäten sind immer eine Art Crash-Programm für schnelles Abnehmen. Man zwingt sich drei oder vier oder sechs Wochen lang auf eine bestimmte Art und Weise zu essen, und dann kehrt man erleichtert wieder zu Koteletts, Wiener Würstchen und Käsebrötchen zurück. De Souzas Methode ist keine Diät, sondern eine andere Art der Ernährung. Wenn man sich einmal darauf eingestellt hat, bleibt man im Großen und Ganzen dabei. Die Vorstellung von einer dauerhaften Essensveränderung macht aber vielen Menschen schreckliche Angst, so als wollte man ihnen etwas wegnehmen.

Schließlich essen wir nicht nur, um unseren Hunger zu stillen, sondern aus einer Vielzahl von Gründen: aus Wut, aus Ärger, aus Kummer oder als Trost. Oft essen wir aus Frust, aus Langeweile oder um einen bestimmten Schmerz zu verdrängen. Die amerikanische Frauenärztin Christiane Northrup schreibt in ihrem Buch »Frauenkörper – Frauenweisheit«: »Ich kenne keine einzige übergewichtige Frau, die nicht ganz genau weiß, was sie essen sollte. Es geht nicht um zusätzliche

Informationen über Ernährung. Es geht darum, den Schmerz zu fühlen, der mit der überschüssigen Nahrung verdrängt wird.«

Manchmal essen wir, um einen sinnlichen Genuss zu erleben. Für alte und einsame Menschen ist Essen meistens der einzige sinnliche Höhepunkt des Tages. Als mein Schwiegervater alt wurde, nahm er an nichts mehr Anteil. Er zog sich immer mehr in sich selbst zurück wie eine Schildkröte. Nur wenn es ans Essen ging, kam er aus sich heraus. Dann blühte er förmlich auf, freute sich wie ein Kind und beschäftigte sich hingebungsvoll mit seiner Mahlzeit. Ich hatte den Eindruck, am Ende seiner Tage war Essen das Einzige, was ihm noch Lust verschaffen konnte.

Frank Leder, der Gründer und Leiter meiner Massageschule, mit dem ich gut befreundet bin, erzählte mir einmal, wie lohnend und aufregend es für ihn gewesen sei, alte Leute zu massieren. Sie seien oft seit Jahren nicht mehr liebevoll und achtsam berührt worden und zutiefst dankbare Klienten.

Ich habe den Eindruck, dass Essen für uns oft eine Ersatzbefriedigung ist. Wir stecken etwas in den Mund, weil wir niemanden haben, der uns streichelt oder sanft berührt. Wir vermissen Hochgefühle körperlicher Natur – so wie man sie während einer Massage, beim Yoga, beim Laufen oder beim Sex bekommt – und schieben uns deshalb ein heißes Stück Pizza in den Mund. Es ist der am einfachsten zu habende sinnliche Genuss. Man muss sich überhaupt nicht dafür anstrengen und ist doch getröstet – zumindest ein paar Minuten lang.

Diesen Sommer verbrachte ich mit meinen Töchtern auf der Insel Korfu. Auf der Rückfahrt zum Flughafen stieg eine junge Mutter in unseren Bus. Ihr Baby war neun Monate und ihr Sohn fünf Jahre alt. Sie reiste ebenso wie ich allein mit ihren Kindern. Da ich mich noch gut an die Zeit erinnern kann, als meine Kinder so klein waren, behielt ich sie und das Baby im Auge, um zu sehen, ob ich ihr behilflich sein könnte.

Tatsächlich wurde dem Jungen kurz vor dem Flughafen schlecht, und ich setzte mich mit ihm ans offene Fenster und organisierte eine Plastiktüte für ihn. Das Baby war bereits im Bus müde und rieb sich die Augen, und die Mutter versuchte unterdessen, es mit einem Stück Zwieback bei Laune zu halten. Im Flughafen verloren wir uns aus den Augen, und ich sah sie erst in der Abflughalle wieder, nachdem aufgerufen worden war, dass unser Flug zweieinhalb Stunden Verspätung habe. »Ach, die arme Frau mit dem Baby«, dachte ich mitfühlend. Ich beobachtete, wie der Junge über dem Kinderwagen hing und den schwachen Versuch machte, seine Schwester zu ärgern, während das Baby vor Müdigkeit zu schreien begann. Die Mutter war sichtlich gestresst und reichte dem Baby ein Fläschchen mit Apfelsaft und einen Keks. In diesem Moment erkannte ich, warum Nahrung für uns so oft ein Ersatz für Trost, Ruhe, Harmonie oder Stille ist.

Das Baby sehnte sich einfach nur nach Ruhe und Schlaf und seinem normalen Rhythmus. Da es diesem Bedürfnis nicht nachgeben konnte – die laute und angespannte Atmosphäre am Flughafen, der Kinderwagen, die vielen Menschen störten es –, begann es sich unwohl zu fühlen und zu schreien. Die Mutter, die es verständlicherweise vom Schreien abhalten wollte, hielt ihm einen Keks hin und ein Fläschchen mit Saft – als Ersatz für Schlaf und Ruhe, die sie ihm nicht bieten konnte. Wenn wir oft genug eine Nahrung, meist etwas Süßes, als Ersatz für unsere wahren Bedürfnisse bekommen, erkennen wir irgendwann unsere wahren Bedürfnisse nicht mehr. Wenn wir müde sind, gestreichelt werden wollen, Ruhe brauchen, Entspannung suchen, machen wir auch als Erwachsene eine Tüte Kekse auf – oder eine Tafel Schokolade. Statt zu einem Fläschchen Apfelsaft, greifen wir jetzt vielleicht zu einer Zigarette.

Der erste Schritt wäre also, unseren wahren Bedürfnissen nachzuspüren. Wollen wir uns bewegen, wollen wir laufen, wollen wir gestreichelt werden? Brauchen wir eine liebevolle Umarmung, einen Orgasmus, ein gutes Körpergefühl, so wie es durch bestimmte Sportarten auch herbeigeführt werden kann? Brauchen wir Ruhe und Entspannung?

Es gibt unzählige Gründe zu essen, die alle nichts mit dem Gefühl von Hunger zu tun haben. Mein Liebster und ich trinken am Wochenende nachmittags gerne Kaffee und essen ein Stück Kuchen. Dies ist ein Ritual für uns – wir kennen es wahrscheinlich beide aus unserer Kindheit, und es erinnert uns daran. Bei mir zu Hause kam am Wochenende immer meine geliebte Großmutter und es gab Kaffee und Kuchen. Sehr oft war der Kuchen selbst gemacht, entweder meine Mutter oder meine Großmutter hatten ihn gebacken. Mit selbst gebackenem Kuchen und Kaffee verbinde ich Samstagnachmittage als Kind im Schoß meiner Familie.

Vor einigen Jahren redete ich mit Engelszungen auf Pedro de Souza ein, den Frauen, die er beriet, um Himmels willen den Kaffee und Kuchen am Nachmittag zu lassen. Als Inder hatte diese Gewohnheit für ihn keine Bedeutung, er konnte sich gar nicht vorstellen, wie viele Traditionen, Erinnerungen, Rituale für einen Deutschen mit Kaffee und Kuchen verbunden sind. Und natürlich ging er darauf ein.

Tatsächlich ist eine Ernährungsumstellung einfacher zu bewerkstelligen, wenn man sich in kleinen Schritten darauf zubewegt. Vielleicht ändert man zunächst einmal nur das Frühstück. Und erst nach ein paar Monaten oder vielleicht Jahren auch das Hauptgericht. Vielleicht nimmt man sich vor, zwei Mal in der Woche selbst zu kochen, statt essen zu gehen. Man fängt vorsichtig an, man überfordert sich nicht. Wenn Sie gleich Tee, Kaffee, Brötchen, Kuchen, Wurst, Fleischbällchen und Steaks aufgeben wollen, dann rebellieren sowohl Ihr Geist als auch Ihr Körper. Es geht vielmehr darum, die schlechten Gewohnheiten nach und nach, fast unmerklich »auszuschleichen«.

Man lässt Raum für Zugeständnisse. Wenn Sie Cappuccino am Nachmittag lieben, gönnen Sie sich diese Tasse mit einem Stück Kuchen. Aber dafür lassen Sie vielleicht morgens das Marmeladenbrötchen weg und versuchen es mit einem Obstcocktail.

Ich habe festgestellt, dass ich viele Nahrungsmittel, die ich früher heiß und innig liebte, heute nicht mehr mag. Mein Körper, mein Geschmack und mein Stoffwechsel haben sich geändert. Dadurch, dass ich sehr selten Lebensmittel mit Geschmacksverstärker esse, ist mir dieser Geschmack jetzt sehr unangenehm und künstlich.

Wenn man seine Nase an reine Aromatherapieöle gewöhnt hat, sind Parfüms mit chemischen Duftstoffen kein sinnliches Erlebnis mehr, sondern eine Keule. Ähnlich wie die Geruchsnerven reagieren auch die Geschmacksnerven. Die Nerven werden immer feiner und reiner und zunehmend sensibler für ursprüngliche Frische und Reinheit. Irgendwann möchte man das heiß geliebte Leberwurstbrötchen gar nicht mehr haben. Aber das geschieht von selbst, wenn man sich nicht dazu zwingt, sondern einfach nur nach und nach in kleinen Schritten seine Ernährung umstellt.

Während der drei Jahre, die ich bei Pedro de Souza lebte und von ihm lernte, ernährte ich mich sehr gesund und hielt mich, bis auf Kleinigkeiten, vollkommen an seine Regeln. Obwohl ich es nicht belegen kann, glaube ich, dass jede spirituelle Entwicklung mit einer Änderung der Essgewohnheiten einhergeht. Der Körper wird leichter, feiner und durchlässiger und braucht eine andere Art Nahrung. Bestimmte fetthaltige Speisen und billige Öle werden dem Körper zuwider, vielleicht weil der Körper ebenso wie der Geist nach Reinheit und Harmonie strebt. Wenn ich damals aus meinem kleinen Dorf auf dem Land zu Besuch nach München kam und Bekannte traf, sagten sie zu mir: »Du drehst die Uhr zurück. Du siehst um Jahre jünger aus!« Das wunderte mich nicht. Die Ernährung und natürlich auch meine innere Wandlung wirkten auch im Außen. Aber sobald ich in der Stadt war und mit meinem Liebsten essen ging, wurde ich von dem Essen fast krank. Ich war inzwischen so fein eingestimmt, dass ich die Schwingungen spürte, mit denen gekocht worden war.

Ich konnte Ärger, Lieblosigkeit, Frustration und Stress schmecken. Ich wusste, wenn ein Gericht vorgekocht, aufgewärmt oder in der Mikrowelle heiß gemacht worden war. Nach einem solchen Essen fühlte ich mich oft physisch unwohl. Ich konnte kaum abwarten, wieder nach Hause zu kommen und selbst zu kochen. Aber ich fragte mich auch: Wie will ich in der Welt leben? Wie soll ich später »da draußen« bestehen?

Inzwischen lebe ich schon lange wieder in der Stadt. Ich bin nicht mehr so »rein«, dass ich mich nach einem Besuch im Restaurant praktisch vergiftet fühle. Einige Gewohnheiten, die ich mir auf dem Land fast ganz abgewöhnt hatte, habe ich wieder angenommen. Ich möchte in der Welt leben und mit den Menschen verbunden sein, ich möchte in der Lage sein, einen Cappuccino zu trinken, ein Nudelgericht zu essen, ohne dies sofort zu bereuen.

Auch mein Lehrer Pedro de Souza hat damit angefangen, sich wieder ein wenig »abzuhärten«, wenn auch nicht in dem Maße wie ich. Als ich ihn vor vielen Jahren zu einem Seminar in einem vornehmen Hotel in Offenbach brachte, war er nicht in der Lage, das dortige Essen einzunehmen. Er war zu fein eingestimmt. Ich musste nach Hause fahren, ihm etwas kochen und das warme Essen an der Rezeption vorbei auf sein Zimmer schmuggeln.

Obwohl selten davon geredet wird, halte ich es für äußerst wichtig, mit welcher Einstellung gekocht wird. Eine Mutter, die mit Liebe für ihre Kinder oder ihre Familie kocht, überträgt diese Schwingungen auf das Essen, und man kann die Liebe tatsächlich schmecken. Deshalb vertrage ich alle Gerichte meiner Mutter oder meiner Schwester gut, auch wenn sie meinen Ernährungsregeln widersprechen, denn beide sind liebevolle Frauen und Familienmütter. Wann immer ich zu jemandem privat eingeladen bin, der sich die Mühe macht, für mich zu kochen, empfinde ich dies als sehr wertvoll.

Ich selbst sage während des Kochens: »Himmlische Mutter, bitte segne diese Speisen, die ich in Liebe und Dankbarkeit für meine Familie oder für meine Freunde zubereite.« Auch dadurch verändert sich etwas. Mein Mann, meine Kinder und ich beten vor dem Essen und bedanken uns für die Speise, indem wir sagen: »Himmlischer Vater« oder auch »Himmlische Mutter, bitte segne uns und diese Gaben, die wir in Dankbarkeit durch deine Güte empfangen.«

Ich habe herausgefunden, dass ein gemeinsames Gebet vor dem Essen die Gemeinschaft stärkt und eine harmonische Stimmung beim Essen fördert. Manchmal wage ich deshalb auch bei größeren Gruppen, die eigentlich nicht beten und dies für ungeheuer altmodisch halten, ein Gebet zu sprechen. Denn ich habe die Erfahrung gemacht, dass sich durch mein Gebet häufig die Stimmung in der Gruppe verändert. Das Essen wird aus irgendwelchen Gründen besonders schön oder harmonisch oder beschwingt, oder wir reden über interessante Themen, und ein Gefühl der Verbundenheit stellt sich ein.

Warum das so ist, kann ich nicht genau sagen. Ich glaube, dass wir durch Worte und Gedanken manifestieren. Wenn wir das Höchste, Beste, Liebevollste in uns anrufen oder uns kurz darauf konzentrieren, dann ist es auch für eine bestimmte Zeit mit uns. Es »wohnt« bei uns, und wir können davon profitieren.

Mein Programm:

- Ich versuche, anderthalb Liter Wasser am Tag zu trinken. Nicht immer schaffe ich das, aber ich bemühe mich. Wasser ist eine Art innere Dusche für die Zellen. Ich sage meinen Kindern oft: »Ihr duscht doch auch nicht jeden Morgen mit Limonade oder Kräutertee.« Dann schütteln sie sich und greifen zur Wasserflasche. Faustregel: Körpergewicht mal 0,03 ergibt die zu trinkende Tageswassermenge für durchschnittliche Frauen (nicht für Leistungssportlerinnen).
- Ich halte viel von Nahrungsergänzungsmitteln, die ich kurmäßig anwende. Es können Vitamintabletten, Algen, Lingh-Zi-Pilzschrot, Noni-Saft, eine Kur mit Schüssler-Salzen, Ginseng oder etwas Ähnliches sein. Meine »Ur-Familie« lacht zwar über meine ständigen Experimente, aber meine durchgehende und robuste Gesundheit scheint mir Recht zu geben.
- Ich esse hin und wieder frische, selbst gezogene Keimlinge, vor allem Mungobohnen, die wertvolle Enzyme enthalten.
- Im Winter bereite ich mir und den Kindern fast jeden Nachmittag einen frischen Karotten-Apfelsaft mit ein bisschen Öl.
- Manchmal trinke ich kurmäßig eine Tasse heißes Wasser am Morgen. Dies ist ein einfaches Körper reinigendes Rezept aus dem Ayurveda.
- Von dem Medium Edgar Cayce, dessen Rezepte mich einmal von einem schlimmen Ekzem heilten, habe ich den Vorschlag übernommen, jeden Morgen drei Mandeln zu essen. Cayce empfahl den Verzehr von Mandeln als Schutz vor Tumoren. Im indischen Ayurveda findet sich ebenfalls erstaunlich häufig der Vorschlag, Mandeln zu essen, die sehr

viele Proteine enthalten. Ich weiche die Mandeln abends in kaltem Wasser ein, sodass sie sich morgens leicht schälen lassen.

- Ich vermeide kohlensäurehaltige Getränke, weil der Körper Sauerstoff aufnimmt und Kohlendioxid ausscheidet – und es mir von daher sinnlos erscheint, ihm Kohle in Form von kohlesäurehaltigen Getränken zuzuführen. Manchmal erlaube ich mir jedoch ein solches Getränk, wenn ich große Lust darauf habe.
- Ich versuche meine reichhaltigste Mahlzeit mittags einzunehmen, weil in der Mittagszeit die Verdauungskraft am stärksten ist.
- Ich esse nur äußerst selten und sehr ungern nach 19 Uhr zu Abend.

Viele Ernährungsfragen sind nur individuell zu beantworten, da jeder Körper verschieden ist und verschiedene Bedürfnisse hat.

Frauen, die sich damit näher beschäftigen wollen, rate ich zu einer Ernährungsberatung nach der Naturveda-Methode meines Lehrers Pedro de Souza. Die Adresse finden Sie im Anhang dieses Buches.

Nahrung für den Geist

Ebenso wie unser Körper gut ernährt werden will und gesunde Kost braucht, um vital und beweglich zu bleiben, braucht unser Geist gute Nahrung.

Ich hatte ehrlich gesagt nie ernstlich darüber nachgedacht, bis mich, wie so oft schon in meinem Leben, mein Lehrer Pedro de Souza darauf aufmerksam machte. Er empfahl mir, öfter klassische Musik zu hören, vor allem Mozart und Bach, und ab und zu einen geistig anregenden Abend mit Goethe oder Shakespeare zu verbringen. Zuerst rebellierte ich, obwohl ich an der Universität Germanistik und Theaterwissenschaften studiert habe und Jahre meiner Studentenzeit mit dem Lesen von Klassikern verbracht habe. Aber in mir steckt auch noch ein Hippiekind, das Rockmusik liebt und sich ab und zu gerne in Trance tanzt. Mit Mozart? Mein liebster Ehemann, der gerne Rockmusik hört, war an diesem Punkt vollends entnervt. Okay, er aß jetzt Joghurt mit Grapefruit zum Frühstück, und sogar gerne. Sollten wir jetzt etwa nur noch Mozart hören? Was wurde aus uns? Wir waren so wild gewesen, als wir uns kennen lernten.

Auch ich, sonst immer Volldampf voraus, befolgte diesen Ratschlag de Souzas nur halbherzig. Hin und wieder legte ich »Die kleine Nachtmusik« von Mozart auf. Ich suchte Shakespeare aus dem Bücherschrank und legte brav zwei Bände neben mein Bett. Ein paar Mal sah ich spät in der Nacht noch hinein, aber ich konnte mich zwischen all meinen vielen Aufgaben und Pflichten nicht auch noch in die Sprache Shakespeares hineinfinden. Mein Geist verweigerte die Nahrung – zu schwer verdaulich.

Eine Zeit verging. Aber der Same war gesetzt. Es dauerte allerdings fast zwei Jahre, bis er keimte. In einer Münchner Buchhandlung hörte ich einen Vortrag der amerikanischen Musiktherapeutin und Psychologin Stephanie Merritt. Es ging um die Wirkung von klassischer Musik. Die Forschungen von Stephanie Merritt und anderen Wissenschaftlern und Musiktherapeuten in den USA und in Europa bestätigten, was de Souza mir schon vor Jahren gesagt hatte: Klassische Musik hat einen zutiefst positiven und wohl tuenden Einfluss auf Körper und Geist.

Klassische Musik: Vitamin C fürs Gehirn

Schon als ich an meinem Artikel über Pflanzenkommunikation schrieb, waren mir verschiedene Berichte über Pflanzenversuche mit Musik aufgefallen. Eines der berühmtesten Experimente fand bereits in den Siebzigerjahren an einem College in Colorado/USA satt. Die Musikerin Dorothy Retallack setzte verschiedene Pflanzen, Kürbis, Tagetes, Zinnien und Mais, während des Wachstums entweder Acid-Rockmusik oder klassischer Musik aus. Über das Experiment mit den Kürbissen berichtete die Musikerin: »Der Kürbis in dem Raum mit der Bach-Musik war auf den Lautsprecher zugewachsen und begann, sich um ihn herumzuranken, während der Kürbis in dem Raum mit der Acid-Rockmusik offensichtlich den Weg zum Ausgang suchte und in die entgegengesetzte Richtung wuchs.«

Angeregt durch ein persönliches Gespräch mit Stephanie

Merritt, entschloss ich mich, für ein bekanntes populärwissenschaftliches Magazin einen Artikel über den Einfluss von klassischer Musik auf Körper, Geist und Seele zu schreiben.

Stephanie Merritt leitet so genannte »GIM«-Sessions. GIM steht für »Guided Imagery and Music«, musikgeleitete Imagination. GIM ist eine sehr einfache und weise Therapieform, die in der Regel nicht mehr als zehn Sitzungen umfasst. Ich bekam eine GIM-Sitzung von Stephanie, an die ich wunderbare Erinnerungen habe. Ich musste mich dabei auf eine Matte am Boden legen und versank, von Stephanie angeleitet, in einen Zustand tiefer Entspannung. Dann begann sie, bestimmte Stücke klassischer Musik für mich zu spielen, während ich mich, passend zur Musik, auf eine Phantasiereise begab. Am Anfang schien mir das Ganze ein wenig holperig und gekünstelt, ich hatte das Gefühl, ich dächte mir das alles nur aus, und das hemmte mich. Doch Stephanie half mir, indem sie nachfragte: »Wo bist du jetzt? Ist jemand bei dir? Was fühlst du?« Nach einer Weile geriet ich ganz von allein in eine bilderreiche und spannende Geschichte hinein. Die Musik führte mich dabei, überflutete mich zuweilen mit Gefühlen und gab meiner Reise eine ganz eigene Dynamik.

Diese Reise zu ausgewählten Stücken klassischer Musik war ein sehr bedeutsames Erlebnis für meine innere Entwicklung. Sie zeigte mir, woher ich kam, wo ich jetzt stehe und wohin ich gehen würde – und dies alles in archetypischen Bildern von tiefer symbolischer Bedeutung. Diese Reise war so tief und bedeutsam für mich, dass ich nicht in der Lage bin, sie hier zu veröffentlichen. Aber ich erzählte sie meiner liebsten Freundin Rashida an einem unserer Frauentage im Dampfbad, und sie war davon so gerührt, dass sie Tränen in den Augen hatte und sich bei mir dafür bedankte, dass ich die Geschichte mit ihr geteilt hatte. Es war, als hätte ich eine Reise in mein allwissendes Unterbewusstsein unternommen und sei zurückgekehrt, beide Hände voll mit Schätzen.

Stephanie Merritt berichtete mir, dass sie mit ihren Klienten in wenigen Sitzungen Probleme löst, an die Patienten in Gesprächstherapien oft jahrelang nicht kommen. Während der Verstand Mauern baut und sich zu schützen weiß, setzt die Musik sofort bei den Gefühlen an. Sie spricht das Unterbewusstsein an, nicht den Intellekt. Musik stimuliert Erinnerungen und Gefühle. Musik lässt uns wild sein oder romantisch, sie kann uns zum Stampfen, zum Tanzen, zum Weinen und zum Hüpfen bringen. Wo die Sprache versagt, um Trauer, Wut, Schmerz, Melancholie oder auch Liebe, zarte Gefühle und Sehnsucht zum Ausdruck zu bringen, ist Musik da – wie ein Geschenk für die Verstummten. Die Musik findet die richtigen Worte in Tönen, Melodien, Rhythmen und Klängen. Sie fordert nichts von uns und gibt uns alles. Deshalb ist Musik eine der ältesten, wichtigsten und heilsamsten Therapieformen der Welt.

Bevor ein Klient bei einer GIM-Session auf seiner Reise mit einem Problem konfrontiert wird, tauchen oft Engel oder ein Schutztier als Begleiter auf. Wird eine Situation dann bedrohlich, stehen die Engel oder das Schutztier, die geistigen Helfer, schützend und stärkend zur Seite. Auch ich hatte gleich zu Beginn meiner Reise einen schwarzen Panter bei mir, der mich die ganze Zeit über begleitete.

Eine der schönsten Geschichten, die ich von Stephanie Merritt hörte, war die eines jungen Mädchens, das unter Platzangst litt, kaum einem Menschen vertrauen konnte und auch selbst wenig Selbstvertrauen besaß. Ihr Schutztier war ein herrlicher weißer Wolf, mit dem sie auf ihren Phantasiereisen während der GIM-Sitzungen ausgedehnte Ausflüge unternahm. Er war auch der einzige Gefährte, dem sie vertraute. Eines Tages geriet sie jedoch während einer Sitzung in eine bedrohliche Situation. Sie steckte in einer Art Behältnis fest, in dem es dunkel war. Sie hatte Angst und musste zur Toilette, aber sie konnte sich nicht befreien. Sie wollte die Sitzung abbrechen und zur Toilette gehen, aber Stephanie ließ nicht locker, da sie das Gefühl hatte, endlich an einem wichtigen Punkt in der Therapie angelangt zu sein: »Hör auf die Musik – kann die Musik dir helfen?«, fragte sie. Doch das Mädchen verneinte. »Kannst du den Wolf zu dir bitten?«, fragte Stephanie. Das Mädchen nickte. Sie rief den Wolf zu sich in das dunkle Behältnis und vergrub ihren Kopf in seinem Fell. In genau diesem Moment erinnerte sie sich daran, dass sie als kleines Mädchen von ihrer Großmutter zur Strafe in einen Kleiderschrank gesperrt worden war. Sie hatte furchtbare Angst dort gehabt und dringend zur Toilette gemusst. Mit dieser Erinnerung löste sich ihre Angst sofort auf. Sie ließ sich von ihrem Wolf aus dem Schrank führen und folgte ihm auf ein weites Feld.

Wie tief und bewegend solche Befreiungen von Kindheitstraumata sein können, kann man nur ermessen, wenn man selbst einmal solch eine Auflösung erlebt hat. Unser messerscharfer, klarer Verstand, der Wölfe, Engel, Schutztiere und Phantasiereisen zu klassischer Musik für eine ziemlich alberne Angelegenheit hält, hat keinen Zugang zu den Dimensionen unseres Seins, welche Gefühle, Bilder und Erinnerungen umfasst. Doch von hier erhalten wir immer dann Hilfe, wenn der Verstand uns nicht mehr weiterbringt.

Stephanie Merritt gab mir viele neue Impulse in Bezug auf klassische Musik. In ihrem Buch »Die heilende Kraft der klassischen Musik« beschreibt sie verschiedene Experimente und Studien mit klassischer Musik. Stephanie riet mir, meinen Kindern zum Vokabeln-Lernen langsame Barockmusik aufzulegen, für die Hausaufgaben empfahl sie die »Brandenburgischen Konzerte« von Bach. Seither lernen meine Kinder mit klassischer Musik. Wenn sie müde und unkonzentriert sind, holen sie sich ganz allein den tragbaren CD-Player an ihren Schreibtisch und fragen mich nach den Brandenburgischen Konzerten.

Stephanies eigener Lehrer, der bulgarische Psychologe Georgi Lazanov, der Begründer des »Superlearning«, gehört zu den großen Vorreitern auf dem Gebiet des Lernens mit Hilfe von Musik und Entspannung. Lazanov hatte zunächst mit schlafinduziertem Lernen experimentiert. Eines Tages fiel ihm auf, dass die Patienten in Krankenhäusern in Russland, der Ukraine und Bulgarien über Lautsprecher Musik hörten, um schneller gesund zu werden. Die Musik schien sich positiv auf Herzschlag und Blutdruck auszuwirken. Von dieser Beobachtung inspiriert begann Lazanov mit Musik zu experimentieren. Er stellte fest, dass langsame Barockmusik seine Schüler in einen Zustand wacher Entspannung versetzte. Später entwickelte er eine Methode, bei der er die zu lernenden Informationen in vier Sekunden lange Häppchen, so genannte »Datenstücke«, zerteilte.

Das Rezitieren dieser Datenstücke bei leiser Streichmusik erhöhte die allgemeine Merkfähigkeit seiner Schüler extrem. Lazanov fand auch heraus, dass sich obertonreiche Violinmusik und Streichmusik mit 64 Metronumschlägen pro Minute am besten zum Lernen eignen. Seine Schüler erfassten bei dieser Methode in einem Bruchteil der sonst benötigten Zeit komplizierte Aufgaben. Mit Hilfe der Musik ließ sich der Lehrstoff eines Semesters in ein paar Stunden vermitteln.

Unsere linke Gehirnhälfte ist zuständig für logisches, analytisches und lineares Denken, unsere rechte Gehirnhälfte dagegen für Imagination, Kreativität, räumliches und ganzheitliches (holistisches) Denken. Das Gehirn kann sich offensichtlich Informationen besser merken, welche durch Musik, Geschichten, Bilder und Gefühle sinnlich erfahrbar gemacht werden. Arbeiten beide Gehirnhälften zusammen, dann entsteht ein spielerisches, stressloses Lernen. Wissenschaftler haben herausgefunden, dass klassische Musik in der Lage ist, die rechte und die linke Hemisphäre des Gehirns zu synchronisieren bzw. einen harmonischen Austausch zwischen ihnen zu erzeugen.

Inzwischen habe ich mir angewöhnt, meinen Kindern morgens beim Aufstehen Musik von Mozart vorzuspielen. Denn diese scheint eine ganz erstaunliche und außerordentliche Wirkung auf uns zu haben.

Eine berühmt gewordene Studie in den USA, die so genannte Rauscher/Shaw-Studie, hat festgestellt, dass das Anhören von Mozartmusik komplexe Denkvorgänge erleichtert. Eine Gruppe von Studenten, die zehn Minuten lang Mozarts D-Dur-Sonate für zwei Klaviere gehört hatte, schloss einen Test über räumliches Denken deutlich besser ab als Vergleichsgruppen, die ohne Mozart hatten auskommen müssen. Wir gebrauchen räumliches Denken, um komplexe Zusammenhänge wie etwa in der Mathematik zu begreifen.

Francis Rauscher, die Psychologin, die das erste Mozartexperiment zusammen mit dem Physiker George Shaw durchgeführt hat, ließ in einer anderen, noch jüngeren Studie Ratten zu Mozarts Klaviersonate in D-Dur durch ein Labyrinth laufen. Die Mozarthörer unter den Ratten liefen den Weg zu 27 Prozent schneller und mit 37 Prozent weniger Fehler als Ratten, die keine Musik gehört hatten.

Gemeinsam mit dem Neurobiologen Mark Bodner von der Universität Los Angeles unternahm auch der Physiker George Shaw einen weiteren Versuch – diesmal mit Bildern der magnetischen Resonanz. Diese zeigten an, welche Teile des Gehirns einer Versuchsperson aktiv waren, während man ihr Mozart, Dreißiger-Jahre-Musik oder »Für Elise« von Beethoven vorspielte. Dabei fand man heraus: Jede Musik aktiviert den Teil unseres Gehirns, in dem Töne verarbeitet werden – wenn die Versuchspersonen jedoch Mozart hörten, und nur bei Mozart, leuchtete die gesamte Großhirnrinde auf.

»Mozartmusik kann das Gehirn aufwärmen«, schwärmte George Shaw nach seinen Versuchen. »Wir vermuten, dass differenzierte Musik komplexe Denkvorgänge erleichtert, wie sie bei geistiger Schwerarbeit in der Mathematik oder beim Schach gefordert sind. Dagegen könnte monotone Musik das Umgekehrte bewirken.«

Ein anderer Forscher, der Neurobiologe John Hughes vom Medical Centre der Universität Illinois, analysierte zusammen mit einem Musikwissenschaftler Hunderte von Kompositionen verschiedener Musik. Dabei interessierte ihn, wie oft die Lautstärke der Musikstücke innerhalb bestimmter Zeiträume anstieg oder abfiel. Pop-Musik fand sich dabei am untersten Ende der Skala, Mozart am oberen. Das Ergebnis: Mozarts Musik weist am häufigsten einen Laut-Leise-Zyklus von dreißig Sekunden auf und entspricht damit einem Grundmuster unserer Gehirnwellen.

Hughes versuchte auf Grund seiner Forschungen auch Epilepsie-Patienten mit Mozartmusik zu therapieren und hatte große Erfolge. Bei zwei Drittel seiner Patienten wurden die epileptischen Anfälle nach dem regelmäßigen Anhören von Mozartmusik seltener und weniger heftig.

Ich übergab alle Bücher und die von mir recherchierten Informationen und Forschungsbeiträge über die Mozartstudien der Grundschullehrerin meiner Tochter Lovis. Seither hört ihre ganze Klasse vor Mathematiktests zehn Minuten Mozartmusik.

Auch ich höre jetzt viel mehr klassische Musik als früher. Mir ist dabei aufgefallen, dass es ähnlich wie beim Essen eine Zeit der Umgewöhnung erfordert, bis man klassische Musik wirklich mit Genuss hören kann. Was mein musikalisches Gehör anbetrifft, war ich, obwohl meine Mutter mich bereits als Kind sehr oft mit in die Oper nahm, ungefähr auf dem Ernährungsniveau von »Pommes mit Ketchup« angelangt. Um mich von »Pommes mit Ketchup«, also von seichter Pop-Musik, auf Mozart hochzuschwingen, brauchte ich ein paar Hilfsmittel. Ich folgte dabei dem Lustprinzip. Ich ging in die Bücherei, lieh mir sehr viel klassische Musik aus, und beschränkte mich darauf, nur die Musik zu hören, die mir auf Anhieb gefiel.

Nach und nach hatte ich meine eigene kleine klassische Hitparade. Sehr oft legte ich mir klassische Musik beim Kochen auf, und jeden Abend vor dem Einschlafen ließ ich mich von ein paar Stücken langsamer Barockmusik in den Schlaf wiegen.

Barockmusik ist tief beruhigend, weil sich unser Herz dem Tempo der Musik angleicht. Die langsamen Sätze von Komponisten wie Bach, Händel, Vivaldi und Corelli sind mit 60 Viertelnoten pro Minute langsamer als unser Herzschlag. Dieser liegt zwischen 68 und 72 Schlägen pro Minute. Beim Anhören von Barockmusik beginnt unser Herz langsamer zu schlagen, und wir können uns zentrieren, entspannen und zur Ruhe bringen. Langsame Barockmusik ist »Valium« für den Geist, und ich benutze es, wenn ich nervös, zerfahren und schlecht zentriert bin.

Ein Musikwissenschaftler namens Arthur Harvey an der Eastern Kentucky-Universität hat herausgefunden, dass Barockmusik den Körper stärkt, während Musik, die dauerhaft schnell, laut und dissonant ist, den Körper schwächt. Seit ich weiß, dass mein Herzschlag sich dem Tempo der Musik angleicht, verstehe ich besser, warum ich bei Techno-Musik immer Herzrasen bekomme. Bestimmte Techno-Musik ist nur zu ertragen, wenn man aufputschende Mittel wie z. B. Ecstasy eingenommen hat und tanzt, weil sich dann Herzschlag und Musik aufeinander einstimmen.

Mein Mann Matthias interviewte vor kurzem für einen Artikel einen Studenten, der als Barkeeper in einer Diskothek gearbeitet hatte, die auf Goa-Trance, eine bestimmte Form der Techno-Musik, spezialisiert ist. Sven legte sich nach zwei Wochen Nachtarbeit eine wattierte Weste zu, um seine inneren Organe zu schützen. Er berichtete, dass jeder, der solche Musik höre, auf Drogen sei, anders könne man sie nicht aushalten. Nach vier Monaten Kellnern zu Goa-Trance-Musik war Sven ausgelaugt, zerrüttet, mit den Nerven am Ende. Er flüchtete sich zur Erholung nach Thailand – und entdeckte entnervt, dass an den dortigen Stränden eine Dauerbeschallung mit Techno-Musik stattfindet.

Der australische Arzt John Diamond ist der Ansicht, dass bestimmte Arten von Rockmusik unser Körpersystem negativ beeinträchtigen. Es handelt sich dabei um Musik mit einem anapästischen Rhythmus, bei dem der letzte Schlag eines Taktes betont wird und eine kurze Pause folgt, bevor der erste Schlag wieder einsetzt. Bei 90 Prozent aller Personen, die von Diamond kinesiologisch getestet wurden, registrierte er einen augenblicklichen Verlust von zwei Dritteln der Muskelkraft, sobald dieser Takt zu hören war.

Der ununterbrochene anapästische Takt, vermutet Diamond, ist dem natürlichen Rhythmus unseres Körpers entgegengesetzt, der eher einer Art Walzerrhythmus folgt, in dem der erste Schlag betont ist.

Der Stress, dem der Körper beim Anhören solcher Musik ausgesetzt ist, hat im Gehirn einen Effekt zur Folge, den der Arzt als »Switching« bezeichnet. Dabei werden die rechte und die linke Hemisphäre des Gehirns aus dem Gleichgewicht gebracht. Die linke Hemisphäre wird dominant, was sich in subtilen Schwierigkeiten in der Wahrnehmung ebenso wie Leistungsminderung, Hyperaktivität und Ruhelosigkeit manifestiert. Die Wiederholung des mechanischen Schlags, der immer und immer wieder in unseren Ohren nachhallt, aktiviert vor allem die Mitwirkung des instinktiven Teils unseres Gehirns, das Reptiliengehirn, das auf Routine und Ritual spezialisiert ist.

Vor kurzem las ich in einem Zeitungsartikel, dass man in einer holländischen Stadt Heroinsüchtige mit klassischer Musik aus den Bahnhöfen vertreibt. Drogensüchtige können diese Musik nicht ertragen und flüchten von ganz allein. Obwohl ich zunächst amüsiert war, gab der Artikel mir zu denken. Klassische Musik, allen voran Mozart, ist hochfrequente Musik, die vor allem diejenigen Teile unseres Gehirns aktiviert, die sich evolutionär betrachtet zuletzt ausgebildet haben.

Was bedeutet es für uns, wenn wir mit Musik Teile unseres Gehirns aktivieren, die das alte, instinkthafte Reptilienhirn ansprechen? Und inwieweit reagiert unser Bewusstsein auf Musik als eine harmonische und ordnende oder aber auch als eine chaotische und zerstörerische Kraft?

Obwohl ich ahne, dass ich mir die ärgste Kritik der Rockmusikfans zuziehe – keine Sorge, ich höre selbst auch Rockmusik –, möchte ich Ihnen ein interessantes Zeitzeugnis aus den späten Sechzigerjahren vorstellen, welches abermals der Autobiografie der Mick-Jagger-Freundin und Sängerin Marianne Faithfull entstammt.

Marianne beschreibt in ihrer Autobiografie, wie sie im Frühjahr 1967 nach Genua flog, um Mick Jagger mit einem Besuch zu überraschen. Die Stones befanden sich auf einer Konzertreise durch Italien und hatten die Hälfte der Tournee bereits hinter sich. Es war eine mörderische Tour, die von gewalttätigen Zusammenstößen zwischen der italienischen Polizei und den Fans geprägt war.

An jenem Abend, als Marianne im Hotel auf Mick Jagger wartete, war das Konzert besonders chaotisch verlaufen. Es hatte Massenaufläufe gegeben, und Menschen waren niedergetrampelt worden. Mick war direkt nach dem Konzert ins Hotel gefahren, wo Marianne ihn im Negligé empfing. Statt sie freudig zu begrüßen, trat er auf sie zu und schlug sie rechts und links ins Gesicht. Marianne flüchtete vor ihm, doch er kam ihr hinterher und hieb unerbittlich auf sie ein. Mick hatte sie vorher nie geschlagen, und es kam auch später nicht wieder vor, doch an jenem Abend war er völlig außer sich und nicht in Kontakt mit sich selbst. Er schien mit einer seltsamen, zerstörerischen Energie aufgeladen, die er von dem Konzert mitgebracht hatte. In dieser Nacht in Genua, so erklärte sich Marianne Jahre später den Vorfall, wurde Mick Jagger ein Opfer der Massenhysterie und der Gewalttätigkeit, die während des Konzerts geherrscht hatte.

Erst später war er in der Lage, sich nicht von den negativen Kräften, die um ihn herum erwacht waren, überfluten zu lassen, sondern sie zu benutzen, um sie in Musik umzuwandeln: »Aus den destruktiven Impulsen schuf er all diese unglaublichen Figuren der späten Sechziger: den Midnight Rambler, Lucifer, Jumpin' Jack. Sie erstanden alle aus den bösartigen und chaotischen Kräften, aus der zügellosen Masse. Dem finsteren, gewalttätigen Gruppenbewusstsein der Menge«,[1] schreibt Marianne.

War das Gruppenbewusstsein der Menge bereits finster und gewalttätig? Oder weckte die damalige Musik der Rolling Stones bestimmte zerstörerische Kräfte in der Masse? Ich selbst kann die Rolling Stones am besten hören, wenn ich wütend bin und meine Wut austanzen muss. Und deshalb frage

---

[1] Marianne Faithfull, »Eine Autobiografie«, Frankfurt a. M. (Zweitausendeins) 1995, S. 154

ich mich seit einiger Zeit: Welche Musik höre ich wann und zu welchem Zweck? Ich bin bewusster geworden. Ich weiß mehr darüber, wie Musik auf meinen Körper, mein Gehirn, meinen Geist, mein Bewusstsein einwirkt.

Ich habe deshalb nicht aufgegeben, Rockmusik zu hören und danach zu tanzen. Der große französische Hörforscher Alfred Tomatis hat Folgendes herausgefunden: Hochfrequente Töne, wie sie bei Mozart besonders häufig vorkommen, sind eine Art Vitamin C für das Gehirn. Sie rufen geistige Wachheit hervor und beleben unser Denken. Töne in mittlerer Frequenzlage stimulieren das Herz, die Lungen und die Gefühle. Wir alle kennen Musik, die uns sofort ans Herz geht. Niederfrequente Töne, wie in der Rockmusik, regen zu körperlicher Bewegung an und fahren uns in die Beine. Wählen wir also – wie ein guter Arzt – die richtige Musik für den richtigen Zweck.

Mein Mann und ich wurden von den hier angeführten Beispielen und Fakten genügend inspiriert, um mehr klassische Musik in unser Familienleben einzubauen. Wir besuchen hin und wieder die Münchner Philharmonie und hören uns Konzerte an. Und wir haben uns eine Sammlung klassischer CDs zugelegt, die zwischen Kinderzimmern und Küche, Schlafzimmer und Wohnzimmer hin- und herwandern. Wer sich mit dieser Materie tiefer befassen will, dem empfehle ich das Buch von Stephanie Merritt, ebenso wie den Bestseller von Don Campbell, »Die Heilkraft der Musik«.

Bücher und Filme – nur vom Feinsten

Gute Bücher. Man sollte meinen, ich hätte kein Problem mit diesem Ratschlag meines Lehrers gehabt. Aber ich mochte nicht Goethe lesen, wie ich es einst an der Uni getan hatte. Ich fand es auch quälend, mich abends noch Shakespeare zu widmen. Natürlich plagte mich das schlechte Gewissen. Wie konnte ich es schwierig finden, Shakespeare zu lesen? Die ganze Welt liebt Shakespeare! Aber ich war abends zu müde, zu unkonzentriert, zu geschafft von meinem eigenen Schreiben, meinen Büchern und Artikeln, von der Hausarbeit, von meinen Kindern, von Seminaren, Vorträgen und Massagen, um es noch mit dem großen Dichter aufzunehmen. Doch eines Tages fand ich den Dreh. An einem kleinen Münchner Theater, dessen Programm ich schon immer mochte, wurde »Othello« aufgeführt. Mein Mann und ich besorgten uns Karten und kamen begeistert, durchglüht von der Gewaltigkeit Shakespearescher Sprache, nach Hause zurück.

Von dieser Erfahrung angespornt, hielten wir von nun an ständig Ausschau nach guten Theateraufführungen von Klassikern. Wenn ich die Stücke auf der Bühne sah, waren meine Müdigkeit und mein Verdruss verflogen. Ich ließ mich von der Sprache der Alten berauschen. Wenn wir aus guten Theateraufführungen von Klassikern kamen, waren mein Mann und ich angeregt, aufgewühlt und unfähig, nach Hause zu gehen, ohne nicht ausgiebig miteinander diskutiert zu haben. Dieses Verhalten ist für mich stets ein Beweis dafür, dass wir beide geistig wertvolle Nahrung erhalten haben.

Auch Kinofilme, nach denen Matthias und ich angeregt miteinander reden, ins Nachdenken und Diskutieren geraten, sind für uns gute Filme. Ich kann mich erinnern, dass wir endlos über »American Beauty«, »Der englische Patient« und »Das Piano« redeten. Wir konnten unmöglich diese bewegenden Geschichten sehen und danach einfach ins Bett gehen. Wir mussten sie auseinander nehmen, wir mussten unsere tiefen Gedanken und Gefühle wahrnehmen und ordnen und sie uns gegenseitig spiegeln.

Theaterstücke und Filme, die uns kaum mehr als drei Sätze

Kommentar entlockten, haben uns meist nicht weiter beschäftigt. Sie sind geistiges Fast Food.

Seit ich um die Kraft von Visionen, Bildern, Vorstellungen und Gedanken weiß, halte ich mich vollständig von Horrorfilmen, Filmen mit gewalttätigen Szenen und natürlich auch Büchern mit Horrorsujets fern. Als ich Pedro de Souza vor Jahren zum ersten Mal traf, sagte er zu mir: »Hör erst mal auf, Horrorfilme in deinem eigenen Kopf abzuspulen!« Das habe ich inzwischen gelernt. Ich werde, um beim Thema zu bleiben, den Teufel tun und mir die Horrorvisionen anderer Menschen geistig zuführen. Für viele Künstler sind Bücher und Filme eine Therapie. Sie verarbeiten in ihnen ihre eigenen Traumata, Ängste, Projektionen, Kindheitsschrecken und Probleme. Das kann für die Gesellschaft sehr erhellend sein – muss aber nicht.

In seiner Autobiografie beschreibt der Horrorgeschichtenautor Stephen King, dass er etliche Bücher unter massivem Alkohol- und Drogengebrauch schrieb. Viele seiner Geschichten sind aus jenen Angstthematiken geboren, die nur bei Menschen entstehen, die unter Drogeneinfluss stehen.

Wenn Sie Bücher dieser Art lesen, nehmen Sie geistige Nahrung zu sich, die mit den unrealistischen Ängsten eines drogenbeeinflussten Bewusstseins durchtränkt ist. Man muss wissen, ob man das wirklich will und vor allem, ob man geistig in irgendeiner Hinsicht davon profitiert.

Auch in Homers »Ilias« geht es zum Teil recht blutrünstig zu. In dem Krieg zwischen den Trojanern und den Griechen, der entstand, weil Paris Helena geraubt hatte, wird mancher Held blutig ins Reich der Schatten entlassen. Bis heute noch betraure ich den Tod meines Lieblingshelden Hector. Der Unterschied zwischen bloßer Gewaltlektüre, Psychothrillern und der Ilias ist simpel ausgedrückt folgender: Die Geschichte der griechischen und trojanischen Helden und der

Götter, die entweder auf Seiten der Trojaner oder der Griechen stehen und sich ebenfalls gegenseitig bekriegen, spiegelt die gesamte Palette menschlicher Emotionen, Leidenschaften und Charaktereigenschaften. Der Leser erhält ein Panoptikum der glanzvollsten und höchsten ebenso wie der niedrigsten Eigenschaften, Triebe und Gefühle, die einen Menschen ebenso wie einen Gott oder eine Göttin ausmachen. Die »Ilias«, blutdurchtränkt wie sie ist, gehört für mich deshalb zu den geistig nahrhaften und erhellenden Lektüren.

Ich gehe davon aus, dass es ebenso wie in der Musik Literatur gibt, die uns stärkt, inspiriert, aufbaut, zum Nachdenken anregt, und solche, die uns schwächt, verwirrt, abstumpft, in Ratlosigkeit, Apathie oder Negativität fallen lässt. Es gibt Bücher, die das Höchste, Beste und Edelste in uns aktivieren, und Bücher, die eher an unsere niederen Emotionen – Angst, Horror, Schrecken etc. – appellieren.

Innere Schönheit und Ausstrahlung spiegeln sich im Außen. In welchem Bewusstseinszustand wir uns befinden, ob klar, hellsichtig und liebevoll oder deprimiert, verwirrt und verzweifelt, ist stark davon abhängig, welche Nahrung wir unserem Geist zuführen.

Mein Programm:
- Morgens lege ich für meine Familie Mozartmusik auf.
- Ich benutze die langsamen Sätze von Barockmusik als geistiges Beruhigungsmittel.
- Ich »füttere« meinen Geist ab und zu mit einem Klassiker, meist in Form von Theaterstücken.
- Ich verweigere jede Form von geistiger Nahrung, die mit Angst, Horror oder Gewalt getränkt ist und an niedere Emotionen appelliert.

Die sinnliche Geliebte

Sex ist ein ziemlich großes Thema in meinem Leben. Ich habe mich immer wieder damit beschäftigt und sehr viele Artikel darüber veröffentlicht.

Meine sechs Jahre Tantra-Erfahrung haben mich sexuell auf vielen Ebenen geheilt und für meinen Mann zu einer wunderbaren, erfahrenen Geliebten werden lassen, so wie es meine Vision war.

Was ist Tantra? Ursprünglich war es eine philosophisch-religiöse Bewegung im alten Indien, die mit einer sehr freizügigen Haltung gegenüber der Sexualität einherging und den Frauen eine erstaunlich hohe Stellung einräumte. Heute würde ich gute Tantra-Seminare als moderne Liebesschulen bezeichnen. Atem- und Energieübungen, Massagen, aber auch Tanz, Kommunikation und ein wirkliches Sich-Kennen-Lernen der Geschlechter stehen dabei im Vordergrund.

Im alten Tantra waren die Frauen die Lehrmeisterinnen der Liebe. Keine Tantrikerin wäre auf den Gedanken gekommen, den Mann für ihre eigene Lust verantwortlich zu machen. Und einiges davon hat sich bis heute erhalten. In dieser Kunst des Liebens ist es die Frau, die den Mann in die höheren Weihen der Lust einweist. Sie erwartet nicht, dass er ihren Körper versteht. Im Gegenteil: Sie lehrt ihn, seinen eigenen Körper besser zu spüren, und zeigt ihm, wie er sie zu höchsten Wonnen führen kann.

Das heißt, wir müssen nicht herumsitzen und warten, bis der Mann sich zu einem guten Liebhaber gemausert hat. Wir können die Dinge selbst in die Hand nehmen.

Eigentlich ist dies leicht einsehbar. Frauen haben von Natur aus einen engeren Kontakt zu ihrem Körper. Das liegt an den vielen biologischen Vorgängen, denen der weibliche Körper ausgesetzt ist: Periode, Schwangerschaft, Geburt, Menopause – alle diese Vorgänge zwingen uns, mehr auf unseren Körper einzugehen, uns mit ihm zu beschäftigen und auseinander zu setzen. In ihrem Buch »Verführung zur Ekstase« schreibt die Tantralehrerin Eva Szabo: »Ich kann es nicht beweisen, aber ich denke, ich bin der Garten der Sinnlichkeit, und ich lade den Mann dahin ein.«

Vergessen Sie das mit der großartigen und wunderbaren Geliebten, solange Sie nicht bereit sind, sich selbst, Ihren eigenen Körper und Ihre eigene Lust an die erste Stelle zu setzen. Denn keine Frau ist aufregender, sexuell attraktiver und ekstatischer für einen Mann als eine Frau, die ihre eigene Lust lebt. Der Bestsellerautor und Familientherapeut John Gray schreibt in »Mars, Venus & Eros«: »Im Grunde genommen ist Sex für den Mann nur dann großartig und befriedigend, wenn die Frau Erfüllung findet.«

Allerdings sind wir so nicht erzogen worden, und auch ich habe fast zwei Jahrzehnte gebraucht, bis ich dahinter kam. Als junge Frau hatte ich Sex aus den unterschiedlichsten Gründen, aber sehr selten aus purer Lust. Ich erinnere mich, dass ich einige Male Sex mit einem Mann hatte, um nicht unhöflich zu sein. Außerdem benutzte ich meine sexuelle Anziehungskraft häufig, um mein Selbstbewusstsein aufzupäppeln: Männer, die mit mir schlafen wollten, bestätigten mir, dass ich gut aussah und sexuell attraktiv war. Ich fühlte mich begehrt – und das, so schien es mir jedenfalls, zeichnete mich als tolle Frau aus.

Obwohl ich sehr viele sexuelle Gefühle besaß und auch damals schon eine sehr sensible, feinnervige Frau war, war der Sex nur äußerst selten erfüllend und befriedigend für mich. Ich hatte das Gefühl, Gott oder die Natur oder wer auch immer für diese Dinge verantwortlich ist, hätte bei den Frauen einen Fehler gemacht. Nichts Weltbewegendes, aber eben doch ein geringfügiger technischer Pfusch, sodass die Teile sich nicht nahtlos ineinander fügten, sondern auf der einen Seite, der weiblichen eben, ein wenig knirschten und schleiften, während auf der anderen Seite, der männlichen, alles wie geschmiert lief. Männer, so schien es mir, hatten immer ihren Orgasmus und kamen immer auf ihre Kosten, während das bei mir nicht so einfach und unproblematisch der Fall war.

Natürlich fiel mir auf, dass es mit manchen Männern besser lief, dass es tatsächlich gute Liebhaber gab, Männer, die es konnten, und solche, die es noch lernen mussten. Es war genau wie beim Tanzen. Wenn mich ein Mann beim Tanzen gut führen konnte, musste ich als Frau nichts machen, außer mich seiner Führung anzuvertrauen. Hingabe. Aber wie sollte ich mich beim Sex Männern hingeben, die nichts von meinem Körper, meinen Gefühlen, meinen Sehnsüchten verstanden?

Als junge Frau wartete ich fast ständig auf den einen großen, allwissenden, wunderbaren Liebhaber, den Märchenprinzen, der mir die ekstatischen Bereiche meines Körpers enthüllen würde. Aber er kam nicht.

Stattdessen versuchte ich brav eine besonders perfekte Geliebte zu sein. Ich dachte dabei selten an mich und viel an ihn. Sex fand vorwiegend in meiner Phantasie und in meinem Kopf statt, aber wenig in meinem Herzen und in meinem Schoß.

Wenn ich heute an mich als junge Frau denke, empfinde ich eine Art zärtliches Bedauern. Ich besaß so viel Leidenschaft und sexuelles Feuer, aber weder meine Liebhaber noch ich

230

selbst verstanden irgendetwas von der Kunst des Feuermachens.

Heute kenne ich die Gesetze, die Regeln des Feuermachens. Ich kenne meinen Körper und seine Bedürfnisse und ich kenne auch die Körper der Männer und ihre Bedürfnisse. Ich habe sehr viel gelernt und ich lerne nie aus.

Reden, reden, reden

Eine Sache, die mein Mann und ich als Erstes im Tantra lernten, war, besser miteinander zu kommunizieren. Wir hatten immer schon über Sex geredet, aber Tantra lehrte uns, auch die letzten Barrieren und Hemmungen abzulegen und wirklich zu kommunizieren.

In Tantra-Seminaren wurden wir dazu gebracht, über unsere sexuelle Geschichte nachzudenken und sie einander zu erzählen. Wir schrieben sie auf. Wir überprüften, welche Botschaften wir in unserer Familie über Sex erhalten hatten. Wir setzten uns anderen Seminarteilnehmern gegenüber und stellten einander Fragen wie: »Wovor hast du beim Sex am meisten Angst?« oder »Erzähle mir deine aufregendste Phantasie« oder »Was war dein bestes Liebeserlebnis?« Wir hörten zu, tauschten aus, teilten. Alles, was sonst schamhaft verborgen blieb, verlor bei Licht betrachtet alles Dunkle und Peinliche. Wir waren wie unschuldige Kinder. Wir eroberten uns die Süße der Lust zurück – denn nichts und niemand hatte uns diese Früchte verboten, außer wir selbst.

Nachdem wir in Seminaren auch intimste Details unseres Sexlebens mit Fremden diskutiert hatten – was manchmal leichter sein kann als mit dem eigenen Geliebten –, legten Matthias und ich auch zu Hause eine neue Offenheit an den Tag. Wir konnten besser kommunizieren über das, was wir wollten und wie wir es wollten. Wenn wir uns gegenseitig massierten, konnten wir einander sagen: »Mach es langsamer« oder »nein, da ist es unangenehm«, ja, wir konnten sogar mitten im Akt anfangen zu experimentieren und zu sagen »lass uns dies mal ausprobieren«.

Wir trauten uns, mehr zu unseren Gefühlen zu stehen, Enttäuschungen nicht zu verbergen, zu lachen, zu weinen, zu schreien, wenn uns danach war.

Den Körper sensibilisieren

Durch die vielen Tantra-Seminare besaßen Matthias und ich einen neuen »Werkzeug-Koffer«. Dieses Mal waren die Werkzeuge allerdings nicht geistiger, sondern körperlicher Natur. Wir erlernten verschiedenste Massagetechniken, Atemübungen, Energieübungen, die unser Liebesleben stark veränderten.

Nach sechs Jahren Zusammensein war es für uns schwierig gewesen, den sexuellen Akt weiterhin aufregend zu gestalten. Unmerklich waren wir in eine bestimmte Routine abgeglitten. Der Akt zwischen uns besaß drei oder vier Varianten des Ablaufs, die sich bewährt hatten. Aber mit den Jahren wurde auch dies ein wenig eintönig. Andere Paare kaufen sich an diesem Punkt ihres Liebeslebens wahrscheinlich animierende Sex-Utensilien. Oder sie schauen sich Pornofilme an, suchen nach einem gleich gesinnten Pärchen oder sehnen sich nach einer außerehelichen Affäre. Weil der Sex mit dem Ehepartner nicht mehr stark genug erregt, versucht man die Dosis zu erhöhen, indem man neue Partner oder Spielzeug einbringt. Beim Tantra geht man den umgekehrten Weg: Statt im Außen nach Abwechslung zu suchen, geht man stärker nach innen. Man versucht, den Körper und seine Empfindungen feiner zu machen, zu sensibilisieren. Dies war schließlich auch der Weg, den Matthias und ich wählten, um unser Liebesleben wieder lebendig und aufregender zu gestalten.

Die Tantriker behaupten, dass unser Körper in seinen Empfindungen sehr grob, aber auch sehr fein eingestellt sein kann. Ist der Körper als Wahrnehmungsinstrument eher grob, dann sind auch seine sexuellen Reaktionen entsprechend flach. Mein Tantralehrer Peter Schröter beschreibt dies am Beispiel der Männer so: »Die meisten Männer haben gar keine Orgasmen, sondern einfach nur eine Ejakulation, die keine tiefe Empfindung in ihrem Wesen hervorruft.« Obwohl ich kein Mann bin, empfand ich es früher manchmal ähnlich. Für die anderthalb Sekunden blitzartiger Orgasmus, die man bekam, betrieb man doch eine ganze Menge Aufwand.

Solange der Körper im tantrischen Sinne noch nicht »erweckt« worden ist, sind die sexuellen Empfindungen meist sehr stark auf den Genitalbereich konzentriert. Ich weiß nicht, ob mein Körper sich allein durch die Tantra-Übungen veränderte oder ob die vielen Jahre, in denen ich bereits Yoga praktizierte, noch einiges dazu beitrugen. Auf jeden Fall passierte Folgendes:

Als ich ins Tantra kam, hatte ich noch nie in meinem Leben etwas von einem »Ganzkörperorgasmus« gehört bzw. ich hielt ihn, nachdem ich davon erfahren hatte, für einen Mythos. Aber schon nach wenigen Monaten tantrischer Schulung erlebte ich sexuelle Empfindungen, die mir früher vollkommen fremd waren. Es war, als hätten sich in meinem Körper Energiekanäle geöffnet, die vorher nicht da waren. Durch diese Energiekanäle floss jetzt sexuelle Energie und verteilte sich in meinem ganzen Körper. Ich konnte Orgasmen erleben, die meinen Körper wie große hawaiianische Wellen überspülten, und es konnte passieren, dass Ausläufer dieser Lust bis in meine Fingerspitzen und in meine Haarwurzeln brandeten. Die sexuelle Energie war nicht mehr auf mein Geschlecht beschränkt, sie bewegte sich jetzt überall in meinem Körper. Sex wurde jetzt zu etwas Großem, Umfassendem.

Die Tantriker verstehen die sexuelle Erregung als eine Energie, die man durch den Körper lenken kann, als ob man einen Drachen steigen lässt.

In Tantra-Übungen versucht man deshalb, die sexuelle Energie durch den Atem »hochzuziehen«. Es gibt verschiedene Techniken, die alle klangvolle Namen besitzen, wie etwa den »Feueratem« oder die »Chakra-Welle«. Oft wird dabei der PC-Muskel (medizinisch = der Pubococcygealmuskel), das heißt die Muskulatur des Beckenbodens, mit eingesetzt. Obwohl ich diese Übung in Tantra-Seminaren sehr spannend fand, benutze ich zu Hause nur die simpelste Form einer bestimmten Atem-Technik, den so genannten »sexuellen Atem«. Ich habe mich also nicht zur absoluten Meisterin in diesen Techniken entwickelt.

Die tantrischen Lehrmeister erkannten, dass sich sexuelle Energie verändert, je nachdem, in welcher Region des Körpers man sie erlebt. Was im Genitalbereich als »Geilheit« empfunden wird, verändert sich im Bereich der Brust oder des Herzens zu einem Gefühl der Liebe. Noch höher, im Kopfbereich, kann dieselbe Energie zu einer Erfahrung von Stille, Weite und Ekstase führen. Voraussetzung dafür ist allerdings, dass man es lernt, sich in die höchste Erregung hinein zu entspannen. Auch hierfür ist der Atem wichtig: Wenn man sich kurz vor dem Höhepunkt auf den Atem konzentriert, kann man den Orgasmus aufhalten, ihn »veratmen« oder »hochatmen«. Dadurch kann man Gefühle absoluter Glückseligkeit erfahren, in denen man sich mit dem gesamten Universum verbunden fühlt. »Wer das einmal erlebt hat, fragt sich sein ganzes Leben lang, wie er es wiederholen kann«, sagt Peter Schröter.

Auch in meinem eigenen Liebesleben gibt es, seit ich Tantra gelernt habe, sehr viel mehr Sternstunden. Der Hauptunterschied zu früher sind die vielen neuen Körperempfindungen, die ich jetzt habe, meine Fähigkeit, mich auf den Liebesakt zu konzentrieren und das Gefühl, nicht nur im Genitalbereich, sondern auch im Herzbereich mit meinem Partner verbunden zu sein.

Doch ich greife den Lektionen voraus. Im Anfangsstadium geht es im Tantra darum, den Körper für kleinste minimale Reize wieder empfänglich zu machen. Angestrebt wird ein Körper, der empfindsam, wach, offen, sinnlich und lebendig ist, ein Körper wie ein feingestimmtes Instrument.

Aus diesem Grund entwickelte man im Tantra verschiedene sinnliche Rituale. Eines der bekanntesten ist das »Ritual der Sinne«. Dabei geht es um das Wahrnehmen von allen vier Sinnen – hören, schmecken, riechen und fühlen –, indem man den fünften Sinn, das Sehen, ausschaltet. Eigentlich ist dies eine uralte Übung, die indische Mönche schon vor 2000 Jahren benutzten, um ihre Sinne zu verfeinern. Man verbindet jemandem die Augen mit einem weichen Tuch und lässt ihn Klänge hören, Gegenstände ertasten, eine Frucht schmecken, einen Duft riechen. Es geht dabei nicht so sehr darum, die Dinge zu erraten, sondern sie in ihrer Einzigartigkeit noch einmal ganz neu zu erleben. Da wir nicht wissen, was auf uns zukommt, ist der Geschmack eines Stückchens reifer, saftiger Birne auf unserer Zunge in höchstem Maße erstaunlich, der Duft eines Tannenzweiges berauschend. Oft fluten bei Erwachsenen spontan Erinnerungen an die Kindheit auf.

Für meine eigenen Kinder habe ich den »magischen Sonntag« kreiert. Am magischen Sonntag tun wir Dinge, die irgendwie altmodisch und zauberhaft sind. Wir erforschen Burgruinen, entdecken Fledermaushöhlen oder besuchen seltsame Plätze wie die tausendjährige Linde der heiligen Edigna, die neben einer kleinen Kirche im bayerischen Voralpenland steht. An einem dieser magischen Sonntage bereitete ich ein »Ritual der Sinne« für Matthias und die Kinder vor.

Das Ritual begann am Nachmittag um halb vier. Ich hatte Kissen auf dem Boden meines Schlafzimmers verteilt, meinen Töchtern Camilla und Lovis und meinem Liebsten die Augen verbunden und sie sanft zu ihrem Platz geleitet. Die Kinder waren glücklich und aufgeregt. Ein ganz leises Plingg mit einer Triangel an ihrem Ohr ließ sie jedoch still werden. In der ersten Runde bat ich die Kinder, nur wahrzunehmen, was ihre Sinne ihnen sagten, und nichts zu verraten. Ich hielt eine Orangenschale unter Camillas Nase. Eine kleine Scheibe Papaya landete auf der Zunge meines Liebsten. Lovis legte ich ein Stück Baumrinde in die Hände. Ich ließ jeden von ihnen an Basilikum, Sandelholz, Muskatnuss, Lavendel und Zimt riechen. Ich gab würzigen italienischen Käse, Minzschokolade, Erdbeeren und Vanillepudding zu kosten. Ein paar Minuten lang erfüllte die süße und exotische Musik einer Bambusflöte den Raum. Dann das tiefe und seltsame Tönen tibetischer Klanghörner. Ich kitzelte Arme und Beine mit Pfauenfedern und weichem Fell.

In der zweiten Runde durften die Kinder raten. Ich gab ihnen Honig und Bananen zum Riechen. Ich strich mit einer Haarbürste über Lovis' Rücken und ließ Camilla in eine Schüssel mit feuchter Erde von einem Maulwurfshügel fassen. Die Verblüffung war groß, das Entzücken echt. Wieder ertönte das Plingg der Triangel, das Ritual war zu Ende. Lovis, meine Jüngste, die ein zutiefst sinnliches Kind ist, nahm ihre Augenbinde ab und tanzte vor Freude im Zimmer umher. Dann hielt sie inne, nahm mich an beide Hände und sah mich sehr ernsthaft an: »Machen wir das nächste Woche noch mal?«

Solche Spür- und Wahrnehmungsrituale sind auch ein wichtiger Teil vieler Tantra-Seminare. Sie führen weg vom ständigen Werten und Kontrollieren durch die Augen und öffnen die Tür zu Fragen wie: Was spüre ich? Welchen Teil meines Körpers kann ich nicht wahrnehmen?

Wenn man bestimmte Teile seines Körpers nicht spüren und nicht wahrnehmen kann, sind diese auch nicht für Gefühle wie Lust und Erregung zugänglich. Die Energie fließt nicht. Um solche »toten« oder blockierten Gebiete wieder lebendig zu machen, muss das Körperbewusstsein geschult werden.

Ein gutes Körperbewusstsein erhält man meiner Ansicht nach durch Yoga, Tai Chi, Feldenkrais, Tanzen, Bioenergetik, manche japanische Kampfsportarten, aber auch durch Massagen und alternative Körpertherapien wie die Cranio-Sacral-Methode, Rebalancing oder Shiatsu-Behandlungen.

Unterschiedliche Vorlieben kennen und begreifen

Männer und Frauen können beim Sex sehr unterschiedliche Bedürfnisse haben. Manche Männer gehen davon aus, dass Frauen die gleichen Vorlieben haben wie sie selbst – aber dem ist nicht so. Im Tantra ist es Sache der Frauen, die Männer behutsam neue Wege zu lehren.

Die meisten Männer lieben eine kräftige Stimulation direkt an den Genitalien. Frauen empfinden eine solche Berührung gleich zu Anfang des Liebesspiels meist als lieblos. »Frauen haben ein riesiges Bedürfnis, zärtlich berührt und gestreichelt zu werden – nicht direkt an den Geschlechtsteilen. Zuerst müssen alle anderen Bereiche des Körpers erweckt werden. Die Haut der Frauen, heißt es, sei zehnmal feiner als die der Männer. Das bedeutet, unsere Haut ist empfänglicher. Wenn wir zu schnell am Sex berührt werden, ist der Reiz zu stark.

Unser Nervensystem leitet schneller. Der Körper und die Gefühle können zu starke Reize am Anfang gar nicht aufnehmen. Erst muss sozusagen der Acker bereitet werden«, erklärt die Tantralehrerin Eva Szabo.

Den Acker bereiten ... was für eine herrliche Formulierung! Die meisten Frauen lieben es, langsam aufgewärmt, angeregt und erregt zu werden. Der Mann muss deshalb lernen, sich zurückzunehmen und nicht zielstrebig auf den Höhepunkt zuzusteuern.

Die Tantriker, die den Körper sehr ausgiebig erforschten, fanden bereits vor 1500 Jahren heraus, was die moderne Sexualwissenschaft heute auch weiß: Männer können in weniger als einer Minute zum Orgasmus kommen, bei Frauen kann es zwischen zwanzig bis dreißig Minuten dauern, bis sie einen Orgasmus haben. Dies sind statistische Werte – es heißt nicht, dass dies bei Ihnen oder bei mir der Fall ist. Allerdings kann man festhalten: Frauen brauchen länger als Männer. Tantriker hielten absolut nichts von Quickies.

Will der Mann lernen, seine Geliebte wirklich zu erwecken, dann muss er sein Tempo drosseln. Tantra ist langsam. Man braucht Zeit, um ins Zeitlose hinüberzugleiten. Für den Mann ist das jedoch am Anfang nicht einfach.

»Tantra ist manchmal schwer für Männer«, sagt der Tantralehrer Peter Schröter. »Für die Frau ist es eine Art Erwachen. Der Mann aber muss von seinem Sockel herunter. Er verliert sehr viel. Er wird in Frage gestellt mit dem, was er mitbringt.«

Aber er gewinnt auch sehr viel bei diesem Prozess. »Es ist eben ein Unterschied, ob man eine gute Flasche Wein so schnell wie möglich austrinkt, um einen Rausch zu bekommen, oder ob man sie Glas für Glas mit einem Freund genießt«, beschreibt ein Tantraschüler seinen Prozess des Umdenkens. »Wenn ich mir jetzt Zeit lasse, werde ich irgendwie am ganzen Körper lebendig. Ich lerne, mit dem Herzen zu lieben, nicht nur mit den Genitalien.«

Matthias und ich begannen mit Massagen. Wir übten uns im Geben und Nehmen von Massagen, nicht gleichzeitig, sondern nacheinander. Wenn wir zu müde für eine richtig lange Sitzung waren, sagte ich: »Ach, massier mir heute nur den Busen und den Bauch.« Oder er wünschte sich, dass ich ihm nur den Po und die Hoden massierte. Viele Männer lieben es, eine solche Massage zu bekommen, aber die wenigsten Frauen trauen sich an die Hoden heran. Es ist eine Frage der Übung und des vertrauten Umgangs miteinander. Am Anfang brauchte ich ständig Rückmeldung: Wie ist das jetzt für dich? Und wie fühlt es sich an, wenn ich es so mache? Ist das zu fest? Tut das weh oder ist das gut?

Magischer Sex

Wenn wir uns wirklich unserer Sexualität öffnen, sind wir alle sehr verletzlich. In Kinoszenen wirkt der sexuelle Akt immer cool. Aber im wirklichen Leben ist Sex das genaue Gegenteil: Er verlangt von uns Hingabe, sich öffnen, verletzlich werden, Grenzen überwinden, Kontrolle aufgeben.

Deshalb schreibt der amerikanische Sexualtherapeut John Selby: »Wenn bei einer sexuellen Beziehung kein wahres Vertrauen, keine wahre Freundschaft vorhanden ist, wird man beim Liebesakt nicht in mystische Bereiche vorstoßen können. Die Seele wird diese Verwundbarkeit nicht riskieren.« Das glaube ich ehrlich gesagt auch.

Wenn wir uns dem sexuellen Akt so hingeben, dass wir irgendwie noch halbwegs gut dabei aussehen und es nach außen hin so leidenschaftlich wirkt wie in einem guten Kinofilm, hat das meist sehr wenig mit Ekstase zu tun. Wir kontrollieren dann immer noch viele Bereiche unseres Körpers. »Ein Orgasmus des Herzens kann ein Lachen oder ein Weinen sein«, sagt Eva Szabo. Ich selbst habe festgestellt, dass ich mich beim Sex nur dann völlig auflösen, völlig hingeben kann, wenn ich rückhaltloses Vertrauen zu meinem Partner habe. Ich denke dann nicht darüber nach, wie ich aussehe oder wie es wirkt, wenn ich jetzt weine oder lache oder ob er es mit der Angst zu tun bekommt, wenn ich den Ton, der gerade aus der tiefsten Tiefe meines Bauches aufsteigt, tatsächlich herauslasse. Ich lausche diesen Empfindungen nach und gebe mich ihnen hin, und tatsächlich glaube ich, nur ein geschulter Tantriker ist in der Lage, sie auch zu ertragen. Wenn Frauen damit beginnen, wirkliche ekstatische Orgasmen zu haben, ist das nicht unbedingt niedlich oder ästhetisch. Es kann einem Erdrutsch oder einem Vulkanausbruch gleichen. Man muss damit umgehen können, auch als Mann.

Seit ich Tantra kennen gelernt habe, erlaube ich meinem Körper viel öfter, viel lautere und viel mehr Töne zu machen. Wenn ich gejoggt habe, kann ich so laut seufzen und stöhnen, dass die Leute im Englischen Garten sich nach mir umdrehen. Wir halten eine Menge Töne wie Seufzer, Schreie, Gurren, Knurren in unserem Körpergefäß gefangen. Es ist unglaublich befreiend, diese Töne herauszulassen.

Ich übe dies mit Frauen in meinen Seminaren, und die meisten finden es am Anfang peinlich. Aber irgendwann macht es Spaß. Man wird wieder zum Kind. Man schert sich nicht darum, was die anderen denken, sondern lässt alles heraus, was in einem steckt.

An diesem Punkt werden meine Seminarteilnehmerinnen oft mutig und fragen mich: »Was machst du anders im Bett als ich?«

Also gut: Erinnern Sie sich daran, wie ich davon sprach, dass ich beim Kochen meine Nahrung segne? Nun, dasselbe

240

tu ich auch vor dem Sex oder besser gesagt, wir tun es. Wir setzen uns voreinander hin und segnen uns: »Ich segne das Göttliche in dir, mein Geliebter, meine Geliebte.« Irgendwie scheint dies den Sex auf eine höhere Stufe zu heben, als würden wir dem Universum zu verstehen geben: Wir wollen mehr als nur ein körperliches Zusammenfinden. Wir wollen Liebe machen.

Fragen Sie mich nicht, wie Sie das Ihrem Partner beibringen sollen. Ihr Liebster wird denken, Sie seien jetzt endgültig von allen guten Geistern verlassen. »Jetzt frömmelt sie auch schon im Bett«, wie mein Mann kürzlich im Scherz verlauten ließ. Aber die Ergebnisse sprechen für sich.

»Wenn ihr nicht werdet wie die Kinder, könnt ihr nicht ins Himmelreich kommen«, sagte Jesus seinen Jüngern, und dieser Satz bekommt von Jahr zu Jahr eine tiefere Bedeutung für mich. Immer öfter fühle ich mich wie ein Kind, das forscht und Dinge ausprobiert, und immer kleiner wird meine Angst, uncool, peinlich, lächerlich, naiv zu sein. Und immer öfter bemerke ich, dass ich im Vergleich zu vielen meiner nie peinlichen, nie lächerlichen, immer coolen, manchmal zynischen Mitmenschen bereits im Himmelreich lebe. Doch zurück zum göttlichen Sex.

Einer der am häufigsten benutzten Sätze meines Lebens – Matthias kann ihn inzwischen singen – lautet: »Ach, mein Liebster, lass uns dies doch einfach mal ausprobieren.«

Wenn Sie es noch nicht schaffen, sich laut zu segnen, hilft vielleicht diese Übung meiner guten Freundin und Visionstrainerin Ilona Selke, deren wunderbares Buch »Weisheit der Delfine« ich jedem empfehle. Sie setzen sich voreinander hin, einer schließt die Augen und konzentriert sich auf das Höchste, Beste und Edelste in sich. (Ilona nennt es »sich auf das Vollendete Selbst konzentrieren«). Der andere nimmt diese Energie wahr, und nach einer Weile werden die Rollen getauscht.

241

Es kann sehr schön sein, einander zu sagen, was man gerade beim anderen spürt: Weisheit, Tiefe, Durchsetzungsvermögen, Liebe, Hingabe, Dienen, Erde oder was immer gerade durchkommt.

Ich finde es wichtig, dass man vor dem Sex kleine Sitzungen einbaut, in denen man sich streichelt oder massiert, und zwar nicht gleichzeitig, sondern nacheinander. Man kann sich auf die Berührung nur schlecht konzentrieren, wenn man sich gleichzeitig streichelt oder massiert. Meistens massiere ich meinen Liebsten zuerst und dann massiert er mich, denn wenn es dann zum Akt kommt, bin ich bereit, ihn aufzunehmen.

Als junge Frau ließ ich es oft zu, dass ein Mann mich penetrierte, bevor ich wirklich so weit war, und fast immer beschwerte sich danach meine Scheide. Weibliche Scheiden können ziemliche Mimosen sein. Sie geben uns gleich am nächsten Tag Rückmeldung, wenn der Mann oder das Timing oder beides beim Akt nicht gestimmt hat. Sie röten sich, entzünden sich, schicken permanent Botschaften: So nicht, mit mir nicht, bin verstimmt.

Haben Sie auch schon, wie ich, versucht, Ihre Scheide mit einer Creme zu beschwichtigen, so wie man einem kleinen Mädchen einen Lutscher gibt, wenn es sich die Knie aufgeschrammt hat? Das geht an der Botschaft vorbei. Wenn Sie einem Mann erst erlauben, in Sie einzudringen, wenn Sie wirklich bereit dafür sind, wird sich Ihre Scheide als die Robustheit in Person erweisen. Aber sie braucht Zeit. Sie ist eben eine echte Tantrikerin.

Die tantrischen Atemübungen haben wir im Großen und Ganzen ziemlich aufgegeben. Ich halte sie für sehr wertvoll und effizient, aber man muss sich erst hineinfinden, und das ist auf einem Seminar wesentlich einfacher als zu Hause. Abends um zehn nach einem arbeitsreichen Alltag, wenn man gerade noch die letzten Latein-Vokabeln mit der ältesten

Tochter durchgepaukt hat, ist der »Feueratem« einfach nicht mehr drin.

Aber um meinen Orgasmus zu verzögern, benutze ich immer noch häufig den so genannten »sexuellen Atem«. Er besteht einfach darin, dass man den Atem vom Beckenboden aus hochsaugt und dabei den Mund öffnet, etwa so, als würde man Luft mit einem Strohhalm hochsaugen. Man kann beim Einatmen bzw. Hochsaugen des Atems den Beckenboden anspannen – falls man daran denkt.

In Tantra-Seminaren gibt es eine ähnliche Übung, die von der Tantralehrerin Margot Anand als »die innere Flöte öffnen« bezeichnet wird. Man stellt sich vor, dass vom Beckenboden bis zum Kopf ein Kanal, ein hohler Bambus, angelegt sei, durch den man die sexuelle Energie hochatmen kann. Auch wenn dies nur in der inneren Vorstellung klappt, kommt es oft zu einer spürbaren Veränderung, wenn man diese Technik während des Liebesaktes einsetzt. Es lohnt sich, damit zu experimentieren.

Einmal massierte ich mir während dieses Atmens die Brust, die noch voller Öl von einer vorhergehenden Massage war. Dadurch stieg die Energie von meinem Beckenboden mühelos bis zu meiner Brust, und ich erlebte den sexuellen Akt als ein reines Liebeserlebnis.

Solche Erfahrungen mit der sexuellen Energie habe ich vor meiner tantrischen Schulung niemals gemacht. Früher konnte Sex in seiner schlechtesten Form mich an eine Art stressige Gymnastik erinnern. Die unteren Geschlechtsteile hatten nichts mit meinem Kopf, mit meinem Herzen zu tun. Wenn man allerdings Tantra gemacht hat, ist es sehr schwer, Sex mit jemandem zu haben, den man nicht zutiefst achtet und liebt. Denn hier verweben sich die Energien viel mehr, Sex und Herz kommen zusammen. Man verschmilzt energetisch, emotional und seelisch.

Wenn eine Frau die totale Hingabe erleben will, muss sie sich vollkommen für die Energie des Mannes öffnen. Sie muss ihn wirklich zu sich hereinlassen. Wenn sie sich aber seiner nicht sicher ist, wie das bei One-night-stands und Affären ja häufig der Fall ist, wird sie sich eine solche Öffnung nicht erlauben. Und das ist auch gut so.

Tantrischer Sex verträgt sich nicht mit Zynismus oder gegenseitiger Abwertung oder Leistungsdruck. Wie könnte man sich vereinen, also eins werden, im ursprünglichen Sinne des Wortes, wenn man sich nicht liebt, wenn man einander abwertet, verurteilt oder negativ übereinander denkt? Solange man dies tut, ist Sex eine Art Gymnastik mit den Geschlechtsteilen, die niemals in ekstatische oder mystische Bereiche führt. Es scheint, als hätte die Schöpfung ein schweres Schloss vor die Tür zu diesen Bereichen gebaut. Man kann das Schloss nur öffnen, wenn man sich in tiefstem Respekt und höchster Achtung voreinander in die sexuelle Vereinigung begibt. »Ich segne das Göttliche in dir, mein Geliebter, meine Geliebte…«

Ich selbst habe noch nicht erlebt, dass Matthias und ich zu einem Wesen verschmolzen sind, wie mir manche Tantriker erzählt haben. Aber ich gebe diese intime Erzählung meines Lehrers Peter Schröter gern weiter: »Ich schmolz ganz und gar in meine Geliebte hinein. Und während ich das erlebte, konnte ich uns gleichzeitig von außen sehen. Wir waren von einem Flimmern umgeben, und dort, wo wir uns berührten, wurden wir zu einem Körper, zu einem Fühlen, einem Sehen.«

Aber auch Matthias' und mein Sex hat sich durch die vielen tantrischen Erfahrungen stark verändert. Er gleicht dem Erschaffen eines Bildes, er erfordert Sammlung und Konzentration. Sein Geschmack ist nicht scharf, sondern voll und lieblich. Er ist nicht wie der Blitz, sondern wie Glut, die langsam zu Feuer geschürt wird. Es ist, als würden sich nicht nur unsere Körper, sondern auch unsere Herzen verbinden. Er lässt uns zurück, eingesponnen in einen Kokon aus Glück. Er dringt in unsere Beziehung wie heilsame Medizin. Danach liegen wir still, einer an der Brust des anderen, und können uns nicht trennen, weil unsere Seelen mit unsichtbaren Fäden verbunden sind.

Konzentration, Dekoration und Know-how

»Warum braucht Sex Konzentration?«, hat mich einmal jemand gefragt. Tantra-Sex ist wie eine Meditation. Man konzentriert sich auf die Empfindungen. Man versucht, wirklich wahrzunehmen, was man in jedem einzelnen Moment in seinem Körper spürt. Das erfordert Konzentration. Und natürlich funktioniert das nicht immer. Manchmal kommt man ins Denken oder sogar Urteilen. Als junge Frau verlor ich mich häufig in meinen Phantasien. Phantasien führen uns allerdings auch weg von dem realen Erlebnis, von dem, was jetzt in diesem Moment gerade hier passiert.

Ein Aspekt, den ich im Tantra sehr liebe, ist der des Feierns. Man feiert sich selbst und den sexuellen Akt mit allen Sinnen. Dadurch erhöht man ihn und verleiht ihm einen besonderen Wert.

Da die meisten Frauen, die ich kenne, liebend gerne dekorieren, erspare ich mir hier Beschreibungen. Wir alle wissen, wie wir ein einfaches Schlafzimmer in einen Tempel der Liebe verwandeln können.

In diesem Tempel der Liebe können Sie Rituale feiern. Eines meiner Lieblingsrituale, die »sinnliche Massage«, beschreibe ich weiter unten. Zum Tantra gehört, dass man sich schön macht. Man zelebriert die Liebe wie ein üppiges, luxuriöses Mahl. Die alten Tantriker, so heißt es, ließen sich zum Akt Musik vorspielen und Gedichte vorlesen. Matthias und ich haben sehr viel Musik, die wir nur zum Liebemachen auflegen. Wir benutzen auch ein bestimmtes hawaiianisches Körperöl, dessen Duft uns sofort in die richtige Stimmung versetzt.

Natürlich funktioniert es im Alltag nicht immer, den Sex zu einem Gesamtkunstwerk zu machen. Lassen wir uns nicht von unseren eigenen Ansprüchen erdrücken! Es kann ausreichen, sich vorzunehmen, ein Mal im Monat »Gourmet-Sex« zu haben – eine Formulierung von John Gray –, um unser Liebesleben um die tantrische Dimension zu erweitern.

Am Anfang dieses Kapitels schrieb ich, dass im Tantra die Frauen die Lehrmeisterinnen der Liebe sind. Natürlich können Sie nicht Meisterin sein, bevor Sie nicht Schülerin waren. Doch bevor Sie den Körper Ihres Mannes oder Partners erforschen, fangen Sie bei sich selbst an. Finden Sie heraus, was Sie brauchen und wie Sie es brauchen. Bauen Sie einen wirklich guten Kontakt zu Ihrem Körper und zu Ihrer Sexualität auf.

Manchmal übe ich mit den Frauen in meinen »Wunderbare-Geliebte«-Seminaren einen gekonnten Striptease, oder wir zelebrieren eine Selbstliebe-Massage, bei der jeder einzelne Körperteil eingeölt, massiert, gestreichelt und gelobt wird.

Ich selbst feiere ab und zu ganz für mich allein ein Selbstlieberitual, bei dem ich meinen Raum schmücke, schöne Musik auflege und mich sehr lange und ausgiebig mit warmem Öl massiere. Manchmal öle ich dabei auch meine Haare und mein Gesicht ein. Wenn mein Körper vollkommen glitschig ist, beginne ich, meine Vulva zu erforschen. Ich versuche, nicht zu schnell zum Höhepunkt zu kommen, sondern setze immer wieder das sexuelle Atmen ein und ziehe so die Erregung in meinem Körper nach oben. Wenn ich irgendwann doch zum Orgasmus komme, fühle ich mich vollkommen eingehüllt in Liebe. Manchmal flüstere ich mir dabei zu: »Ich liebe dich, Sabine« und dies verstärkt noch meine Empfindungen.

Es gibt immer noch Frauen, die sich schämen zu masturbieren oder es nur heimlich unter der Bettdecke tun. Wie kann ein Mann uns gut tun, wenn wir es noch nicht einmal selbst fertig bringen? Und wie soll er wissen, was uns gut tut, wenn wir es nicht selbst wissen? Werden Sie für sich selbst eine phantastische Geliebte, bevor Sie dies bei Männern anstreben. Eine Frau, die ihren Körper ganz und gar bewohnt, ist immer erotisch.

Mein Lieblingsritual: Die sinnliche Massage

Dieses Ritual braucht das richtige Ambiente. Ich sorge immer für einen warmen Raum, Duft, Kerzen und gute Musik (z. B. el-Hadra von Klaus Wiese/Ted de Jong).

Führen Sie nacheinander folgende Berührungen aus:
• Die erste Berührung ist ein federleichtes Streicheln, als berühre man nur die Haarspitzen auf der Haut des Partners.
• Als Nächstes haucht man die Körperstelle an.
• Sodann berührt man die Körperstelle mit der Zungenspitze.
  Als Gebender lässt man sich Zeit. Die Berührungen sollten langsam, respektvoll und trotzdem wollüstig sein. Geben Sie sich Ihrem Tun mit Liebe hin. Lassen Sie Ihre Gedanken nicht abschweifen, sondern konzentrieren Sie sich ganz und gar auf den Körper Ihres Geliebten. Berühren Sie mit der Hand, hauchen Sie mit dem Atem und benetzen Sie mit der Zungenspitze folgende Körperstellen des Geliebten, der zunächst auf dem Bauch liegt:

- die unbehaarte Stelle hinter beiden Ohren,
- den Nacken,
- den unteren Rücken (Kreuzbeinbereich),
- die Querfalten unterhalb des Gesäßes am rechten und am linken Bein,
- die Kniekehlen.

Bitten Sie den Empfangenden, sich auf den Rücken zu drehen. Jetzt konzentrieren Sie sich als Gebender auf folgende Bereiche:

- die Öffnung der Ohren,
- die Haut um die Öffnung der Nasenlöcher,
- die Lippen,
- die Brustwarzen,
- den Bauchnabel im Uhrzeigersinn,
- die Klitoris bzw. Eichelspitze,
- die Außenseite des linken kleinen Fingers,
- die Innenseite der Fußsohlen,
- den großen Zeh des linken Fußes.

Es ist nicht notwendig, die Rollen sofort zu tauschen, und es empfiehlt sich auch nicht, anschließend sofort Sex zu haben. Legen Sie sich als Gebender stattdessen neben den Empfangenden und lassen Sie sich einhüllen von der wunderbaren Atmosphäre, die Sie selbst erschaffen haben.

Glückliche Beziehungen

Manche Menschen glauben, eine glückliche Ehe oder Partnerschaft sei ein Geschenk von oben. Aber nach dreizehn Jahren in einer festen Beziehung muss ich sagen: Eine glückliche Beziehung ist das, was zwei Menschen erhalten, wenn sie ständig bereit sind, etwas füreinander zu tun. Eine exzellente Beziehung braucht exzellenten Treibstoff! Super-Plus sozusagen.

Immer wieder treffe ich auf unglückliche Männer oder Frauen, die sich eine bessere Beziehung wünschen, aber nicht bereit sind, ihre »Beziehungskiste« mit gutem Treibstoff aufzufüllen. Dann ist es zwecklos.

Eine Freundin von mir, die in München wohnt, hat einen Freund in Berlin. Er weiß nicht, ob er nach München ziehen soll, denn die Stadt ist ihm zu spießig. Sie schaut sich, wann immer sich die Gelegenheit ergibt, nach einem tolleren Mann um, hat aber noch keinen gefunden. Die Beziehung ist erwartungsgemäß nicht gerade märchenhaft. Wie auch? Sie fährt auf minderwertigem Treibstoff, und manchmal bekommt sie überhaupt keinen.

Aber was ist guter Treibstoff? Wie erschafft man sich eine glückliche Beziehung? Gibt es ein Rezept dafür, gibt es Zutaten? Oh ja. Es gibt sogar eine ganze Menge Zutaten:

Sich an die Anfänge erinnern

Ich erinnere mich genau, was ich an Matthias schätzte, als ich ihn kennen lernte: Er war ruhig, besonnen und verantwortungsvoll. Wenn um uns herum die Wogen hochschlugen, wurde er noch ruhiger, noch kontrollierter. Bei all dem spürte ich in ihm eine tiefe Kraft. Er spielte nicht nur den Fels in der Brandung, die Eiche im Sturm, er konnte diese Qualitäten auch tatsächlich einlösen. Ich fühlte mich unwiderstehlich zu ihm hingezogen. Hinter mir und höchstwahrscheinlich auch vor mir liegt ein sehr bewegtes Leben. Ich habe sehr oft Dinge getan, die ungewöhnlich waren, und ich habe ständig das Gefühl, mich ziemlich weit aus dem Fenster zu hängen. Ich brauche jemanden, der fest zu mir steht. Was Matthias an mir liebt, ist mein Mut, meinen stets forschenden Geist und die Leidenschaft, mit der ich mein Leben lebe und die Wege gehe, die ich selbst als wahr erkannt habe. Ich glaube, er lebt gerne mit mir, weil ich ihn dauernd inspiriere und es ziemlich schwierig ist, neben mir in einen Alltagstrott zu verfallen.

In unserer Beziehung ist Matthias die erhaltende und konservierende Kraft, während ich die Erneuerin bin. Wir mussten einander finden und lieben, denn wir ergänzen uns. Meist habe ich eine Vision, ein Ziel, wo es hingehen soll, aber Matthias hat die Kraft, das Know-how und die Mittel, um dieses Ziel zu erreichen.

In der Hochphase des ersten Verliebtseins nimmt man nur die guten Eigenschaften an einem Partner wahr. Doch nach fünf Jahren Beziehung sind oft genau die Eigenschaften, die einst so anziehend waren, der Stein des Anstoßes. Manche Männer suchen sich eine Frau, die stark mit ihren Gefühlen verbunden ist, weil sie bei sich selbst einen Mangel daran verspüren. Doch nach ein paar Jahren geht ihnen die Emotionalität ihrer Partnerin auf die Nerven. So viel Gefühl wollten sie nun auch wieder nicht! Der Mann, dessen kühlen Geschäftssinn eine Frau einst bewunderte, kommt ihr nach ein paar Jahren emotionslos und kalt vor. Und der Wohlstand, der sich mit seinem guten Geschäftssinn verband, erscheint ihr jetzt wertlos. Damals aber liebte sie ihn für die materielle Sicherheit, die er ihr bieten konnte.

Wenn ich lieblos wäre, könnte ich Matthias' Eigenschaften auch als unflexibel, überordentlich und starr interpretieren. Wenn er mich mit einem kalten Herzen betrachtet, könnte er mich als leichtsinnig, sprunghaft und anstrengend bezeichnen. Aber das ist nicht passiert.

Wir haben nie aufgehört, die Eigenschaften aneinander wertzuschätzen, die uns am Anfang unserer Liebe zueinander hinzogen und die uns auch heute noch ergänzen und zu einem perfekten Team machen.

Am Anfang einer Beziehung stört uns fast überhaupt nichts am Partner, weil wir verliebt sind. Er erscheint uns als ein Gott. Das Gefühl der Verschmelzung macht uns zu Helden. Wir sind bereit, gegen den Rest der Gesellschaft, den Rest der Welt für unsere Liebe zu kämpfen.

Ich will ja nicht unromantisch erscheinen, aber diese Gefühlsstürme sind ein Trick der Natur, um die Geschlechter zur Paarung anzuregen. Wissenschaftler haben herausgefunden, dass das Gefühlhoch der ersten Verliebtheit auf die Produktion von Hormonen wie Phenylethylamin (kurz PEA) zurückzuführen ist, dessen Wirkungsdauer jedoch zeitlich begrenzt ist. Irgendwann, nach sechs oder acht Monaten, spätestens jedoch nach zwei Jahren, wird die PEA-Produktion eingestellt und das Paar entliebt sich. Von diesem Zeitpunkt an entdecken wir Charaktereigenschaften am Partner, die wir vorher überhaupt nicht wahrgenommen haben. Sie waren da, aber wir haben sie nicht bemerkt. Auch jene Eigenschaften, die wir vorher bewundert haben, erscheinen uns jetzt nicht mehr so großartig. Wir sehen schärfer, gnadenloser, kühler. Es gibt keinen Roman, in dem dieser Prozess detaillierter beschrieben worden ist, als in Leo Tolstois »Anna Karenina«.

Ich glaube, es ist genau dieser Moment, an dem wir realistischer, sachlicher und gar nicht mehr sexgetrieben von Hormonen auf den anderen blicken, an dem wirkliche Liebe einsetzt – oder eben auch nicht. Denn jetzt müssen wir plötzlich für unsere Liebe arbeiten. Wir bekommen sie nicht geschenkt.

Am Anfang einer Beziehung erfahren wir Glück, Ekstase, Motivationsschübe und ein erhöhtes Selbstwertgefühl, ohne uns im Geringsten dafür anstrengen zu müssen. Aber das Ganze ist sozusagen nur die Vorschau. Wenn wir den Hauptfilm erleben wollen, müssen wir all das bewusst und willentlich tun, was wir in der Hochphase der Verliebtheit völlig automatisch taten. Aber was war das?

Zeit zum Reden

Als ich Matthias kennen lernte, wollte ich Tag und Nacht mit ihm zusammen sein. Ich konnte nicht genug von ihm bekommen. Wir blieben nächtelang auf, um zu reden. Mir schien, als hätte ich viele Leben lang auf ihn gewartet, und jetzt war er endlich da, und ich hatte ihm so viel zu sagen und ich wollte so viel von ihm wissen.

Dieses Gefühl hat sich eigentlich nie ganz geändert. Wenn wir uns auch nur einen Tag lang nicht gesehen haben, sind wir beide ganz erpicht darauf, Zeit zu finden, um miteinander zu reden.

Müsste ich die Beziehung zu Matthias in eine Serie von Bildern fassen, wäre eines davon ein Paar, das Hand in Hand durch eine herrliche Landschaft spaziert. Ich weiß nicht, wie viele Stunden auf wie vielen Wegen wir damit verbracht haben, zu reden und einander zuzuhören, uns gegenseitig unsere Hoffnungen, Enttäuschungen, Ideen und Ziele darzulegen und gemeinsame Pläne zu schmieden.

Vor Jahren prägten Psychologen den Begriff der »Qualitäts-Zeit«. Sie rieten berufstätigen Müttern, täglich eine Stunde mit ihren Sprösslingen zu verbringen, in der sie ihre ganze Aufmerksamkeit dem Kind und seinen Bedürfnissen widmeten. Das Kind »Beziehung« braucht ebenfalls Zeiten des Zusammenseins, die eine besondere Qualität besitzen.

Matthias und ich haben solche Qualitäts-Zeit auf unseren vielen Spaziergängen erschaffen. Sie sind geprägt von einem intensiven Austausch an Gedanken, Gefühlen und Erfahrungen. Oftmals erhält dabei einer von uns tiefen Einblick in das innerste Wesen des anderen. Ein solches Zusammensein nährt unsere Intimität und Verbundenheit.

Ich habe festgestellt, dass Frauen Zeiten der Zweisamkeit und der tiefen Kommunikation wichtiger finden als Männer. Auch in meiner Ehe gibt es immer wieder Momente, an denen ich ausrufen muss: »Rede mit mir! Nimm mich wahr! Was denkst du? Was fühlst du gerade?« Ich glaube, es ist für Männer nicht so notwendig, sich einer Frau mit ihren Gedanken und Gefühlen zu offenbaren. Vielleicht fällt es ihnen auch nur schwerer. Frauen können sehr leicht über ihre Gefühle kommunizieren, und sie müssen dies tun.

In meiner ersten Ehe lebte ich mit einem Mann zusammen, der, wenn er wütend auf mich war, die Kommunikation total einstellte. Einmal sprach er drei Wochen lang nicht mit mir. Diese Zeit war eine der schwärzesten in unserer Beziehung. Ich verbrachte ein Wochenende bei einer Freundin, da ich die Atmosphäre zu Hause erdrückend fand. Da mein Mann ohnehin nicht mit mir redete, dachte ich, dies würde ihm wohl kaum etwas ausmachen. Aber er war darüber tief empört und sprach noch länger nicht mit mir. Er wollte, dass ich da bin, obwohl wir nicht miteinander kommunizierten. Ich konnte dies überhaupt nicht begreifen. Wenn wir nicht miteinander redeten, war es besser, wir waren überhaupt nicht zusammen, bis zu dem Zeitpunkt, da er wieder mit mir sprechen konnte. Erst Jahre später, als wir längst getrennt waren, verstand ich die Psychologie dahinter. Nicht-Reden ist eine Form von Bestrafung. Wenn ich nicht da war, um die Bestrafung zu empfangen, dann war die Strafe sinnlos. Ich konnte also nicht verschwinden und in der Ferne darauf warten, dass er wieder anfangen würde zu reden.

Wenn man Nicht-Kommunizieren als eine Form der Bestrafung in der Partnerschaft einsetzt, reißt das tiefe Gräben in die Beziehung. Eine Frau kann seelisch und emotional regelrecht verhungern, wenn der Partner neben ihr nicht genügend mit ihr kommuniziert.

Das tiefe Glück, das ich in meiner Beziehung mit Matthias immer wieder empfinde, beruht zum größten Teil darauf, dass ich mich ihm in meinem innersten Wesen offenbaren kann und dass auch er bereit ist, die tieferen Schichten seines Wesens mit mir zu teilen.

Es ist unspektakulär und simpel, aber das Geheimnis der besten Beziehungen ist wahrscheinlich, dass man nie aufhört, miteinander zu kommunizieren.

Lob und Anerkennung

Die Grundbedürfnisse eines jeden Menschen sind diese: Er möchte geliebt und er möchte anerkannt werden. Warum erfüllen wir uns gegenseitig diese Grundbedürfnisse so selten? Ich frage mich das oft. Wir sagen: »Oh, wie kann ich jemand anerkennen, der noch so viele Fehler hat?« Wir schauen auf die Fehler und Schwächen, nicht auf die Stärken. Wir konzentrieren uns auf das, was nicht da ist, statt auf das, was da ist.

Mich selbst hat Kritik noch nie dazu beflügelt, irgendeine Sache besser zu machen. Im Gegenteil. Kritik lähmt mich. Wann immer ich jedoch einen Anruf erhalten habe, bei dem mir jemand sagte: »Dein letztes Buch hat mir sehr gut getan, es hat mir viele Anregungen gegeben«, dann sitze ich wieder hoch motiviert hinter meinem Schreibtisch. Mein Schreiben macht dann erst wieder Sinn für mich.

Die meisten Menschen, die ich kenne, leiden darunter, dass sie von ihren Eltern keine Anerkennung bekommen für die Person, die sie jetzt sind. Ich gehöre auch dazu. Weder meine Mutter noch mein Vater sind begeistert von dem Weg, den ich eingeschlagen habe. Obwohl meine Mutter gewissenhaft alles liest, was ich schreibe, weiß ich, dass ihr das, was ich tue, ziemlich suspekt ist. Ich habe nicht den bürgerlichen, gesellschaftlich anerkannten Weg eingeschlagen, der zu Literaturpreisen führt. Auch mein Lehrer Pedro de Souza ist ihr unheimlich, und in der Tiefe ihres Herzens lehnt sie ihn ab. Überhaupt schreibe ich viel zu offen und hemmungslos über mich selbst, meine Familie, mein Sexleben und über meine spirituelle Entwicklung, die sich auch nicht gerade durch würdige Kirchenämter auszeichnet. Ich bin eine Tochter, mit der in bürgerlichen Kreisen wahrhaftig nicht viel Staat zu machen ist. Ich habe lange nach einer Methode gesucht, damit zurechtzukommen, dass ich nicht die Tochter bin, die meine Mutter sich gewünscht hätte – und mich trotzdem großartig zu fühlen und stolz auf mich zu sein.

Clarissa Pinkola Estés schreibt in ihrem herrlichen Buch »Die Wolfsfrau«: »Frauen, die in einer Familie aufwachsen, in der ihre Talente und Vorzüge nicht anerkannt werden, muten sich oft unmögliche Dinge zu, und das jahre- und jahrzehntelang, ohne recht zu wissen, warum. Sie haben das Gefühl, drei Doktortitel hintereinander erwerben oder den Mount Everest bezwingen zu müssen, um ihrer Familie zu beweisen, dass auch sie etwas wert sind.« Wenn Sie sich bei diesen Worten angesprochen fühlen, willkommen im Club! Der Club der Frauen – und auch Männer –, die sich von ihren Vätern und Müttern nicht anerkannt fühlen, ist riesengroß. Manchmal meine ich, die ganze Welt gehört ihm an. Und glauben Sie ja nicht, dass Ihre eigenen Eltern nicht auch Mitglieder des Clubs sind!

Es ist schwierig, eine tiefe und innige Beziehung zu jemandem aufzubauen, dessen Leben man nicht anerkennt und respektiert. Das gilt für Eltern, Kinder und Partner. Eine Methode, mit der ich gute Erfahrungen gemacht habe, stammt von dem Psychologen Mark Goulstone und ist nachzulesen in dem kleinen, höchst empfehlenswerten Büchlein »Die Kunst, sich nicht unterkriegen zu lassen«. In dem Kapitel »Auf der Jagd nach Liebe und Anerkennung von Mutter und Vater« schreibt der Psychologe: »In vielen Fällen haben Ihre Eltern das, was Sie sich von Ihnen wünschen, von ihren eigenen Eltern auch nie erhalten. Weil es ihnen schwer fällt, etwas zu geben, was sie nie erhalten haben, erziehen sie schließlich ihre Kinder nach dem gleichen Muster.« Um den Teufelskreis zu durchbrechen empfiehlt er, dass man selbst in die Rolle eines Elternteils der Eltern schlüpft, also zur Großmutter oder zum Großvater wird und den eigenen Eltern die Anerkennung gibt, die sie selbst nie erhalten haben.

Goulstone fügt hinzu: »In die Rolle der Großeltern zu schlüpfen erfordert Mut. Sie müssen bereit sein, etwas zu geben, was Sie liebend gerne selbst hätten, ohne die Garantie, es auch zurückzubekommen.«

Als ich darüber nachsann, erkannte ich, dass weder mein Vater noch meine Mutter von ihren Eltern viel Anerkennung erhalten hatten. Auch sie hatten sich durchs Leben geschlagen, ohne dass die Personen, die ihnen am wichtigsten waren, jemals sagten: »Ich bin stolz auf dich.« Ich hatte auf einmal tiefes Mitgefühl mit meinen Eltern.

Mir wurde klar, dass meine Mutter ihre Aufgabe als Mutter erfüllt hatte. Sie hatte alles getan, was man tun kann, um mich zu einem liebevollen Menschen zu erziehen (auch ohne die ganze Anerkennungsgeschichte). Und sie hatte mich so absolut geliebt, wie ich meine Kinder liebe (denn meine Liebe zu ihnen ist absolut, egal welche Fehler ich in ihrer Erziehung mache). Und bis heute noch übernimmt meine Mutter mit der gleichen allumfassenden mütterlichen Liebe meine Töchter, ihre Enkelkinder.

Nachdem ich dies erkannt hatte, konnte ich meiner Mutter tiefe Anerkennung dafür aussprechen, wie sie mich erzogen hat. Als ich dies tat, traten ihr die Tränen in die Augen. Sie konnte nicht recht glauben, dass ich das, was ich sagte, auch wirklich meinte. Sie war es nicht gewohnt. Niemand hatte ihr je Anerkennung darüber ausgesprochen – und dies erschütterte wiederum mich. Ich hätte es viel früher tun sollen.

In meiner Beziehung zu Matthias spielen Liebe, Respekt und Anerkennung eine große Rolle. Wir haben immer verstanden, uns gegenseitig zu bewundern und aufzubauen. Ich musste mich eigentlich nie besonders darum bemühen, ich habe so tiefen Respekt und ehrliche Bewunderung vor dem hoch entwickelten, liebevollen und verantwortungsvollen Wesen meines Mannes, dass ich dies nur hin und wieder in Worte fassen muss.

Aber ich weiß, dass nicht alle Paare so »hoch« voneinander denken, und dann kann es schlau sein, ein regelrechtes Lob- und-Anerkennungs-Programm zu entwickeln.

Loben Sie Ihren Partner für die vielen Dinge, die er für Sie oder für die Familie tut. Nehmen Sie nichts als selbstverständlich hin. Es kann Wunder wirken, wenn man beginnt, es anzuerkennen oder zu loben, dass der Partner das Auto immer voll tankt, die Telefonrechnungen bezahlt, den Müll rausbringt, die Steuererklärung macht oder den Hund ausführt.

Anerkennen Sie das Leben, das Ihr Partner führt, und den Beruf, den er hat. Bestärken Sie ihn in seinen Ideen, seinen Zielen und Visionen.

Sagen Sie manchmal: »Ich bewundere deine Art, mit schwierigen Kunden umzugehen.« »Es tut mir so gut, dass du mir zuhörst.« »Danke, dass du samstags immer den Einkauf machst. Das ist so eine große Entlastung für mich.« »Ich bin stolz auf dich.« »Ich finde, du bist einfach der Beste für diesen Job.«

Wir können das sein und das erreichen, was der andere in uns wahrnimmt. Wenn mein Liebster zu mir sagt: »Du bist deine beste Werbung. Du musst dich nur hinstellen und deine Wahrheit sagen, und die Leute werden dir glauben. Sie werden deine Bücher kaufen und in deine Seminare gehen« – dann glaube ich, dass dies möglich ist, weil er es glaubt. Es ist sehr schwierig, ganz allein an das Beste in sich zu glauben. Aber wenn der andere dieses Beste auch sieht und bestätigt, dann können wir tatsächlich zu diesem Besten werden.

Die amerikanische Psychologin Judith Wallerstein stellte nach Jahrzehnten der Eheberatung nüchtern fest: »In glücklichen Ehen werden die hohen Erwartungen, die die Partner zu Beginn aneinander stellen, an die Lebensrealität angepasst, aber nie völlig aufgegeben. Ehen ohne Phantasien oder Idealisierungen sind langweilig und entmutigend. Viele der geschiedenen Paare, mit denen ich zu tun habe, scheinen einander nie idealisiert zu haben. Eine Scheidung bedeutet nicht unbedingt ein Zerbröckeln der Liebe oder der hoch gesteckten Erwartungen – manchmal waren die Erwartungen im Gegenteil nicht hoch genug.«

Legen Sie das Traumbild, das Sie einst von Ihrem Partner hatten, nicht einfach ad acta. Holen Sie es wieder hervor. Beschwören Sie es. Rufen Sie es zurück. Es ist immer noch da. Es hat sich nur klein gemacht und versteckt, weil niemand es mehr bemerkt und gesehen hat.

Wir ersticken in Routine und Ritual. Wir vergessen, uns gegenseitig in unseren lichtesten und besten Seiten zu bestärken. Und dann wundern wir uns, dass uns diese Seiten abhanden kommen. Geben wir uns gegenseitig die Kraft und die Macht zurück, an diese Seiten zu glauben.

Viele Frauen, die in meine Seminare kommen, haben folgendes Problem: Sie wollen sich verändern, aber ihr Mann will, dass alles beim Alten bleibt. Mein Tipp: Versuchen Sie nicht, ihn zu ändern. (Alle Frauen wollen ihre Männer ändern! Und alle Männer wehren sich dagegen.) Anerkennen Sie Ihren Partner so, wie er ist. Praktizieren Sie Ihre spirituellen Werte, indem Sie ihn vollkommen und ganz so annehmen, akzeptieren und anerkennen, wie er ist. Sehr oft, auf diese geheimnisvolle Art, in der die Liebe wirkt, wird er sich von ganz allein ändern, wenn er sich in seinem »alten Ich« vollkommen sicher, angenommen und anerkannt fühlt. Sie müssen nichts dafür tun – außer Ihren eigenen Weg gehen.

Ein paar Fragen und Anregungen für Ihr Notizbuch:
• Welche Eigenschaften Ihres Partners haben Sie am Anfang der Beziehung angezogen? Können Sie diese Eigenschaften immer noch entdecken? Lieben, loben und anerkennen Sie diese Eigenschaften an Ihrem Partner – denn auf diese Art und Weise werden sie sich verstärken.

Liebevolle Handlungen

»Liebe ist kein Gefühl, sondern eine Handlung«, schreibt M. Scott Peck in seinem weisen Buch »Der wunderbare Weg«. Diese simple Wahrheit schockierte mich beim ersten Lesen.

Meiner eigenen Erfahrung nach ist Liebe ein Gefühl. Ich spüre dieses Gefühl in der Brust, es macht mich weich und offen und bringt mich zum Lächeln. Aber ich habe auch festgestellt, dass Gefühle ziemlich wetterwendisch sind. Auch Liebesgefühle kommen und gehen. Es gibt jedoch Wege, die Gefühle zu lenken. Unsere Gedanken beeinflussen unsere Gefühle. Wenn ich mir keine negativen Gedanken über meinen Partner erlaube, bewahrt mich dies auch vor Gefühlen der Negativität und der Lieblosigkeit. Aber es gibt noch einen weiteren Trick. Jede liebevolle Handlung lässt das Gefühl der Liebe im anderen ebenso wie in mir anwachsen und größer werden. Jede lieblose oder unterlassene Handlung lässt dieses Gefühl schrumpfen und im Extremfall total verschwinden.

Dieses Prinzip zu kennen, zu verstehen und richtig anzuwenden, ist einer der Schlüssel zu einer glücklichen Partnerschaft. Kürzlich saß ich mit Matthias und einem Ehepaar, das wir erst vor kurzem kennen gelernt hatten, in einem Restaurant. Christian, unser neuer Freund, erzählte, dass er gerne Skat spiele und ein Mal im Monat einen festen Skatabend mit alten Studienfreunden pflege. Es handelte sich dabei um einen richtigen Männerabend, der reihum stattfand und den er sehr schätzte. »Beim letzten Mal«, fügte seine Frau Marianne lachend hinzu, »kam er ganz begeistert nach Hause, weil die Partnerin seines Freundes ihnen Hackfleischbällchen und Bier serviert hatte. Er wollte, dass ich das an seinem Skatabend auch mal für ihn mache – aber da habe ich mich strikt geweigert!« Ich sah sie verblüfft an. »Warum? Das wäre doch eine gute Gelegenheit gewesen, ihm deine Liebe zu beweisen!« Sie schüttelte ratlos den Kopf: »Findest du? Würdest du so etwas etwa tun?« »Mit Hingabe. Ich bin immer froh, wenn ich etwas finde, womit ich meinen Mann verwöhnen kann.« Marianne schnappte nach Luft: »Und er? Tut er das etwa auch für dich?« »Oh ja, natürlich«, antwortete ich leichthin. Ich hatte nie darüber nachgedacht, dass dies wahrscheinlich eines der Fundamente für unsere gute Beziehung ist.

Einmal kochte Matthias für mich und drei Frauen, die gleichzeitig sehr wichtige Partnerinnen in meinem beruflichen Netzwerk waren. Zwei von ihnen sind heute Chefredakteurinnen großer Magazine, und eine ist eine bekannte Buchautorin. Matthias setzte sich nicht mit uns an den Tisch, sondern bestand darauf, uns zu bekochen und zu bedienen. Meine Freundinnen fanden den Abend und das Essen äußerst gelungen, kein Restaurantbesuch hätte die gleiche Wirkung gehabt.

Letztlich ist Liebe nicht das eine große Gefühl, das kommt und geht und im Alltag manchmal völlig untertaucht, sondern eine Reihe von kleinen, scheinbar unscheinbaren Handlungen, die das Glücksbarometer innerhalb einer Beziehung nach oben oder nach unten treiben. Jede Handlung erzeugt ein Gefühl, und liebevolle Handlungen erzeugen vermehrt ein Gefühl der Liebe.

Ich fühle mich verwöhnt und umsorgt, wenn mein Liebster jeden Tag die schwere Kanne mit Heizöl aus dem Keller hoch schleppt und die altmodischen Ölöfen in unserem Büro füllt, damit ich morgens bei der Arbeit nicht frieren muss. Ich bitte ihn nicht darum. Er tut es einfach, weil er mich liebt.

Das beste Beziehungsbuch, das ich in den letzten Jahren gefunden habe, heißt »Die fünf Sprachen der Liebe«. Der Autor ist ein amerikanischer Eheberater und Seelsorger namens Gary Chapman. Ich empfehle dieses Buch jedem Menschen mit Beziehungsproblemen und bin sicher, dass es schon manche Ehen gerettet hat. Eine der »fünf Sprachen der Liebe« ist für den Autor Hilfsbereitschaft und eben jene kleinen Liebesdienste, mit denen mich mein Mann seit Beginn unserer Partnerschaft verwöhnt. Chapman sagt: »Liebe ist dienen« und erwähnt, dass auch Jesus ein sehr schlichtes, aber auch beeindruckendes Beispiel für diesen Dienst gibt. Er wäscht seinen Jüngern die Füße. Damals waren die Straßen sehr staubig und die Menschen trugen Sandalen. Wenn man in ein wohlhabendes Haus trat, kam ein Diener und wusch einem die Füße. Jesus nimmt sich eine Schüssel und ein Handtuch und wäscht seinen Jüngern die Füße. Da viele seiner Handlungen großen Symbolwert besaßen, wollte er seinen Jüngern klarmachen: »Zeigt eure Liebe füreinander, indem ihr einander dient.«

Für mich ist »dienet einander in Liebe« noch leichter nachvollziehbar bei meinen Kindern. Ich diene meinen Kindern, seit sie geboren sind. Aber ich empfinde diesen Dienst – bis auf ganz wenige Male, wenn mir die Hausarbeit zu viel wird – nicht als Last. Meine Kinder sind meine Schätze, meine Perlen, meine Kronjuwelen. Ihre Liebe und Lebendigkeit sind ein großer Teil meines Lebensreichtums.

Dienen muss aber nicht bedeuten, dass man ständig für jemanden kocht, putzt, aufräumt oder die Betten macht.

Eine winzige Handlung wie eine Tasse Tee ans Bett, ein mitgebrachtes Stückchen Kuchen, zwei reservierte Kinokarten für ihren/seinen Lieblingsfilm jagen vielleicht nicht gerade den Puls hoch, aber sie verbessern das Beziehungsklima. Statt mit einer steifen Brise im Nacken zu leben, erschafft man sich einen italienischen Frühling.

Matthias liebt Marzipankartoffeln. Er kann immer Marzipankartoffeln essen, sogar im August, wenn andere Leute Erdbeereis vorziehen. Wann immer ich etwas in der Innenstadt zu erledigen habe, schaue ich in dem Pralinenladen vorbei, in dem es die besten Marzipankartoffeln gibt. Ich verstecke die Tüte vor unseren Kindern, die ebenfalls immer Marzipankartoffeln essen können, und lege sie erst am Abend heimlich auf sein Kopfkissen. Es sind die Kleinigkeiten, die zählen. Manchmal hört man in einer längeren Beziehung einfach auf, den anderen zu verwöhnen. Aber am Anfang der Beziehung, in der ersten Verliebtheitsphase, hat man sich ständig verwöhnt und kleine Geschenke gemacht: Blumen, Stofftiere, die Lieblings-CD, einen Besuch im Restaurant, einen weichen Schal. Warum hören wir damit auf, sobald wir länger als 12 Monate zusammen sind?

Da ich mir vorgenommen habe, wirklich ehrlich mit meinen Lesern zu sein, muss ich hier einfügen: Wir schenken uns auch nicht mehr so viel wie am Anfang. Aber mindestens fünf Mal im Jahr bekomme ich immer noch unerwartet und ohne besonderen Anlass kleine Geschenke von meinem Liebsten – ein schönes Körperöl, einen neuen Body, eine CD und sehr oft auch einen Blumenstrauß.

Matthias und ich schreiben uns auch noch nach dreizehn Jahren Ehe Liebesbriefe. Manchmal sind es nur kleine Zettel. Aber es kann auch passieren, dass ich ein Fax aus dem Ausland bekomme, das so anfängt: »Meine wunderbare Frau, ich sitze im Frühstücksraum des Hotels und wünsche mir, dass wir zusammen hier wären...« An Geburtstagen können es lange Briefe sein, in denen wir Visionen für unsere Zukunft entwerfen oder uns aufzählen, welche Eigenschaften wir aneinander schätzen.

Wenn es in einer Beziehung kriselt, tendiert man meist dazu, Liebeshandlungen herunterzufahren. Dann wundern wir uns, warum das Klima in der Beziehung immer eisiger wird, und konstatieren ratlos, dass unsere Liebesgefühle schwinden. Natürlich schwinden sie! Stellen Sie sich vor, Ihr Auto hat einen Defekt, und obendrein unterlassen Sie es auch noch zu tanken. Und dann wundern Sie sich, warum man mit der alten Kiste nicht mehr fahren kann. Man müsste also erst mal tanken und dann mit dem Auto zur Reparaturwerkstatt fahren. Eine Beziehung ist in dieser Hinsicht nicht viel anders als ein Auto.

Manchmal sagen mir Frauen, dass sie es leid sind, immer nur die Familie zu »bedienen« und dass sie sich wie ein Fußabtreter fühlen und nicht im Mindesten bereit sind, noch mehr zu tun, um die Liebe wieder aufleben zu lassen. Wenn man das Gefühl hat, seine Familie oder seinen Partner bereits zu viel zu bedienen, dann ist dies auf keinen Fall der geeignete Weg, das Gefühl der Liebe hochzudrehen. Dann muss man sich allerdings fragen: Was wünsche ich mir? Was brauche ich, um mich wertvoll und geschätzt zu fühlen? Wenn Sie sich als Frau wirklich wertvoll fühlen, werden Sie es keinem Mann durchgehen lassen, Sie wie einen Fußabtreter zu behandeln.

Margaret Mead hat einmal gesagt: »Wann immer ein Geschlecht leidet, leidet das andere auch.« Gesellschaften, in denen die Frauen sehr stark unterdrückt werden, sind nicht glücklich. Auch Männer fühlen sich nicht wohl, wenn sie Frauen nicht dieselbe Liebe und Wertschätzung erweisen, die sie auch von ihnen verlangen. Gott hat das Universum so eingerichtet, dass nicht einer auf Kosten des anderen glücklich werden kann. Wirkliches Glück beruht auf gegenseitiger Achtung und Wertschätzung. Jedes Ungleichgewicht ist disharmonisch und macht nicht nur eine Seite unglücklich, sondern auch die andere.

Wenn Sie immer wieder Männer anziehen, die Sie wie einen Fußabtreter behandeln, arbeiten Sie mehr an Ihrem Selbstwertgefühl. Beginnen Sie damit, sich selbst ebenso sehr zu lieben und wertzuschätzen wie Ihren Partner. Sie werden mit der Zeit ein sehr sicheres und instinktives Gefühl dafür entwickeln, wann Sie aus Liebe »dienen«, weil Sie einfach eine wunderbare Hausfrau und Mutter sind, und wann Sie sich klein und minderwertig vorkommen. Wann immer Sie sich klein und minderwertig fühlen, hören Sie sofort mit der Hausarbeit auf. Setzen Sie sich hin und stellen Sie sich die »Was-Frage«. Was ist passiert? Was ist der tiefe Grund für meine Gefühle? Nach und nach werden Sie Ihre Gefühle erforschen und verstehen und auf jene negativen Glaubenssätze stoßen, die Sie immer wieder in eine Situation bringen, in der Sie sich nicht anerkannt und nicht glücklich fühlen.

Ein paar Anregungen für Ihr Notizbuch:
• Schreiben Sie auf, welche kleinen »Liebeshandlungen« Sie sich von Ihrem Partner dringend wünschen. Kleben Sie die Liste an den Kühlschrank oder im Schlafzimmer an den Spiegel. Bitten Sie ihn um seine Liste.
• Wenn die Beziehung in ein Tief gerät, motivieren Sie sich zu mehr Liebeshandlungen. Sie werden feststellen, dass dieses Prinzip immer funktioniert.

Geheime Sehnsüchte und Wünsche

Alles Leben ist Bewegung, Veränderung, Entwicklung – auch wenn wir das manchmal nicht wahrhaben wollen. Jede Beziehung zwischen Mann und Frau verändert sich im Laufe der Jahre, weil wir selbst uns entwickeln und verändern. Mit zwanzig haben wir andere Sehnsüchte und Träume als mit vierzig.

Wünsche sind eine Art eingebautes Motivationsprogramm der Schöpfung. Weil wir Wünsche haben, entwickeln wir uns weiter. Ich rede hier natürlich von positiven Wünschen, nicht von Wünschen, bei denen es darum geht, etwas zu zerstören oder jemanden zu verletzen. Wünsche sind oft noch ungeformt und unspezifisch, erst wenn sich eine Vision oder ein positives Ziel aus dem Wunsch herausschält, kann man damit beginnen, den Wunsch zu verwirklichen. Doch sobald wir das tun, sobald wir uns entwickeln, verändern, etwas Neues ausprobieren, hat dies Einfluss auf die Partnerschaft.

Ich brauchte einen äußerst toleranten Partner im Leben, denn was immer ich verändert habe, betraf auch meinen Mann: Ich wollte anders essen, ich wollte meine Sexualität heilen, ich wollte keine negativen Gespräche mehr führen, ich wollte, dass wir vor dem Essen gemeinsam beten, ich wollte mehr klassische Musik hören – Matthias hatte es nicht leicht mit mir.

Wenn ein Partner plötzlich mit der alten Rolle bricht, ist der andere auf das Äußerste gefordert. Er muss akzeptieren, was ihm vielleicht nicht gefällt. Er muss die Freiheit des anderen anerkennen, selbst wenn sie ihm Nachteile bringt.

Ungelebte Wünsche und Sehnsüchte können unterschiedlichste Gestalt annehmen: Der Traum, allein in den Urlaub zu fliegen, sich als Sängerin in einer Band zu versuchen, spiritueller zu leben, einen Segeltörn um die Welt zu machen, ein Jahr im Ausland zu leben, sportlicher zu werden, ein Geschäft zu eröffnen, eine Nacht mit einem anderen Mann, einer anderen Frau zu verbringen – all dies können wichtige Wünsche auf unserer Lebensliste sein.

Ganz schnell tauchen dann jedoch die Fragen auf: Hält unsere Beziehung das aus? Oder wird das Neue die Beziehung sprengen?

Jede Pflanze benötigt gute Erde, in der sie Wurzeln schlagen kann. Auf die Partnerschaft bezogen bedeutet dies Loyalität und Verbundenheit. Sie entsteht, wenn wir einander zuhören, helfen, uns in Krisenzeiten aufeinander verlassen können. Verbundenheit gibt uns Sicherheit, das Gefühl, geborgen zu sein und geliebt zu werden, so wie wir sind.

Aber auch die beste Erde bringt Pflanzen nicht zum Wachsen, wenn sie nicht ausreichend Wasser, Licht und Luft bekommt. Dies sind für mich die Freiheiten und Freiräume in einer Beziehung. Das bedeutet: loslassen, den Willen des anderen akzeptieren lernen, Freiraum geben, Änderungswünsche des Partners respektieren, vielleicht sogar unterstützen, dem Partner erlauben, ungelebte Sehnsüchte auszuprobieren und zu erfahren – ohne damit zu drohen, die Beziehung abzubrechen. Es geht hierbei um Liebe, und zwar wahre Liebe und nicht Liebe, die eigentlich nur ein Tauschgeschäft ist: »Ich liebe dich nur... wenn du meine Bedingungen erfüllst.«

Beziehungen scheitern oft daran, dass entweder die Seite der Verbundenheit oder die Seite der Freiheit zu stark gelebt wird.

Wer zu stark den Freiheitspart in seiner Beziehung betont, hat oft nur oberflächliche Verbindungen. Bei der ersten großen Krise, dem ersten Durchhänger, der ersten Langeweile wird die Beziehung abgebrochen und eine neue gesucht. Das Ergebnis sind wechselnde Beziehungen, in denen tiefes Vertrauen und Verbundenheit gar nicht erst wachsen können. Es besteht kein Zutrauen, dass die Liebe einen trägt, weil man selbst nicht bereit ist, Liebe zu tragen.

Wenn man aber die Verbundenheit zu stark betont, gerät man in eine andere Falle. Man traut sich jetzt nicht mehr, Träume, Sehnsüchte, Erfahrungen zu leben, die nicht mit dem Partner vereinbar sind. Je weniger man einen Wunsch ausleben darf, umso dringlicher wird er. Diese Träume werden sorgsam im Innersten verschlossen, der Deckel fest verschraubt wie bei einem Dampfkochtopf. In manchen Fällen explodiert eines Tages der Topf – der gestandene, ansonsten immer verantwortungsvolle Familienvater setzt sich dann mit der Freundin seiner Tochter zu einem Segeltörn um die Welt ab, und der Rest der Familie fragt sich, ob der Mann verrückt geworden ist. Ist er nicht – im Gegenteil. Wahrscheinlich wäre er verrückt geworden, wenn er diese ungelebten Anteile seiner Persönlichkeit nicht ans Tageslicht gelassen hätte. Aber wenn man Katastrophen dieser Art vermeiden will, fängt man am besten schon früher damit an, über seine Wünsche zu sprechen.

Mein guter Freund Dr. Wolfgang Miethge ist Diplom-Psychologe und Eheberater im Allgäu, in Kaufbeuren. Da ich weiß, dass er und seine Frau Renate seit Jahrzehnten eine ungewöhnlich offene, starke und liebevolle Beziehung haben, führte ich für eine Partnerschaftsgeschichte in einem großen Frauenmagazin ein Interview mit ihm. Ich finde seine Vorschläge so nützlich, dass ich sie Ihnen kurz vorstellen möchte.

Wolfgang, wie kommuniziere ich in einer Beziehung am besten über meine ungelebten Träume und Wünsche?

Wichtig ist der Zeitpunkt und die Art und Weise, wie du deinen Wunsch äußerst. 1. Nimm dir Zeit. Dein Partner sollte die Geschichte, die Beweggründe, die Gedanken, die zu deinem Wunsch geführt haben, mitgeliefert bekommen. 2. Teilt eure Wünsche möglichst früh miteinander, bevor sich zu viel Druck aufgebaut hat.

Gibt es da Grenzen?

Das kommt natürlich auf deine Beziehung an. Du kannst folgende Brainstorm-Technik anwenden: Stell dir vor, du hättest keinen Partner. Du kannst alles tun. Phantasier ohne Zensur. Schau dir dann deine wichtigsten, zentralen Anliegen an. Zu welchem Leben führt das? Ist es unvereinbar mit deinem jetzigen Leben? Kannst du dein Traum-Leben und dein Real-Leben näher zusammenbringen? Oder endest du damit als Single? Und wenn es so ist: Willst du das wirklich? Erkenntnis ist oft schon die halbe Miete.

Was soll ich tun, wenn ich mich ändern will, mein Partner sich aber dieser Veränderung widersetzt?

Reden, reden, reden. Gib deinem Partner Zeit, seine Position darzustellen. Frag dich auch mal, wie der Wunsch sich anfühlt, wenn du in seinen Schuhen steckst. Frag ihn auch nach seinen Wünschen. Wenn er keine hat – warum? Dann musst du ihm klarmachen: »Unsere Beziehung ist mir wertvoll. Ich will nicht weg von dir. Aber ich möchte diese Erfahrung machen. Ich gebe dir auch das Recht, deine Erfahrungen zu machen. Am schönsten wäre es für mich, wenn wir danach wieder zusammenkämen, um uns auszutauschen.«

Ich muss also versuchen, eine Balance zwischen Freiheit und Verbundenheit in meiner Beziehung zu erschaffen?

Das ist das Salz in der Suppe. Das ist die tägliche Aufgabe, die jede Beziehung lebendig hält.

Allein und getrennt

Mein Zahnarzt – ja, es ist immer noch jener Vertrauenswürdige, von dem hier schon die Rede war – erzählte mir von seinem geplanten Urlaub. Da ich ohnehin nicht antworten konnte, beschränkte ich mich auf ein paar zustimmende Kehllaute.

»Meine Tochter und ich genießen das Skilaufen in der Schweiz. Nur meine Frau ärgert sich. Sie hatte einen Bandscheibenvorfall und würde gern etwas anderes machen.«

Sobald ich wieder in der Lage dazu war, fuhr ich hoch und rief aus: »Warum fährt sie dann nicht woandershin, wo man sich um ihren Rücken kümmert?«

»So schlecht ist unsere Beziehung allerdings noch nicht«, erwiderte mein Zahnarzt.

Ich war verblüfft. Warum sollte ein getrennter Urlaub das

Ende ihrer Ehe bedeuten? Hatten sie kein Vertrauen zueinander? Wer hat behauptet, dass Liebende alles gemeinsam tun müssen? Das Leben ist eine ständige Entwicklung. Wenn die Kinder größer werden oder wenn wir älter werden, verändert sich auch unsere Art des Zusammenseins und erlaubt uns neue Spielmöglichkeiten. Niemand verlangt von uns, dass wir uns ständig einschränken und begrenzen und unserer Beziehung dauernd die Flügel stutzen.

Als meine kleine Tochter Lovis acht Monate alt war, bekam ich einen »Haushaltskoller«. Ich hatte das Gefühl, ich würde in Alltag und Routine ersticken, mein Leben bestünde nur noch aus Arbeit und Pflichten. Bevor ich in eine Depression versank, machte ich Matthias den Vorschlag, wir sollten getrennte Urlaube verbringen. Ich brauchte keinen weiteren Familienurlaub in Österreich, ich wollte ein Abenteuer erleben. Da wir beide freiberuflich arbeiteten, war es für uns einfach, solche Abmachungen zu treffen. Während der eine fort war, kümmerte sich der andere um die Kinder.

Wenig später begab ich mich auf eine zweiwöchige Kamelsafari durch die Sahara. Ich kam mit einer kleinen, nur fünfköpfigen Reisegruppe zusammen. Der Reiseleiter, der diese Safari zum ersten Mal unternahm, entpuppte sich als ein psychisch schwer gestörter Mann, der so verrückt war, dass wir ihn mitten in der Wüste seiner Funktion als Reiseleiter enthoben. Zeitgleich setzte die kleine Gruppe der Beduinen, auf deren Kamelen wir ritten, ihren eigenen Anführer ab, weil er mit Alkoholproblemen zu kämpfen hatte. Das Chaos war perfekt. Ich kam vollkommen erschöpft, mitgenommen und voller unglaublicher Geschichten wieder zu Hause an. Meine Abenteuerlust war fürs Erste vollauf befriedigt. Einige Wochen später fuhr mein Liebster für zwei Wochen nach Burma.

Seither haben wir immer wieder getrennt Reisen unternommen. Mal nimmt einer von uns beide Kinder mit, mal fahren wir allein, und natürlich gibt es auch immer wieder Familienurlaube gemeinsam. »Gesunde Partnerschaften haben keinen Bestand ohne die Fähigkeit, getrennt und zusammen zu sein«, schreiben Aaron Kipnis und Elisabeth Herron in ihrem interessanten Beziehungsbuch »Wilder Frieden«. Die »Reifeprüfung« durchlief meine Beziehung zu Matthias während der drei Jahre, in der wir eine Wochenendehe führten, weil ich mit den Kindern zu meinem Lehrer Pedro de Souza gezogen war. In dieser Zeit lebte ich mit den Kindern in Vogelsberg, einer ländlichen Gegend östlich von Frankfurt, während Matthias für ein Magazin in München arbeitete. Jeden Freitagabend fuhr er von München nach Frankfurt und dann weiter mit einem Vorortszug von Frankfurt bis nach Wächtersbach, wo ich ihn mit dem Auto abholte. Montags nachmittags musste er wieder zurückfahren. So schwierig diese Zeit am Anfang für uns war, unsere Beziehung hat davon profitiert. Vor dieser Trennung waren wir ein glückliches, harmonisches, aber auch symbiotisches Paar gewesen. Das heißt: Wir hatten eine ziemlich starke Abhängigkeit voneinander entwickelt.

Matthias' Abwesenheit und das Alleinsein mit den damals noch kleinen Kindern zwang mich während der Woche dazu, die Rolle von Familienvater und Mutter zu übernehmen, was mir vorher Angst gemacht hatte. Ich wurde stärker und unabhängiger. Ich bekam ein Gefühl dafür, dass mein Leben zwar ohne ihn nicht so schön war, aber in jedem Fall funktionierte. Die Kinder und ich wuchsen zu einem Team zusammen, und ich verstand plötzlich mehr von der Kraft und Power der alten Frauenklans.

Wenn Matthias jetzt verreist ist, können meine Töchter und ich ohne große Probleme wieder auf unser altes Muster zurückgreifen, wir werden sofort wieder zum Frauenklan, der die Aufgaben selbstverständlich untereinander aufteilt.

Gemeinsame Visionen

Gute Ehen werden meist durch ein starkes gemeinsames Wertesystem zusammengehalten. Diese Werte müssen nicht unbedingt religiös sein. Manche Paare halten zusammen, weil die Familie einen hohen Stellenwert für sie besitzt oder weil beide sich in einer politischen Partei engagieren oder weil sie sich für den Umweltschutz, für Kriegsopfer oder hungernde Kinder einsetzen. Auch materieller Besitz kann ein gemeinsames Wertesystem darstellen und bindend wirken.

Männer und Frauen, die zusammen sind, weil sie übergeordnete, also ideelle Werte verfolgen, haben laut Studien die besten Aussichten auf eine lange und glückliche Partnerschaft.

In Matthia's und meiner Verbindung gibt es gleich mehrere solcher übergeordneter Werte und Visionen. Ein sehr hoher gemeinsamer Wert für uns beide ist unsere Familie. Wir möchten nicht, dass unsere Kinder eine Scheidung verkraften müssen, und haben uns daher vorgenommen, unserer Ehe oberste Priorität zu geben. Matthias und ich haben uns von unseren vorigen Ehepartnern scheiden lassen, um zusammenzukommen. Meine erste Tochter stammt aus meiner ersten Ehe, ist also auch ein Scheidungskind. Mein erster Mann starb allerdings wenige Jahre nach unserer Trennung.

Da wir bereits einmal um unserer Liebe willen viel zerstört haben und zerstören mussten, um zusammenzuleben, sind wir jetzt besonders vorsichtig und achtsam geworden. Unsere Familie hat einen sehr hohen Stellenwert für uns. Wir sind bereit, auf viele Annehmlichkeiten und sogar Freiheiten zu verzichten, wenn unser Familienleben dies erfordert. Zu unserem Familienwertesystem gehört auch, Zeit mit unseren Kindern zu verbringen. Sehr viele meiner Freunde besitzen keine Kinder, und es ist für sie nicht immer leicht zu verstehen, wenn ich behaupte, nachmittags keine Zeit für sie zu haben. Der Nachmittag ist für meine Kinder reserviert. Natürlich muss ich nachmittags manchmal einkaufen, und ich erlaube mir auch, eine halbe Stunde im Englischen Garten zu joggen. Aber ich vermeide es, allzu lange Telefongespräche am Nachmittag zu führen oder mich mit Freunden zu treffen, weil ich in dieser Zeit für meine Kinder ansprechbar sein will. Inzwischen ist meine ältere Tochter ein Teenager und genießt es, wenn ich nachmittags einmal nicht zu Hause bin – auch hier ändert sich das Leben.

Vor etwa drei Jahren freundete sich ein Mädchen mit meiner Tochter Camilla an, deren Eltern beide berufstätig sind. Sowohl die Mutter als auch der Vater arbeiteten auf der oberen Management-Ebene, und die Tochter verbrachte jeden Tag die Zeit vom Mittagessen bis etwa gegen acht Uhr am Abend allein. Ein paar Mal in der Woche kam eine Studentin zu ihr, die mit ihr Hausaufgaben machte, aber den Großteil ihrer Freizeit verbrachte Inga allein. Trotz der vielen Nachhilfe gehörte Inga zu den schlechtesten Schülerinnen in der Klasse, und ich war über ihre Verbindung zu Camilla nicht gerade begeistert. Merkwürdigerweise verbrachte Inga auch das Wochenende häufig ohne ihre Eltern, warum, verstand ich nicht, wollte mich aber auch nicht in die Familienangelegenheiten anderer Leute einmischen.

Ich habe noch nie eine von Camillas Freundinnen oder Freunden nicht gemocht, aber Inga stellte mich auf eine harte Probe. Sie rief unzählige Male am Tag bei uns an, da sie immer einsam war. Wenn sie bei uns war, war sie verwöhnt und besserwisserisch und zeigte einige schwere Charaktermängel. Sobald ich irgendetwas sagte, war sie beleidigt, und Camilla erklärte mir: »Ingas Eltern schimpfen nie mit ihr, sie kennt das gar nicht.«

»Das kann ich mir vorstellen«, erwiderte ich trocken, »sie

273

bekommen das Kind ja auch nie zu sehen.« Da Ingas Eltern beide gut verdienten, bekam das Mädchen alles, was man sich nur wünschen kann, bis auf – Zeit, Liebe und Aufmerksamkeit.

Als ich einige Wochen lang durch eine Entzündung an meinem Bein, die ich von einer Asienreise mitgebracht hatte, nicht laufen konnte, musste Camilla ihre kleine Schwester von verschiedenen Veranstaltungen in der Stadt abholen. Zu dieser Zeit rief Inga etwa drei Mal am Tag bei uns an und sagte zu Camilla: »Dauernd musst du deine Schwester abholen. Sag doch deiner Mutter einfach einmal, dass du keine Lust mehr dazu hast. Du bist doch schließlich nicht ihr Dienstmädchen.« Ich wurde wirklich ärgerlich auf dieses Kind.

Zum Glück war Camilla in der Freundschaft mit Inga selbst nicht glücklich, und nach einigen Monaten hatten wir Inga ausgestanden. Während eines Elternabends, an dem ich ihre Mutter traf, versuchte ich so taktvoll und beiläufig wie möglich zu erwähnen, dass Inga möglicherweise einsam sei. Ihre Mutter antwortete mir in tadellosem Manager-Jargon: »Inga hat einen sehr strengen Zeitplan. Sie hat wenig Freizeit und von daher kaum Möglichkeiten, einsam zu sein.« Dazu fiel mir überhaupt nichts mehr ein.

Es sind Beispiele wie diese, die Matthias und mich in unserer Einstellung zu Familie und Kindern beinahe »erzkonservativ« haben werden lassen. Die meisten Kinder, die vollkommen sich selbst überlassen werden, spielen zu viel Computer, schauen zu viel fern und ernähren sich weitgehendst von Hamburgern, Pizza, Pommes und Süßigkeiten. Wir können unseren Kindern keine Werte vorleben, wenn wir nicht da sind. Sie werden sich dann in der wichtigsten Zeit ihres Lebens ihre Wertewelt aus Fernsehsendungen, Computerspielen und Zeitschriften selbst zusammenzimmern. Es ist niemand da, der mit ihnen in die Bücherei geht und ihnen ein paar gute Bücher in die Hand drückt. Niemand legt am Nachmittag Bach-Musik auf, während sie ihre Hausaufgaben machen. Niemand macht ihnen einen Obstteller, damit sie nicht dauernd zur Schokolade greifen. Es sind Kleinigkeiten – wieder einmal. Aber sie machen so viel aus!

Die Kinder, die wir heute großziehen, werden morgen unsere Ärzte, unsere Richter und unsere Anwälte sein! Dann wird es wichtig für uns sein, nach welchen Prinzipien wir sie erzogen haben und welche menschlichen Werte sie besitzen.

Ein anderer übergeordneter Wert, den Matthias und ich gemeinsam haben, würde ich als »Verantwortung für die Welt« umschreiben. Es bedeutet nicht, dass wir uns für alles und jeden verantwortlich fühlen, denn das würde uns erdrücken und unglücklich machen. Aber wir versuchen, denen, die uns umgeben und die uns nahe kommen, unser Bestes zu geben. Nicht immer – wie im oben beschriebenen Fall von Inga – gelingt uns das. Doch im Großen und Ganzen sind wir wahrscheinlich ein Paar, auf das man sich verlassen kann. Dazu gehört für uns, dass wir ehrlich sind, niemanden betrügen, mit unserer Arbeit anderen Menschen helfen und ganz generell für viele Menschen ein Segen sind.

Das alles hört sich schrecklich konservativ und nach christlichen Werten an. Ich bin manchmal selbst ganz erschrocken darüber. Wie meine Leser an diesem Punkt meines Buches vielleicht wissen, bin ich auch ein forschender und unerschrockener Freigeist, eine Rebellin, und dies lässt sich mit traditionellen, konservativen Werten nicht immer vereinbaren. Doch jeder Mensch lebt in einem gewissen Spannungsfeld, das sein Leben anstrengend, aber auch im besten Sinne des Wortes spannend und interessant macht. Nun, dies ist mein Spannungsfeld: meine höchsten Werte zu leben und gleichzeitig meine tiefsten Sehnsüchte und Träume zu erforschen und zuzulassen.

In Zeiten von Krisen, Krankheiten, Langeweile, Routine und Alltag, gegen die keine Partnerschaft für immer gefeit ist, sind übergeordnete Werte und Wertesysteme das, was ein Paar über die Dürreperioden und Engpässe trägt.

Mein Lehrer Pedro de Souza sagte einmal: Ein Paar, welches gemeinsam betet, hat den besten Klebstoff für die Ehe. Wenn man bisher nie gebetet hat oder beten nur mit der Kirche verbindet und deshalb eine Abneigung dagegen hat, ist es wahrscheinlich nicht leicht, das Beten einzuführen.

Matthias und ich singen oft vor dem Schlafengehen Mantras zusammen. Wir singen Mantras zur Heilung von kranken oder geschwächten Freunden, Mantras zur Erhaltung der Harmonie in unserer Ehe oder für inneren und äußeren Reichtum. Ein Mantra ist ein heiliger Satz oder eine Silbe, die ständig wiederholt wird. Der Rosenkranz ist ebenso ein Mantra wie das tibetische »Om Mani padme hum«. Meiner Ansicht nach haben alle Mantras eine geistesberuhigende und harmonisierende Wirkung, egal ob sie aus dem christlichen, dem jüdischen, dem hinduistischen oder dem buddhistischen Bereich stammen. Pedro de Souza ist nicht sehr begeistert, wenn ich Sanskrit-Mantras singe, denn er hat immer Sorge, dass die lebensentsagenden und lebensverneinenden Aspekte dieser Religionen sozusagen durch die Hintertür wieder Einzug bei mir halten.

Aber was die Mantras angeht, habe ich meinen eigenen Kopf. Zum einen liebt Matthias Mantras, und es ist für mich ein schönes und harmonisierendes Ritual, mit ihm zusammen ein Mantra zu singen. Wenn dies für ihn einfacher und schöner ist, als mit mir zu beten, dann singe ich lieber ein Mantra. Zum anderen gibt es viele Mantras, die ich liebe und auf die ich nicht verzichten möchte, weil sie meinen Geist und meinen Körper beruhigen, ähnlich wie Barockmusik.

Verantwortung für die Beziehung übernehmen

»Willst du modern sein oder glücklich?«, hat mich Pedro de Souza einmal gefragt. Ich überlegte nicht lange. »Glücklich«, erwiderte ich.

»Dann übernimm du die Verantwortung für deine Beziehung«, erklärte er mir. Einige Monate lang stritten wir über dieses Thema. Bis heute weiß ich nicht, ob wir uns in allen Punkten einig geworden sind. Aber nach und nach verschob ich meinen Standpunkt und näherte mich seinem. Warum?

Frauen sind geborene Psychologinnen. Frauen besitzen eine tiefe Weisheit, wenn es um Beziehungen geht. Diese Weisheit ist beinahe genetisch bedingt, denn seit Jahrtausenden kümmern sich die Frauen um das Netzwerk in einer Gemeinschaft. Frauen denken an Geburtstage, an Geschenke, Kontakte, Telefonate und Briefe. Es ist die Freundin meines Vaters, die an den Geburtstag meiner Tochter, seines Enkelkindes, denkt und ein Geschenk besorgt – er selbst würde diesen Termin wahrscheinlich vergessen.

So ungern wir dieser Wahrheit ins Gesicht sehen: Beziehungen stehen nicht unbedingt an oberster Stelle in der Prioritätenliste eines Mannes. Männer definieren sich über ihre Rolle und ihre Aufgabe in der Welt. Sie beweisen sich im Außen und messen ihren Stellenwert an dem Erfolg, den sie in der Welt haben. Dabei sind sie viel stärker als Frauen in hierarchische Systeme verstrickt. Während Frauen sich oft über ein Netzwerk an guten Beziehungen definieren, ist für Männer ein durchschlagender Erfolg im Beruf oder in der Außenwelt mehr wert.

Ich möchte hier nicht alle Männer über einen Kamm scheren. In meinem Freundeskreis finden sich viele Männer, die vollkommen anders denken und sich mit dem oben gezeichneten Bild nicht identifizieren können. Aber wenn man von dem überzeichneten Bild einmal abrückt und nach Neigungen und Tendenzen fragt, kommt man doch zu der Überzeugung, dass liebevolle und funktionierende private Beziehungen für Frauen einen weitaus höheren Stellenwert haben als für Männer.

Ein weiteres Indiz: Fast alle meine Freundinnen verfügen über ein funktionierendes Netzwerk an weiblichen Verbindungen. Jede könnte auf Anhieb drei Freundinnen nennen, an die sie sich im Notfall wenden könnte. Ein Mann besitzt hingegen selten ein solches privates Netzwerk, meist ist seine eigene Partnerin sein »bester Freund«. Der männliche »best Buddy«, den wir in alten amerikanischen Filmen vorgeführt bekommen, findet sich in der Alltagsrealität eines deutschen Mannes eher selten.

Da uns Frauen Beziehungen so wichtig sind und wir tatsächlich eine Menge mehr darüber wissen als Männer – man betrachte nur einmal die Fülle von Artikeln über Beziehungen in Frauenzeitschriften! –, sollten wir auch so weise sein, mehr Verantwortung für unsere Beziehungen zu übernehmen. Wann haben Frauen eigentlich damit aufgehört, in ihre Trickkiste zu schauen? Warum sollen wir mit der Faust auf den Tisch hauen, wenn es psychologisch klügere und effizientere Wege gibt, das zu erreichen, was wir wollen?

In meiner eigenen Beziehung habe ich Folgendes festgestellt: Nachgiebigkeit zum rechten Zeitpunkt lässt alle Widerstände schmelzen. Männer, deren Selbstwertgefühl ich gestärkt habe, legen mir die Welt zu Füßen. Diplomatie, Kooperation, Kommunikation, psychologischer Spürsinn, Flexibilität, Charme, zeitweiliges Nachgeben – das im Nachhinein meist zum eigenen Ziel führt – sind meine stärksten Waffen.

Oh, ich höre die Feministinnen aufschreien. Ich bin ihnen zutiefst dankbar für all die Rechte, die sie uns erkämpft haben. Ich erkenne ihre Arbeit an. Aber der Krieg ist vorbei. Die alten Waffen sind begraben. Männer sind nicht meine Feinde, sondern meine Freunde. Und wenn sie auch manchmal etwas stur und dickköpfig sind und mir nicht das geben, was ich haben will, dann fahre ich keine Panzer mehr auf, sondern bediene mich aller mir zur Verfügung stehenden Mittel der Diplomatie.

»Wie konntest du diesen schrecklichen Macho auch noch anlächeln und ihm Recht geben?«, hat mich einmal eine Freundin gefragt, als wir es mit einem besonders widerborstigen Pförtner zu tun hatten. Sie ereiferte sich immer mehr und kritisierte mein unfeministisches Verhalten. Ich lächelte nur in mich hinein, denn mir war eine alte Geschichte eingefallen:

Eine Krähe krächzte am Morgen, und genau in diesem Moment ging die Sonne auf. »Oh, die Sonne geht auf, weil ich so schön gesungen habe!«, sagte sich die Krähe und krächzte zufrieden weiter.

Unterdrücken Sie den Wunsch, der Krähe die Wahrheit zu sagen. Die Sonne stört sich nicht an der Wahrnehmung der Krähe. Und die Krähe ist glücklich.

Ein paar Anregungen für Ihr Notizbuch:
- Idealisieren Sie Ihren Partner.
- Erinnern Sie sich daran, was Sie an ihm mochten, als Sie sich in ihn verliebten.
- Anerkennen Sie, was er für Sie und Ihre Partnerschaft tut, und loben Sie ihn dafür.
- Liebevolle Handlungen schrauben das Liebesgefühl füreinander in die Höhe.

279

- Hören Sie niemals damit auf, einander Komplimente und Geschenke zu machen.
- Verbringen Sie immer wieder bewusst Zeit zusammen.
- Reden Sie über ungelebte Sehnsüchte und Wünsche.
- Erlauben Sie sich Phasen des Getrenntseins.
- Finden Sie ein gemeinsames Wertesystem, das Ihre Partnerschaft zusammenhält.
- Beten, meditieren oder singen Sie zusammen, finden Sie den »spirituellen Klebstoff«, der Ihre Ehe zusammenhält.
- Fühlen Sie sich für die Beziehung verantwortlich. Entdecken Sie die weise Frau und Psychologin in sich.

TEIL III

Anschluss nach oben

Warum ich bete

Vor etwas mehr als drei Jahren war eine meiner Visionen, einen Gebetskreis zu gründen. Ich selbst bete seit vielen Jahren, und meine Bitten für andere, aber auch für mich selbst sind unzählige Male erhört worden.

Beten hört sich für viele Menschen grässlich altmodisch an. Wenn ich in die Kirche gehe, bin ich immer wieder erstaunt, wie wenig das Gebet mich berührt. Vielleicht liegt es daran, dass nur der Priester betet, vielleicht auch an den rituellen Formeln der Liturgie, jedenfalls glaube ich, dass die Kirche die Menschen vom Gebet entfernt hat. Meine eigene Vision ist es, Menschen nicht nur zum Gebet zurückzuführen, sondern sie mit der Macht und der Kraft auszustatten, wieder selbstständig zu Gott zu sprechen.

Ich persönlich denke nicht, dass wir zwischen Gott und uns einen Vermittler schalten müssen, im Gegenteil. Ein Vermittler entfernt uns von der Weisheit unserer inneren Stimme. Aber ich glaube, dass wir weise Lehrer wie zum Beispiel Jesus Christus immer brauchen können. Sie sind ein Geschenk für die Menschheit. Sie erleuchten den Weg, den wir gehen müssen. Sie erläutern die Prinzipien, nach denen wir vorgehen müssen, damit unser Leben ein Segen ist, für uns selbst und für alle Menschen, Tiere und Pflanzen, die uns umgeben. Wenn wir diesen Weg einschlagen, wird unser Kontakt zur göttlichen Stimme in uns immer stärker werden.

Auch in meinem Leben gab und gibt es hin und wieder Phasen, in denen ich Gottes Stimme in inspirierenden Büchern suchen muss. Lange Zeit haben mich die »Herzenstüren« von Eileen Caddy dabei begleitet. Doch wenn ich zu lange meine Nase in Bücher steckte, um die Stimme zu hören, bekam ich immer einen Rüffel. »Wie lange willst du dich noch auf die spirituellen Erfahrungen anderer verlassen? Du musst deine eigenen machen!«, bekam ich zu hören. Und dann begann ich wieder in mich hinein zu lauschen.

Vor vielen Jahren fragte mich meine Eingebungsstimme auf einem Spaziergang, ob ich bereit wäre, eine Priesterin zu sein. Ich war erst verblüfft, dann wütend. »Priester gibt es nur in Kirchen«, erwiderte ich. Aber die Stimme sagte: »Du bist meine Kirche.« »Wie das?«, fragte ich zurück. »Alle Menschen, die bereit sind, für mich zu arbeiten, sind meine Kirche«, sagte die Stimme. »Eine andere Kirche kenne ich nicht.« Diesen Satz fand ich bemerkenswert. Trotzdem konnte ich es mir nicht recht vorstellen, es schien mir absurd. »Just you wait, Henry Higgins« – »Warte nur ab, Henry Higgins«, antwortete die Stimme, die sehr häufig englisch mit mir spricht, mit einer Liedzeile aus »My Fair Lady«. Sie schien zu wissen, dass ich »My Fair Lady« liebe und sehr oft die Songs dieses Musicals vor mich hin trällere.

Als ich nach drei Jahren Lehrzeit von Pedro de Souza fortging und zurück nach München zog, fanden mein Mann und ich nicht sofort eine geeignete Wohnung. Wir beschlossen, in eine kleine Wohnung zu ziehen, die mein Mann schon als Student besaß und die bislang untervermietet gewesen war. Es ist eine hübsche kleine Dreizimmer-Altbauwohnung, mit einem winzigen Bad und einer kleinen Küche, die allerdings in einer ziemlich abscheulichen Gegend liegt. Der Blick aus dem Schlafzimmerfenster geht auf eine Art Fabrikschornstein und darunter breitet sich das Gelände einer großen Krankenhauskantine aus. In der Wohnung neben uns lebte eine Alkoholikerin, die jeden Abend betrunken vor dem überlaut eingestellten Fernseher einschlief, während ich die ganze Nacht wach lag und den Fernsehstimmen und der unheimlich untermalenden Musik der späten Krimis und Thriller lauschte. Ausgerechnet ich, die ich praktisch nie Fernsehen schaue.

Ich hielt diesen Zustand nicht lange aus und begann bald, auf einer Matratze im Wohnzimmer zu schlafen. Für meine Kinder war die Umstellung besonders schwierig. Wir waren aus einem großen, frei stehenden Einfamilienhaus auf dem Land in diese kleine enge Wohnung mitten in der Stadt gezogen. Unter uns wohnte eine allein stehende junge Dame, die regelmäßig hochkam und sich über das laute Herumhopsen der Kinder beschwerte, und seither wagte ich kaum noch, Freundinnen für meine Tochter Lovis einzuladen. Ein halbes Jahr lang versuchte ich, positiv und optimistisch zu bleiben, doch dann wurde ich sehr unglücklich in dieser Wohnung.

Ich begann, um eine größere und schönere Wohnung zu beten. Vorerst passierte gar nichts. Wir besichtigten einige Wohnungen, die uns von Maklern vermittelt worden waren, doch keine einzige kam in Frage. Die großen Wohnungen waren viel zu teuer für uns, die kleineren gefielen uns überhaupt nicht. Eines Tages rief mich mein Vater an und bot mir an, mir monatlich tausend Mark zu überweisen, damit ich mir auch in München eine angemessen große Wohnung leisten konnte. Ich war verblüfft, denn ich hatte ihn nicht darum gebeten und mich auch in keiner Weise beklagt.

Jetzt suchten wir allerdings mit neuem Elan. Wir setzten einen Formbrief auf, an dem wir lange herumfeilten, und schickten diesen an alle geeigneten Chiffre-Anzeigen in der Süddeutschen Zeitung.

Nach kurzer Zeit meldeten sich zwei Wohnungsvermieter. Wir besichtigten eine Fünf-Zimmer-Altbauwohnung mit herrlichen Stuckdecken in einem sehr schönen Wohnviertel Münchens, fünf Gehminuten vom Englischen Garten entfernt. Die Wohnung besaß eine kleine Wohnküche, in der wir sitzen und essen konnten, zwei Kinderzimmer, ein Wohnzimmer und je ein Zimmer für Matthias und mich. Es war genau das, was wir immer gesucht hatten. Der Mietpreis für diese Wohnung war zudem so günstig, dass wir auf das Angebot meines Vaters nicht zurückgreifen brauchten. Es fielen auch keine Maklergebühren an, da die Vermieter sich selbst um die Vermietung kümmerten. Allerdings hatten sie unseren Brief auf ihre Anzeige zusammen mit weiteren 20 aus 200 Mietgesuch-Briefen herausgefischt. Insgesamt 20 Bewerber sollten die Wohnung innerhalb der nächsten Tage besichtigen – unsere Chancen standen also 1:20. Zwei Tage später bekamen wir den Anruf, dass die Vermieter sich für uns als neue Mieter entschieden hätten.

Wiederum einige Monate später saß ich mit unserer neuen Vermieterin in unserem Wohnzimmer. Wir hatten bisher nur sehr förmlich miteinander geredet, aber als ich berichtete, dass ich hin und wieder Zeit in Indien verbringe, wurde sie aufgeschlossener. Sie erzählte mir vom Tod ihrer Tante und berichtete mir, anfangs ein wenig zögerlich, denn immerhin war ich ja eine Mieterin, dass sie in Kontakt mit Engeln stehe. Ich war in keiner Weise erstaunt, dass meine Gebete mich in ein Haus geführt hatten, dessen Vermieterin mit Engeln kommuniziert.

Seither habe ich oft für unser Haus gebetet. Manchmal stelle ich alle Bewohner des Hauses in einen Lichtkreis oder lasse sie sich in Gedanken an der Hand fassen und einen großen Kreis bilden. Meistens passiert danach etwas, das heißt, die Hausbewohner treffen sich wie zufällig vermehrt im Flur oder auf dem Hof. Alle in unserem Haus sind miteinander befreundet und duzen sich. Wir laden uns gegenseitig zum Geburtstag und manchmal zum Essen ein, gießen gegenseitig unsere Blumen, hüten unsere Tiere und besitzen die Haustürschlüssel der jeweils anderen Partei, falls sich jemand einmal aussperrt. Zwei der Hausbewohner, die unten im Hof ein Industrie-Design-Büro haben, entwerfen die Flyer für meine Seminare und haben mir ihre Büroräume in der Anfangszeit meines Gebetskreises zur Verfügung gestellt. Jeden Sommer feiern wir gemeinsam ein Fest in unserem Hinterhof, zu dem natürlich auch unsere Vermieter eingeladen sind. Wenn meine Kinder einmal abends alleine sind und sich irgendein Problem ergibt, können sie an jeder Tür klingeln – überall im Haus finden sie gute Freunde.

Es ist äußerst wirksam, für das Haus, in dem man lebt, und für seine Nachbarn zu beten. Ein Freund von mir, der in seinem eigenen Haus in einer Vorstadtgegend von München wohnt, hat seine Nachbarschaftsmeditation gleich auf die ganze Straße ausgeweitet. Nach zwei Jahren feierte die ganze Straße zum ersten Mal ein Sommerfest. Gartentüren, die immer fest verschlossen geblieben waren, standen offen, Menschen, die seit Jahren in der gleichen Straße lebten, öffneten einander ihre Haustüren und lernten sich kennen. Können Sie sich vorstellen, was für Kreise es zieht, wenn jeder von uns etwas Ähnliches tut?

Mein Plan, einen Gebetskreis zu gründen, ließ sich allerdings nicht so gut an. Ich hatte einige gute Freundinnen angerufen, ihnen von meinem Vorhaben berichtet und einen ersten Termin ausgemacht. Am Abend schmückte ich meine Wohnung, zündete ein paar Kerzen an und wartete. Niemand kam. Ich blieb allein. Ich saß vor meiner Christus-Statue – eine kleine Plastikfigur mit ausgebreiteten, segnenden Armen, die Pedro de Souza mir geschenkt hat – und sagte zu ihr: »Was sollen wir jetzt machen? Du hast gesagt: ›Wenn zwei oder drei in meinem Namen versammelt sind, dann bin ich mitten unter ihnen.‹ Aber ich bin allein.« Keine Antwort, keine Eingebungsstimme. Schließlich war dies nicht »Don Camillo und Peppone«, sondern spiritueller Alltag.

Mein Mann, der auf einem Geschäftstermin gewesen war, kam nach Hause und sagte: »Beten? Also das ist nun wirklich ziemlich abwegig, Sabine. Wenn du es wenigstens Meditation oder so nennen würdest. Das klingt schicker. Aber beten! Kein Mensch will heute noch beten – nicht einmal die Esoteriker!« Aber ich blieb stur. Ich wollte es nicht »Meditationskreis« nennen. Ich wollte beten. Es sollte ein Gebetskreis sein. Ich wollte mit anderen für Kranke beten und für Menschen, die Probleme in ihrer Familie oder mit ihren Kindern haben. Und ich wollte auch für Menschen in Krisengebieten beten.

Wenige Abende später segelte meine Christusfigur mit den segnenden ausgebreiteten Armen vom Schrank und die rechte Hand brach ab. Ich war zutiefst erschrocken. Was sollte das bedeuten? War es ein schlechtes Omen? Hatte ich irgendetwas nicht bedacht? »Oh, komm, Sabine«, sagte ich mir schließlich, »du wirst doch jetzt nicht abergläubisch werden.« Ich klebte die Hand wieder an. Tatsächlich war kaum etwas zu sehen.

Alles in allem blieb die ganze Gebetskreis-Sache ein ganzes Jahr lang auf sich beruhen. Eines Tages führte ich ein Gespräch mit meiner liebsten Freundin Rashida. Sie sagte zu mir, im Moment gäbe es so viele Krisen in ihrem Freundeskreis, dass sie mit dem Beten gar nicht mehr nachkäme. Ich wurde hellhörig. An diesem Abend beschworen wir die Idee eines Gebetskreises zum zweiten Mal, dieses Mal jedoch gemeinsam. Wir beschlossen, für das Zustandekommen unseres Gebetskreises zu beten und dann für die erforderlichen Räumlichkeiten.

Natürlich musste ich mich mächtig überwinden, zu unseren

vollkommen weltlichen und geschäftstüchtigen Grafik-Design-Jungs im Haus zu gehen und anzufragen, ob sie mir einen ihrer großen Büroräume für meinen Gebetskreis zur Verfügung stellen würden. Sie sagten jedoch ohne Umschweife zu. Sobald wir den Raum hatten, setzten wir einen Text auf, der die Absichten unseres Gebetskreises formulierte, und legten sechs Termine im Abstand von vier Wochen fest. Meine computerversierte Tochter Camilla fand ein sehr schönes Logo und Layout für unseren ersten Gebetskreis-Zettel, und das Ganze ging in Druck.

An unserem ersten Abend in den neuen Räumlichkeiten waren wir zu viert. Rashida und ich und zwei Frauen aus ihren Yoga-Seminaren. Ich hatte mir ein paar mehr Menschen versprochen, aber immerhin hatten wir jetzt die erforderlichen »zwei oder drei«. Als ich an diesem Abend meine Christusfigur, die ich zur Dekoration mitgebracht hatte, vorsichtig wieder in den Karton legte, denn ich rechnete nun ständig damit, dass wieder eine Hand abbrechen könne, stieg ein seltsamer Satz in mir auf: »Mach dir keine Sorgen um meine Hand. Du bist jetzt meine rechte Hand!« Ich war tief berührt. »Er hat Recht«, dachte ich, »ich bin seine rechte Hand.« Und dann dachte ich vorsichtshalber schnell noch hinterher: »Ich kann das!«

Seither sind fast drei Jahre vergangen. Unser Gebetskreis ist inzwischen fest etabliert. Wenn wir sehr viele Teilnehmer haben, sind wir an die zwanzig Menschen. An einem normalen Abend kommen zwischen acht und zwölf Teilnehmer. Und so bin ich, ganz wie die Stimme mir angekündigt hatte, zur Priesterin geworden.

Früher habe ich für alle Probleme, die vorher im Gesprächskreis vorgestellt wurden, gebetet. Dann stellten wir die Menschen oder die Probleme, für die wir beteten, in einer gemeinsamen Meditation in einen Lichtkreis. Inzwischen betet jedoch jeder, der das kann und möchte, laut selbst, bevor wir in die Meditation gehen.

Da wir uns keiner Konfession verpflichtet fühlen, beten wir sehr frei. Die einzigen »Formeln«, die ich benutze, sind die, dass ich mich für alles bedanke, was uns an Wundern in der Vergangenheit geschehen ist. Und dass ich am Ende des Gebetes sage: »Nicht mein Wille geschehe, sondern deiner.«

Allein mit den Wundern, die in unserem Gebetskreis geschehen sind, könnte ich ein ganzes Buch füllen. Am schönsten ist es für mich, wenn wir alle gemeinsam für ein Krisengebiet oder eine spezielle Gruppe Menschen beten – denn dies kommt meiner ursprünglichen Vision am nächsten. Mehrere Male beteten wir für die »Killerkinder« im afrikanischen Sierra Leone. Es sind Kinder, die, mit Gewehren ausgerüstet und unter Drogen gesetzt, Bewohner feindlicher Dörfer niedermähen wie Kampfroboter. Wir wussten nicht genau, wie wir effizient für diese Sache beten könnten. Endlich beschlossen wir, darum zu bitten, dass das Schicksal dieser Kinder mehr ins Licht der Öffentlichkeit gerate. Wenige Wochen nach unserem Gebetskreis lasen wir in einem großen Wochenmagazin, dass Christina Rau, die Frau des Bundespräsidenten, sich entgegen allen Sicherheitsbedenken dazu entschlossen hatte, einem Lager mit ehemaligen Killerkindern in Sierra Leones Hauptstadt Freetown einen Besuch abzustatten. Wir beteten auch beim nächsten Gebetskreis noch einmal für diese Angelegenheit. Seither stehen die Killerkinder immer mehr und immer wieder im Licht der Öffentlichkeit.

Es mag sich für manche Menschen merkwürdig anhören, aber ich bete auch sehr häufig für Mörder, von denen ich in der Zeitung lese. Ich habe immer das Gefühl, dass sich für diese Menschen möglicherweise niemand zuständig fühlt, dass niemand ihnen je positive Energie oder Licht in Form von Gebeten schickt und dass sie diese besonders nötig haben, weil es bei ihnen ja im Moment sehr dunkel ist. Wenn ich für einen Mörder bete, der sich noch auf der Flucht befindet, wird er fast immer innerhalb der nächsten Tage gefasst. Da ich immer für das Höchste und Beste bete, was dem Menschen passieren kann, und das Ganze auch nicht meinem Willen, sondern Gottes Willen überlasse, muss ich annehmen, dass dies das Beste für ihn ist.

In einer US-Studie aus dem Jahr 2000 fand der Mediziner John Astin von der Universität Maryland in Baltimore heraus, dass sich bei 57 Prozent, also über der Hälfte aller Erkrankten, die Gesundheit verbesserte, wenn Mitmenschen für sie beteten.

Dennoch kann niemand von uns »wissenschaftlich« erklären, warum Gebete funktionieren. Als ich letzten Winter mit meinem Lehrer Pedro de Souza in Goa war, hatte man gerade eine Air-India-Maschine entführt. Das Drama hielt bereits einige Tage an, die Maschine stand inzwischen auf dem Flughafen von Kabul in Afghanistan. Die Zeitungen waren voll davon, wir hatten Bilder in den indischen Nachrichten gesehen. Mein Lehrer meinte sinnend zu mir: »Jetzt sind alle Passagiere niedergeschlagen, sie haben keine Hoffnung mehr. Es ist natürlich schwierig, aber wenn sich alle auf einen positiven Ausgang konzentrieren würden, könnte sich ihre Lage sofort ändern.« Ich wusste, was er meinte. Wenn alle gemeinsam beten und einen guten Ausgang der Ereignisse visualisieren würden, käme etwas an der festgefahrenen Situation in Gang. Wenn man die höchsten und lichtesten Kräfte in sich anruft und aktiviert, passiert etwas. Wenn viele Menschen dies gleichzeitig tun, passiert noch mehr.

Am selben Abend betete ich mit tiefer Intensität für die Passagiere der Maschine, aber auch für die Terroristen, die sie entführt hatten. Am nächsten Abend kam ich zufällig direkt

291

in der Minute ins Wohnzimmer meiner Vermieterin Natty, als in den Nachrichten die Freigabe der Maschine und der entführten Passagiere bekannt gegeben wurde. Der Akt war unblutig verlaufen, und die Entführer waren entkommen. Mir stiegen vor Freude die Tränen in die Augen.

Ich betete noch einige Male für die Terroristen. Eine Woche später las ich in der Zeitung, dass sie gefasst und nach Indien überführt worden wären.

Unser Gebetskreis betete auch einige Male für die auf die philippinische Insel Jolo entführte Familie Wallert. Auch ich hatte deren Schicksal immer wieder abends allein in meine Gebete genommen, aber nichts änderte sich. Die Wochen und Monate vergingen, und wir wurden des Betens fast ein bisschen müde. Zum ersten Mal in meinem Leben dachte ich, »ach, es nützt nichts«. Aber dann, als wir kaum selbst noch daran glaubten, kam Renate Wallert endlich frei. In der Münchner Abendzeitung las ich fett gedruckt und in einem Extra-Kasten ein Zitat von ihr: »Ich möchte allen Menschen, die für uns gebetet haben, ganz herzlichen Dank sagen, es ist angekommen.« Ich fühlte mich persönlich angesprochen und brachte die Zeitung zum nächsten Gebetskreis mit.

Einer der aufregendsten Beweise für die Macht von Gebeten findet sich in dem Buch des japanischen Fotografen Masaru Emoto, »The Messages of Water« – die Botschaften des Wassers.

Emoto fotografierte Zehntausende von Wasserproben in gefrorenem Zustand. Der Fotograf entnahm mehrere Wasserproben dem Fujiwara See in Japan. Eine normale Wasserprobe in gefrorenem Zustand zeigt eine amorphe, dunkle, unförmige Struktur. Eine Wasserprobe aus dem See, die einem hohen Priester in Japan übergeben wurde, der etwa eine Stunde neben ihr betete, zeigte in gefrorenem Zustand jedoch klare, leuchtend weiße hexagonale Kristall-im-Kristall-Formen.

In Tausenden solcher Versuche hat Emoto nachgewiesen, dass Ideen, Worte und Musik einen sichtbaren Einfluss auf die Molekülstruktur von Wasser hat. Dabei zeigte sich, dass Wasser aus einer klaren Bergquelle immer wunderschöne Kristallstrukturen formt, während verschmutztes oder verunreinigtes Wasser deformierte, verzerrte, unharmonische Strukturen aufweist. Auf den Fotos sieht diese Molekülstruktur aus wie ein unförmiger, bräunlicher Klecks.

Destilliertes Wasser, das mit klassischer Musik bespielt wurde, nahm zarte, symmetrische Kristallformen an.

Wenn Wasserproben in einer Glasflasche Heavy-Metal-Musik ausgesetzt wurden oder mit negativen Worten, Emotionen und Gedanken bedacht wurden, kam es zu keinerlei kristallinen Formationen, sondern die Molekülstruktur sah chaotisch und zersplittert aus.

Es gab auch einen interessanten Unterschied zwischen kristallinen Formen, je nachdem ob die Worte »Tu das jetzt!« auf eine Flasche mit Wasser geklebt worden waren oder »Lass es uns tun!« Die Kristallformen auf der »Lass-es-uns-tun«-Flasche sahen aus wie schöne harmonische Schneeflocken. »Tu das jetzt«-Wasser zeigte überhaupt keine Kristallformationen.

Emotos Fotoband bewies mir, was ich schon immer angenommen hatte: Unsere Gedanken und Gefühle, unsere Worte und Ideen beeinflussen uns und die Menschen und Dinge um uns herum bis hinunter zur Ebene der Moleküle. Wir können harmonische Molekülstrukturen oder disharmonische formen, je nachdem, was wir denken und wie wir reden. Fortwährendes negatives Denken oder Reden kann unsere Zellstruktur erheblich schädigen. Gebete wiederum bewirken eine allgemeine Harmonisierung dieser Strukturen.

Wenn Menschen in unserem Gebetskreis geholfen worden ist, kommen sie oft wieder, um für andere zu beten. Dies hat meiner Ansicht nach einen noch stärkeren Effekt, als wenn man für sich selbst betet. Zum einen begibt man sich aus der Rolle des Empfängers in die Rolle des Gebenden. Dies bewirkt, dass man sich selbst stärker fühlt. Man ist jetzt nicht mehr hilfsbedürftig, sondern kann Hilfe anbieten. Außerdem empfängt man all das, worum man für eine andere Person bittet, auch selbst. Das ist ein kosmisches Gesetz: Was du gibst, das bekommst du. Geben Sie anderen das, was Sie selbst erhalten wollten: Liebe, Anerkennung, Trost, Freundlichkeit und Sie werden es selbst erhalten. Nicht unbedingt und zwingend von den Menschen, denen man Liebe, Trost oder Anerkennung hat zuteil werden lassen. Nein, es kann von ganz anderen Seiten kommen, und das ist gut so. Der Kosmos sagt damit: Es ist genug für dich da. Suche es nicht nur an einem Ort, bei einer Person, zwinge die Fülle des Lebens nicht in eine einzige Form. Finde sie überall, wo du gehst und stehst.

Eine sehr schöne Anregung zum Beten fand ich in dem Roman »Der Gesang der Steine« von Priscilla Cogan. Eine alte Indianerin taucht bei einer jüngeren westlichen Psychologin zur Therapie auf. Im Laufe der Zeit tauschen sie die Rollen. Die Therapeutin wird zur Schülerin, ihre Klientin, die Indianerin Winona, wird zur Lehrerin. In einer Sitzung sprechen sie über das Beten. »Wenn Sie nicht wissen, wie man betet, mein Kind, wie wollen Sie dann jemals Ihre Erdenwanderung im Gleichgewicht vollenden?«, fragt die alte Indianerin die junge Psychologin. Und dann erklärt sie ihr, wie man mit Chanunpa Wakan, der heiligen Pfeife, betet. Der Kopf der Pfeife, die Schale, repräsentiert dabei die Frau, der Pfeifenstiel den Mann. »Sie richten den Stiel nach Westen und rufen: ›Großvater, höre mich, ich habe Schmerzen. Ich brauche Dinge zum Leben. Sag mir, was ich tun soll, damit ich leben und ein Mensch sein kann‹«, erklärt Winona ihr. Der Ruf müsse aus dem Herzen kommen, nicht aus dem Kopf. Der

Ausruf sei das Gebet des Mannes, sagt Winona, denn ohne diesen könne keine Öffnung für die Antwort des Schöpfers entstehen.

Doch danach muss das Frauengebet folgen, die Stille, das Schweigen. »Mit klarem Verstand beobachten Sie, halten die Pfeife und lauschen«, führt die alte Indianerin aus. Und dann fügt sie noch empört hinzu: »Gehen Sie mal in eine der prächtigen Kirchen da oben an der Straße. Eine Menge Männergebete sind dort zu hören, aber halten die Leute auch nur einmal den Mund und lauschen? Man hört unentwegt: ›Vater, ich brauche dieses und jenes‹, aber niemand bleibt, um zu hören, was die Großväter zu sagen haben! Manchmal verstehe ich die Weißen nicht! Was hat es für einen Sinn, zu beten, wenn man an einer Antwort nicht interessiert ist?«

Diese Textstelle gab mir viel zu denken. Zwar lassen wir in unserem Gebetskreis Männer- und Frauengebet zusammenfließen, aber ich selbst lauschte nicht immer nach den Antworten auf meine Gebete. Ich nahm mir vor, noch öfter in mich hineinzuhorchen und den Teil des »Frauengebets« nicht zu kurz kommen zu lassen.

Brauchen wir zum Beten eine heilige Pfeife? Müssen wir uns nach Westen neigen oder nach Osten? Ich muss immer lächeln über Menschen, die den Rosenkranz der Katholiken verachten, aber die heilige Pfeife der Indianer hochhalten. Das Kreuz erzeugt in uns Unmut, deshalb stellen wir uns Buddhastatuen ins Wohnzimmer. Mit Buddha verbinden wir keine unangenehmen Erinnerungen, keine Kirchgänge, keine Schuldgefühle gegenüber dem gekreuzigten Christus. Da ist nichts, was wir ablehnen müssen, Buddha ist wirklich easygoing für uns.

In Indien singt man Mantras, im Christentum Hymnen oder den Rosenkranz. Die Indianer machen eine Schwitzhütte, die Aborigines begeben sich auf ihre »Walk-Abouts«. In

Europa gibt es Klöster, in Indien Ashrams. Ashram ist der indische Name für Kloster. Meine Tante, die Inderin war und in Deutschland lebte, hatte größte Vorbehalte gegen ihre Religion. Zu Zeiten Jesu brachten die Juden im Tempel zu Jerusalem Blutopfer dar. Heute käme uns das merkwürdig und barbarisch vor. Aber zu jener Zeit war es ein sehr bedeutsames Ritual.

Rituale ändern sich von Land zu Land, von Kultur zu Kultur, von Jahrhundert zu Jahrhundert. Fremde Rituale sind verführerisch, denn wir verstehen sie nicht und glauben, dass die Menschen, die diese Rituale ausüben, eine tiefere Spiritualität besitzen. Aber was nützt das, wenn das Bewusstsein nicht hoch entwickelt ist? »Identifizier dich nicht mit Ritualen«, hat mir Pedro de Souza immer wieder gesagt. Und manchmal erzählt er folgende Geschichte:

Ein Bär, der alle Religionen studiert hatte, lief zum Fluss, fing alle Fische, die er bekommen konnte, und warf sie an Land. »Was tust du da, um Himmels willen, Heribert?«, sagte seine Frau ärgerlich. »Ach, Susanna«, sagte der Bär, »ich bin voller Liebe, und ich rette die Fische vor dem Ertrinken!«

Liebe und Weisheit müssen zusammenkommen. Rituale allein verändern noch nicht das Bewusstsein. Die Juden zu Jesu Zeiten hatten Tausende von verschiedenen Ritualen, die sie gewissenhaft ausführten. Je gewissenhafter und penibler, umso näher wähnten sie sich Gott. Jesus stieß diese Gläubigen vor den Kopf, indem er ihre Gesetze brach. Er heilte am Sabbat. Er wollte ihnen klarmachen, dass sie sich nicht mit ihren Ritualen identifizieren dürfen und dass es immer um den Geist des Gesetzes geht. Wer weise und liebevoll handelt, bricht möglicherweise Ritual und Gesetz – und handelt dennoch richtig.

Moses begegnete einmal einem Mann, der gerade betete und ein so absurdes Gebet sprach, dass Moses stehen blieb.

296

Und nicht nur absurd war das Gebet – es war beleidigend für Gott.

Der Mann sagte: »Lass mich dir näher kommen, oh Gott, und ich verspreche dir, wenn du schmutzig bist, werde ich deinen Körper reinigen. Wenn du Läuse hast, werde ich sie beseitigen. Und ich bin auch ein guter Schuhmacher, ich werde die besten Schuhe für dich machen. Niemand sorgt für dich, oh Herr ... ich werde mich um dich kümmern. Wenn du krank bist, werde ich dich bedienen und dir Medizin bringen. Und ich bin auch ein guter Koch!«

Moses fuhr ihn an: »Hör auf! Hör sofort mit diesem Unsinn auf. Was redest du da? Dass Gott Läuse an seinem Körper hat! Und dass seine Kleider schmutzig sind und du sie säubern willst? Und dass du sein Koch sein willst? Wo hast du nur dieses Gebet gelernt?«

Der Mann antwortete: »Ich habe es nirgendwo gelernt. Ich bin ein sehr armer und ungebildeter Mann, und ich weiß, dass ich nicht zu beten verstehe. Ich habe es mir selbst ausgedacht ... und dies sind eben die Dinge, die ich kenne. Läuse machen mir selbst sehr zu schaffen, also müssen sie auch Gott stören. Und manchmal ist das Essen, das ich bekomme, nicht besonders gut, dann tut mir mein Magen weh. Auch Gott wird manchmal leiden. Dies sind einfach meine eigenen Erfahrungen, die ich in mein Gebet hineingenommen habe. Aber wenn du das rechte Gebet kennst, bring es mir bitte bei.«

Also brachte Moses ihm das rechte Gebet bei. Der Mann verbeugte sich vor Moses, dankte ihm mit Tränen tiefer Dankbarkeit. Er ging davon und Moses war sehr zufrieden, und er dachte, er hätte eine gute Tat vollbracht. Er sah zum Himmel auf, um nachzuschauen, was Gott wohl davon hielt.

Aber Gott hielt nichts davon, Gott war sehr aufgebracht. Er sagte: »Ich habe dich ausgesandt, um mir die Menschen näher zu bringen. Dieses ›rechte Gebet‹, das du ihn da gelehrt hast, ist überhaupt kein Gebet, denn Beten hat nichts mit dem Gesetz zu tun, Beten ist Liebe. Liebe ist sich selbst Gesetz, sie braucht kein anderes Gesetz.«

Gott ist in uns, nicht an der Klagemauer, nicht im Felsendom, nicht in der Geburtskirche. Er ist nicht in Jerusalem, nicht in Mekka und auch nicht in Altötting. Solange wir uns gegenseitig erschlagen, weil wir unsere heiligen »Betplätze« behalten wollen, haben wir überhaupt noch nichts begriffen.

Christus erkannte das schon vor zweitausend Jahren. Aber die Menschen verstanden ihn nicht. Verstehen wir ihn heute? Oder ist er uns immer noch Lichtjahre voraus?

Manchmal kann ein kleines »Ritual«, etwa eine Kerze anzünden oder ein Lied singen, uns in die richtige Stimmung bringen, um nach innen zu gehen und mit der geistigen Welt zu kommunizieren. Aber solche »Rituale« sind austauschbar. Ich kann durch Yoga, Spazieren gehen, Joggen, jemanden massieren, durch Musik hören und manchmal sogar durch Kochen genauso in mich gehen. Die Verbindung ist immer da. Es ist egal, welches Telefon ich benutze.

An manchen Orten kann ich besser beten als an anderen. Das stimmt. Aber auch diese Orte sind austauschbar: Es kann an einem Strand am Meer sein, eine kleine Marienkapelle am Waldrand oder der Platz unter einem Baum. Manche Orte besitzen spürbar mehr »Kraft« als andere, das ist sogar messbar.

Auch Jesus suchte immer wieder Gärten, Anhöhen, Berge auf, um zu beten. Aber das »Himmelreich« war in ihm. Er trug seine Verbindung zu Gott in sich und identifizierte sich weder mit heiligen Ritualen noch mit heiligen Plätzen.

In einer Vision sah ich einmal ein kleines Dorf, dessen Einwohner eine hohe Kirche bauten. Die Kirche war ungleich viel größer und höher als die Dächer des Dorfes, und die Bewohner bauten weiter und weiter an dem Kirchturm, um Gott näher zu kommen. Eines Tages stürzte der Turm ein. Die

Dorfbewohner waren entsetzt und fragten sich, wie sie dieses Omen werten sollten. Im selben Moment kam ein Gewitter auf, und die Menschen zerstreuten sich. Ich war auch einer der Dorfbewohner und lief dem Waldrand zu, verwirrt und verzweifelt. Da vernahm ich in mir eine sehr klare Stimme: »Solange du Gott im Außen suchst, werden deine äußeren Tempel und Plätze zerstört werden, denn ich bin dort nicht. Du musst lernen, mich in deinem Herzen zu finden.«

Es macht mich immer wieder in höchstem Maße staunen, dass es einer Organisation wie der katholischen Kirche gelungen ist, den Frauen das Priesteramt aus der Hand zu nehmen. Frauen haben immer gebetet. Frauen haben ein tiefes, fast instinktives Gespür dafür, dass etwas am Beten richtig ist. Wenn jemand krank ist oder stirbt, wenn ein Kind geboren wird oder ein Konflikt entstanden ist, wenden sich viele Frauen zuallererst an Gott. Frauen haben sich durch die Jahrhunderte hindurch immer wieder zum Beten zusammengefunden. Sie sind natürliche Priesterinnen, es liegt ihnen sozusagen im Blut. Aber machen wir uns keine Sorgen, Gott selbst hat noch keine weibliche Priesterin abgelehnt. Menschen lassen uns manchmal nicht in ihren »Club«. Meist geht es dabei um Macht und Abgrenzung. Aber in Gottes »Club« kommen alle, denn die Liebe schließt niemanden aus.

Meine Zukunftsvision für unseren Gebetskreis ist eine größere Organisation, die sich durch Spenden erhält. Wenn jemand dort anruft, kann er ein Gebet bzw. jemanden, der kommt, um mit ihm zusammen zu beten, »mieten«. Ich hoffe, ich kenne bis dahin genug Freiwillige, die solche Aufgaben ehrenamtlich übernehmen. Es ist etwas anderes, ob man allein oder zu zweit betet, vor allem wenn man hoffnungslos oder verzweifelt ist. Derjenige, der zum Gebet kommt, sollte auf keinen Fall das »Leid« des anderen bestätigen. Dadurch manifestiert es sich noch stärker! Er muss positiv und optimistisch sein, Licht und Hoffnung verbreiten. Er muss ein Engel sein, der den anderen daran erinnert, dass er auch ein Engel ist und dass wir, was immer auch mit unserem Körper passiert, in Sicherheit sind, weil wir ewige Wesen sind.

Auf der ganzen Welt finden sich inzwischen Gebets- und Meditationskreise zusammen. Viele von ihnen beten regelmäßig für Krisengebiete in der Welt. Ich bin mit einigen dieser Organisationen im Internet und über E-Mail vernetzt und verfolge mit größter Begeisterung, was sich gebetsmäßig alles in der Welt tut. Wir erleben wirklich den Beginn eines neues Zeitalters, in dem sich eine große Menge von Menschen der Kraft unserer positiven Gedanken bewusst wird.

Die Engelperspektive

Im letzten Winter saß ich mit meinem Lehrer Pedro de Souza in einem Strandcafé in Goa. Wir hatten unsere Korbstühle in den Schatten der Palmen gerückt und blickten aufs Meer.

»Bist du einverstanden, wenn ich dir sage, dass du ein ewiges Wesen bist? Können wir uns darauf einigen?«, fragte er mich. Ich nickte. Zumindest konnte ich mir dies gut vorstellen. »Du bist also ein ewiges Wesen, ein Engel«, fuhr de Souza fort, »und ich bitte dich jetzt, das Leben einmal aus der Engelperspektive zu betrachten. Vergiss deine Menschensicht! Du bist ein Engel.« »Nun«, erwiderte ich zögernd, »wenn ich wirklich das ewige Leben habe, kann mir im Grunde nichts passieren. Ich kann zwar auf Erden leiden, ich kann sogar meinen Körper verlieren, aber ich kann nicht zerstört werden. Wenn ich das wirklich tief glauben könnte, nähme mir das eine Menge Angst.«

De Souza nickte: »Im Jenseits, wo du weißt, dass du ein ewiges Wesen bist, weißt du auch, dass dir nichts passieren kann. Du bist niemals wirklich in Gefahr. Das Leben auf der Erde ist für dich nicht mehr als ein großes Abenteuer, etwa so, als wenn du hier eine Reise nach Goa unternimmst.«

»Aber warum kann ich mich nicht daran erinnern, unsterblich zu sein? Das würde doch die Sache wesentlich einfacher machen?« De Souza lächelte auf eine ihm eigene sinnende Art und Weise. »Damit würden alle Erfahrungen, die du hier machen kannst, hinfällig werden.« »Welche Erfahrungen will ich denn machen?«, fragte ich zurück. »Du willst zum Beispiel lernen, Gutes und Böses zu unterscheiden. Das kannst du nicht im Jenseits, denn dort gibt es nichts Böses.« »Warum nicht?«, fragte ich. »Haben sie denn dort kein Unterscheidungsvermögen?« Pedro de Souza lächelte wieder: »Nur auf der Erde kannst du Gutes und Böses unterscheiden. Weil du einen Körper hast, weil du leiden kannst und weil du sterblich bist oder besser gesagt schein-sterblich. Doch lass uns zunächst einmal gut und böse definieren. Bist du einverstanden, wenn ich sage, gut ist, was das Leben fördert, und böse ist, was das Leben bedroht, gefährdet oder vernichtet?«

Ich nickte. Diese Definition war sehr allgemein gehalten, aber dafür umfassend. »Im Jenseits kannst du kein Leben gefährden oder vernichten. Im Jenseits weiß jeder, dass er ein unsterbliches Wesen besitzt. Nicht einmal Luzifer konnte Gott bedrohen. Wie soll das gehen? Du kannst ein unsterbliches Wesen nicht bedrohen. Es macht keinen Sinn«, führte de Souza aus.

»Das heißt«, fuhr ich dazwischen, »nur auf der Erde, wo ich glaube, sterblich zu sein, kann ich erfassen, was böse ist.« »Richtig«, erwiderte de Souza. »Hier besitzt du einen Körper. Wenn jemand dich schlägt, dann tut er dir weh. Du leidest. Daran kannst du erkennen, was böse ist.« Ich wurde aufgeregt. »Ohne Körper hat mein Handeln keine Konsequenz. Im Körper schon: Wenn ich zu viel esse, werde ich dicker. Wenn ich mich nicht bewege oder mich falsch ernähre oder rauche, kann ich krank werden. Das heißt, der Körper erlaubt mir, die Gesetze von Ursache und Wirkung zu erforschen.«

»Siehst du«, fügte de Souza hinzu, »würdest du dich nicht mit dem Körper identifizieren, wäre er dir egal. Du würdest überhaupt nichts lernen.« »Stimmt. Wenn ich wüsste, dass er nur ein vorübergehendes Kleidungsstück ist wie ein Wintermantel, den ich nur für ein paar Jahre trage, würde ich vielleicht nicht so sehr auf ihn Acht geben.« Die Sonne hatte unsere Korbstühle erreicht, und wir rückten noch tiefer in den Schatten der Palmen, um uns keinen Sonnenbrand zu holen. »Also ist es gut, wenn ich mich mit meinem Körper identifiziere, denn nur so sammele ich Erfahrungen, lerne die Gesetze von Ursache und Wirkung, und lerne, Gutes und Böses zu unterscheiden. Du meine Güte, gibt es denn keinen einfacheren Weg, dies zu lernen?« Nachdem ich mein Staunen überwunden hatte, wurde ich zunehmend wütender. Das Leben schien mir zu hart, zu angsteinflößend, zu leiderfüllt. Wenn ich tatsächlich ein Engel war, der das unsterbliche Leben besitzt, würde ich mich dann freiwillig solchen Strapazen aussetzen? Und was war erst mit den Menschen, die in Hungerländern geboren wurden und bereits als Babys starben? Warum sollte ein Engel die Erfahrung der Folter machen wollen? Oder als Zehnjährige an den Folgen einer Vergewaltigung sterben wollen?

De Souza verstand meine Schmerzen. Und doch sagte er: »Als Engel weißt du, dass du unsterblich bist. Du bist wie ein Schauspieler, der eine Weile lang auf der Bühne steht und eine bestimmte Rolle spielt. Aber auf der Erde vergisst du dies. Du musst es vergessen, sonst würdest du diese Erfahrung nicht in ihrer ganzen Fülle ausschöpfen.« »Aber warum?«, wiederholte ich dickköpfig. »Warum sollte ich denn überhaupt so schreckliche Erfahrungen machen wollen?« De Souza wiegte den Kopf. »Weil du dich entwickeln willst. Im Himmel hast du alles. Du leidest dort keinen Mangel, nichts fehlt dir. Aber du kannst andere Engel sehen, die viel mehr Liebe und Mitgefühl besitzen als du. Sie sind sehr schön. Und irgendwann sagst du dir: So wie diese Engel möchte ich auch sein. Ich möchte auch so viel Liebe, Weisheit und Barmherzigkeit besitzen. Aber wo kann ich das lernen?« »Auf der Erde«, antwortete ich für ihn. »Die Erde, wo an allem ein Mangel herrscht, ist ein idealer Ort, um Liebe, Weisheit und Mitgefühl zu lernen.« »Siehst du«, sagte de Souza, »deshalb kommst du hierher. Du bist freiwillig hier. Du hast freien Willen. Niemand wird auf die Erde zwangsverschickt. Du bist mit großer Freude auf die Erde gekommen, um dein Bewusstsein zu erhöhen.« »Ich bin also ganz sicher freiwillig hier? Das ist nicht das, was die großen Religionen sagen.« De Souza schwieg. Es war nicht das erste Mal, dass er mich aufforderte, gegen den Strom zu denken. Wie oft schon hatte er mein Denken auf den Kopf gestellt? Zum Glück war ich inzwischen mit dem Vorgang vertraut. Auch wenn ich anfangs gedanklich ins Chaos geriet, am Ende kam ich klarer und weiser wieder heraus.

Diese Sache erschien mir allerdings fast ein bisschen zu groß für meinen Kopf. »Ich hadere immer noch damit, dass sich manche Engel so ein schweres Schicksal aussuchen.« Ich dachte an ein kleines, hübsches, hoch intelligentes Mädchen, eine Freundin meiner Kinder, welches die Glasknochenkrankheit hat.

»Wenn du ein guter Arzt sein willst, reicht es nicht aus, nur zu studieren«, antwortete de Souza. »Alle Theorie ist grau, irgendwann brauchst du praktische Erfahrungen. Und die besten Ärzte sind oft die, die selbst einmal sehr krank waren. Wie willst du verstehen, was Krankheit ist, wenn du nie krank warst? Wie willst du wissen, was Leid ist, wenn du nie gelitten hast? Ein großer und guter Arzt versteht das Leid seiner Patienten, er weiß, was seine Patienten brauchen.«

Ich musste an den Krebsarzt Bernie Siegel denken, der so anders ist als viele Ärzte. Woher hatte er so viel Mitgefühl und so viel Weisheit? Vielleicht hatte er diese Eigenschaften viele Leben lang entwickelt.

»Lass uns noch öfter über dieses Thema sprechen«, bat ich

Pedro de Souza. »Ich muss das mehrmals hören, und es muss erst einsickern, bevor ich es verkraften kann.«

Wir redeten noch viele Male über dieses Thema. De Souza betonte immer wieder, dass jeder Mensch bzw. jeder Engel absolut freien Willen hat. Er kann nicht gegen seinen Willen auf die Erde geschickt werden, er muss freiwillig gekommen sein. Ein Engel hat, ebenso wie ein Mensch, den Wunsch, sich zu entwickeln. Manche Engel im Jenseits sind sehr hoch entwickelt, sie haben sehr viel Mitgefühl und Liebe. Dies ist etwas sehr Schönes. Andere Engel, die noch nicht so viel Liebe haben, sind davon beeindruckt, etwa so, wie wir davon beeindruckt sind, wenn jemand hier besonders gut Klavier spielt oder tanzt oder sehr schön aussieht.

Ein Engel, der in sich den Wunsch verspürt, mehr Liebe, Weisheit und Mitgefühl zu entwickeln, entscheidet sich immer wieder einmal für einen Aufenthalt auf der Erde. Als Engel kennt er die Konsequenzen. Er weiß, dass er während seines Aufenthalts auf der Erde vergessen wird, dass er ein ewiges Wesen ist und dass er sich einer Art Scheinsterblichkeit unterwirft.

Dafür kann er sehr viele neue Erfahrungen machen. Er besitzt jetzt einen Körper. Dieser Körper ist verletzlich. Er kann aber auch andere Körper verletzen. Er lernt die Gesetze von Ursache und Wirkung hautnah kennen. Außerdem befindet er sich, anders als im Jenseits, in einer Dimension, in der er Mangel empfinden kann. Im Jenseits braucht niemand Anerkennung, Zuneigung, Liebe, Nahrung – aber auf der Erde ist das nicht so. Hier sind die Menschen und auch er selbst bedürftig. Hier kann er lernen, was Liebe und Mitgefühl ist. Dadurch, dass er sich sterblich wähnt, kann er ein tiefes Mitgefühl für jedes Leiden entwickeln. Im Jenseits ist das nicht möglich. Es gibt dort kein Leid, und jeder weiß, dass er unsterblich ist.

Der Engel begibt sich also in einen Bereich, wo er unter bestimmten Bedingungen etwas lernen kann, das zu seiner Entwicklung beiträgt.

De Souza sagte, für den Engel wäre das Erdenleben wie für mich eine Reise nach Goa. Als Engel weiß ich, dass ich irgendwann wieder nach Hause zurückkehre, also genieße ich Goa. Ich versuche nicht ständig an Deutschland zu denken. Ich probiere neue Gerichte aus. Ich gewöhne mich an die Sprache, die Menschen, die Kultur.

Später, als ich mich mit de Souzas Ansicht besser vertraut gemacht hatte, empfand ich mein Leben plötzlich als sehr kraftvoll: Ich bin hier auf Erden, weil ich es mir ausgesucht und gewünscht habe. Ich wollte hierher kommen, um mich weiterzuentwickeln. Auch wenn ich glaube, sterblich zu sein, bin ich doch in Wahrheit ein unsterbliches Wesen. Auf meiner Reise zurück nach Hause lasse ich nur den Körper zurück – er ist zu schwer, ich kann ihn nicht mitnehmen.

Nachdem ich mich jahrelang gefragt hatte, warum ich auf die Erde geraten war, wie ich es fertig gebracht hatte, in dieser kalten, grausamen, brutalen Welt zu landen, wurde mir nun klar, dass ich es liebte, hier zu sein. Ich hatte es mir selbst ausgesucht.

Ich betrachtete die Welt und die Menschen um mich herum mit ganz anderen Augen. Ich sah einen kleinen, etwa fünfjährigen Jungen, der ganz allein auf der Rückbank eines großen Taxis saß. Warum er sich alleine in dem großen Taxi befand, erfuhr ich nie. Aber seine Augen leuchteten, man konnte durch die Scheiben des Taxis erkennen, dass er nahezu euphorisch war. Er schien die ganze Zeit auf den Taxifahrer einzureden, und gleichzeitig sah er mit höchstem Interesse aus dem Fenster. Ich beobachtete dieses Kind und verstand: Hier ist ein Engel, der begeistert ist, auf der Erde zu sein. Es ist ein großes Abenteuer für ihn. Vielleicht wissen Kinder in der

Tiefe ihres Herzens noch, dass sie unsterblich sind. Erst mit dem Größerwerden schwindet nach und nach das Wissen. Und damit auch unsere Euphorie, unsere Begeisterung, hier zu sein, neue Erfahrungen zu sammeln, auf Erden zu leben.

Ein paar Monate nach unserem ersten Gespräch in Goa schrieb Pedro de Souza ein Buch mit dem Titel »Die große Verklärungsrede Christi«. Hierin beschreibt er sehr viel ausführlicher und verständlicher, als ich es hier getan habe, warum wir uns als unsterbliche Wesen entscheiden, eine Weile lang in einem sterblichen Körper zu inkarnieren. Es ist ein sehr weises Buch, das Menschen, die es wirklich verstehen und begreifen, zu einem Quantensprung in ihrem Bewusstsein verhelfen kann. Pedro de Souza interpretiert in diesem Buch den »Sündenfall« oder die »Erbsünde« in einer wunderbaren Art und Weise. Evas Griff nach dem Apfel ist hier die Tat eines neugierigen, wissbegierigen Engels, der nach mehr Weisheit, Vollkommenheit und Erkenntnis strebt und den Mut hat, »Scheinsterblichkeit« und Leidenserfahrungen auf sich zu nehmen, um sich höher zu entwickeln. Gott straft diesen Engel nicht mit der Vertreibung aus dem Paradies, sondern erläutert ihm lediglich die Konsequenzen seines Handelns und die Bedingungen, unter denen er eine Weile lang auf Erden leben wird.

Ich empfehle dieses Buch jedem, der ebenso erpicht darauf ist wie ich, ein starkes, freies und glückliches Leben zu führen. Ich empfehle es jedem, der mit Freude und Begeisterung leben möchte. Der Papst würde wahrscheinlich in Ohnmacht fallen, wenn er dieses Buch zu Gesicht bekäme, aber vergessen wir nicht, dass auch die Pharisäer von einer Ohnmacht in die nächste fielen, wenn sie Jesus reden hörten. Die Zeiten haben sich wenig geändert. Jetzt verwalten wieder traurige und erstarrte Beamte die christliche Religion, inklusive der Lehre Jesu. Sie beharren darauf, im Besitz der Wahrheit zu sein und zu wissen, was dieser große Lebenslehrer uns sagen wollte. Aber ich finde in ihnen weder Weisheit noch Freude.

Als im vorigen Jahr eine Concorde-Maschine über Paris abstürzte und alle Insassen verbrannten, wurde im Fernsehen der Trauergottesdienst für die Hinterbliebenen übertragen. Der Priester hob klagend die Hand und fragte erschüttert: »Wo warst du, Gott, als dieses Flugzeug abbrannte? Hast du weggeschaut? Bist du uns ferngeblieben?«

Was für ein Trost ist das?, fragte ich mich entsetzt. Wovon redet er? Weiß er denn gar nichts? Warum sagt er den Trauernden nicht, dass wir ewige Wesen sind? Warum erklärte er ihnen nicht, dass Gott ein ewiges Wesen nicht zu retten braucht, da es de facto gar nicht sterben kann.

Ein Satz von Jesus fiel mir wieder ein: »Mag ein Blinder einem Blinden den Weg weisen? Werden sie nicht beide in die Grube fallen?«

Die Menschen, die in der Concorde saßen, sind nach Hause geflogen. Sie haben ihren Körper zurückgelassen, den sie in jene Dimension nicht mitnehmen konnten, ihre Abenteuer-Erfahrung Erde ist für dieses Mal zu Ende. Wir, die wir hier zurückbleiben, sind natürlich traurig und schockiert. Aus Menschensicht betrachtet, ist das, was passiert ist, unfassbar. Aber gerade angesichts solcher Katastrophen müssen wir unsere Engelsbrille aufsetzen und die Sache aus der Engelperspektive betrachten. Die Menschen, die in der Concorde starben, sind ebenso ewige Wesen wie Sie und ich. Sie sind für uns ziemlich überraschend nach Hause gefahren, und wir konnten uns nicht von ihnen verabschieden. Das ist traurig. Aber wir werden sie im Jenseits wiedersehen. Die Erfahrung, den Körper zu verlassen, ist, wie man aus den vielen Berichten von Nahtod-Erfahrungen ersehen kann, nicht so schmerzlich, wie wir denken.

Wenn man damit beginnt, sich zu erinnern, dass man ein

ewiges Wesen ist und dass einem nichts wirklich Schlimmes passieren kann, steigt irgendwann eine tiefe Kraft und Freude aus dem Inneren auf. Vieles Rätselhafte, Unverständliche und Schmerzliche löst sich auf, wenn wir ab und zu unser Leben aus der Engelperspektive betrachten.

Ich habe lange dazu gebraucht, die Weisheiten meines Lehrers Pedro de Souza zu verarbeiten und zu verkraften. Immer wieder zwang er mich dazu, die Dinge aus einer anderen Perspektive wahrzunehmen, immer wieder ließ er von ganz ungewohnter Seite Licht auf eine Angelegenheit fließen. Aber eines war mir am Ende immer klar: Das Wertesystem, das die meisten von uns hier auf Erden besitzen, hat mit unserem Engel-Wertesystem nur wenig zu tun. Es kann sein, dass das Engelwesen in uns sehr stolz ist, wenn es uns gelungen ist, jemandem zu verzeihen oder jemanden zu lieben, der nicht leicht zu lieben ist. Der Engel in uns weiß, dies ist der Grund, warum wir hierher gekommen sind, dies sind die Dinge, die wir lernen wollten.

Vor einiger Zeit massierte ich eine Klientin, zu der ich ein sehr gutes Verhältnis habe. Sie gehört zu den Menschen, die für mich sehr leicht zu massieren sind, und die Massage ist deshalb immer ein Geschenk für uns beide. Am Ende der Massage passierte etwas, das ich bereits ein paar Mal erfahren durfte, aber dieses Mal war es besonders eindrucksvoll.

Ich schloss meine Massage wie immer mit einem stillen Gebet ab und legte dabei meine Hände auf die Fußsohlen meiner Klientin. In diesem sehr ruhigen und meditativen Moment nahm ich die Präsenz eines sehr hohen Wesens wahr. Ich muss hier einfügen: Ich kann diese Wesen nicht sehen, sondern nur fühlen. Die Präsenz, die jetzt für mich spürbar war, besaß eine innere Ordnung und Harmonie, die sich jenseits all dessen befand, was ich je erfahren habe oder auch nur beschreiben könnte. Mir schien, als handele es sich um eine

309

»jenseitige« Harmonie und Ordnung, die so tief ist, dass wir sie hier nicht definieren können. Ich hatte das sichere Gefühl, dieses Wesen besitze eine andere, wesentlich harmonischere Molekülstruktur als wir. Ich fühlte einen überwältigenden Respekt vor dieser Präsenz und, anders als sonst, wagte ich kaum, es anzusprechen. Zaghaft funkte ich per Gedanken hinüber, ob es irgendeine Nachricht für uns hätte, und erhielt tatsächlich eine Botschaft für meine Klientin.

Die Begegnung mit diesem Wesen oder Engel – ich bin nicht in der Lage, solche Präsenzen zu klassifizieren – hatte eine tiefe Bedeutung für mich. Ich wusste danach, dass es Harmonien und Ordnungen gibt, die alles, was ich kenne und für wichtig erachte, übersteigen. Menschen, die Nahtod-Erfahrungen gemacht haben, berichten oft davon, dass sie ihre Erdenleben Revue passieren lassen und in der Lage sind, es noch einmal aus der Engelperspektive anzuschauen und zu beurteilen.

Ich versuche das manchmal jetzt schon. Wenn ich nicht weiß, wie ich mich in einer bestimmten Situation verhalten soll, frage ich mich: »Was würde Jesus jetzt tun?« Auch wenn ich dessen Antwort noch nicht immer leben kann – ich übe weiter. Mit Freude und Begeisterung. Denn ich wollte hierher kommen und mehr über Liebe und Barmherzigkeit lernen. Ich wollte immer tiefer und besser verstehen, wie ich das Leben fördern kann. Ich wollte mich entwickeln, um einmal genauso schön, so liebevoll, harmonisch und mitfühlend zu sein wie jene großen Lichtwesen, denen ich im Jenseits und sogar hier auf der Erde bereits begegnet bin.

Die Reise beginnt

Ich habe mich oft gefragt, was Frauen, mich eingeschlossen, eigentlich daran hindert, ihr gesamtes Potenzial zu leben. Die Antworten, die ich fand, waren immer dieselben:

Ich war nicht in der Lage, meine Vision zu leben, wenn ich nicht an mich selbst glaubte, wenn ich nicht den Weg der Wahrheit ging und wenn ich negativen Gedanken nachhing. Was uns davon abhält, die zu sein, die wir sein wollen, ist nicht die Welt um uns herum, nicht unser Partner, unsere Eltern, unsere Vergangenheit, unsere Freunde oder unsere Arbeit, sondern wir selbst.

Alle Geschichten, Techniken und Methoden dieses Buches werfen uns auf uns selbst zurück. Wenn wir uns ändern, ändert sich die Welt.

Lassen Sie eine Vision von sich entstehen, die so groß ist, dass Sie sich anstrengen müssen, um in sie hineinzuwachsen. Denn diese Art Anstrengung bringt Freude in Ihr Leben. Und wenn Sie Ihre Vision erschaffen haben, nutzen Sie Ihre Gedanken, Ihre Phantasie, Ihren Willen, Ihre Kraft, Ihre Liebe, Ihren Verstand, Ihre Intuition und Ihre Kreativität, um die zu sein, die Sie immer sein wollten.

Ja, es wird Hindernisse und Schwierigkeiten auf dem Weg geben. Jedem Helden begegnen Bären und Drachen und Riesen auf seiner Reise. Dann müssen Sie an sich selbst glauben. Sie müssen wissen, dass Sie gewitzter, intelligenter und stärker sind als all die Riesen und Bären und Drachen, die Ihnen begegnen werden. Wenn Sie in großer Not sind, nehmen Sie Ihr geistiges Handy und rufen Sie oben an. Dann bekommen Sie Hilfe. Wenn Sie glauben, dass Ihnen nichts und niemand mehr helfen kann, erinnern Sie sich daran, dass Sie ein ewiges Wesen sind. Was immer Ihnen auch zustoßen mag, es ist vorübergehend. Aber Sie werden immer da sein und sind niemals gefährdet. Was könnte ein ewiges Wesen gefährden?

Heute aber möchte ich mit Ihnen feiern. Der Tag ist perfekt. Erschaffen wir uns noch einmal neu als eine liebende, schöne, strahlende, sinnliche, selbstbewusste, sanfte und zugleich starke Frau. Eine Frau, die ein Segen für die Menschen um sie herum ist. Unserer Schönheit, Weisheit, Liebe und Kraft sind nach oben hin keine Grenzen gesetzt. Wir können uns immer noch weiter in diese Richtung entwickeln. Aber jede Reise, sei sie auch noch so lang, beginnt mit einem ersten Schritt. Tun wir ihn jetzt:

Happy Birthday, Aphrodite!

Literaturempfehlungen

Albom, Mitch: »Dienstags bei Morrie«, München 1998 (Goldmann)

Angier, Nathalie: »Frau«, München 2000 (C. Bertelsmann)

Boerner, Moritz: »Byron Katies – The Work«, München 1999 (Goldmann)

Caddy, Eileen: »Herzenstüren öffnen«, Gutach in Br. 1989 (Greuthof)

Callahan, Roger J.: »Der unwiderstehliche Drang«, Freiburg 1997 (VAK)

Campbell, Don G.: »Die Heilkraft der Musik«, München 2000 (Knaur, Delphi)

Chapman, Gary: »Die fünf Sprachen der Liebe«, Marburg 2000 (Francke Ratgeber)

Cogan, Priscilla: »Der Gesang der Steine«, München 1998 (Knaur)

De Souza, Pedro: »Der Ozeanfrosch«, Eggenstein-Leopoldshafen 1999 (Verlag May/Direktbestellung unter Fax: 0 72 47/96 39 24)

De Souza, Pedro: »Die große Verklärungsrede Christi«, Eggenstein-Leopoldshafen 2000 (Verlag May/Direktbestellung unter Fax: 0 72 47/96 39 24)

Goulstone, Mark und Goldberg, Philip: »Die Kunst, sich nicht unterkriegen zu lassen«, München 1997 (Knaur)

Gray, John: »Mars, Venus & Eros«, München 1996 (Goldmann)

Korte, Sabine und de Souza, Mahindra: »Der Christusmeister oder der Himmel in meinem Herzen«, Eggenstein-Leopoldshafen 2001 (Verlag May)

Merritt, Stephanie: »Die heilende Kraft der klassischen Musik«, München 1998 (Kösel)

Müller-Wohlfahrt, Hans-Wilhelm: »So schützen Sie Ihre Gesundheit«, München 2000 (Zabert Sandmann)

Northrup, Christiane: »Frauenkörper – Frauenweisheit«, München 1999 (Zabert Sandmann)

Ornish, Dean: »Heilen mit Liebe«, München 1999 (Mosaik)

Peck, M. Scott: »Der wunderbare Weg«, München 1989 (Goldmann)

Pinkola Estés, Clarissa: »Die Wolfsfrau«, München 1993 (Heyne)

Selke, Ilona: »Weisheit der Delfine«, München 1999 (Heyne)

Szabo, Eva, Schröter, Aman Peter und ten Hövel, Gabriele: »Verführung zur Ekstase«, Freiburg 2000 (Hans-Nietsch-Verlag)

Upledger, John E.: »Auf den inneren Arzt hören«, München 1999 (Hugendubel/Irisiana)

Walsh, Neale Donald: »Gespräche mit Gott«, Bd. I, II, III, München 1997–99 (Goldmann)

Adressen

Sabine Korte bietet Seminare und Workshops mit dem »Happy-Birthday-Aphrodite!«-Programm an. Informationen bitte anfordern bei:

Quinn-medienservices

Matthias Weigold + Sabine Korte

Trogerstr. 24

81675 München

Tel. 0 89/41 92-98 28

Fax 0 89/41 92-98 29

E-Mail: quinn.korte@gmx.de

Home-Page: www.happy-birthday-aphrodite.de

Informationen zu Vorträgen und Seminaren mit Pedro de Souza und alle Bücher von Pedro de Souza erhalten Sie bei:

Martina May

Verlag May

Badener Str. 5

76344 Eggenstein-Leopoldshafen

Tel. 0 72 47/96 39 26

Fax 0 72 47/96 39 24

Home-Page: www.pedrodesouza.de

Informationen zu Naturveda Ernährungsberatungen bekommen Sie bei:

Martin Geiger + Christel Steiner
Deutsches Naturveda-Institut
Psinztalstr. 56a
76227 Karlsruhe
Tel. 07 21/2 69 24
www. naturveda.de

Die Massageschule Touchlife erreichen Sie unter: Tel. 0 61 92/2 45 13
www.touchlife.de

Yoga bei Rashida in München:
Tel. 0 89/47 88 98

Iyengar-Yoga mit Bob in München:
Tel. 0 89/29 32 90

GANZHEITLICH HEILEN
GOLDMANN

Kreativität & positive Energie

Debbie Ford, Die dunkle Seite
der Lichtjäger   14167

Chris Griscom,
Der Quell des Lebens   12242

Ingrid Kraaz,
Die Farben deiner Seele   13767

Sabrina Mesko,
Heilende Mudras   14201

Goldmann • Der Taschenbuch-Verlag

GANZHEITLICH HEILEN
GOLDMANN

Ganzheitliche Heilung für Frauen

C. u. R. Roy, Homöopathie
für Mutter und Kind   14164

Angelika Koppe, Wo die Piranhas
mit denZähnen klappern   14183

Margret Madejsky,
Alchemilla   14191

Miranda Gray,
Roter Mond   14147

Goldmann • Der Taschenbuch-Verlag